# 积极心理学视野下的中学语文读写探索

JIJI XINLIXUE SHIYEXIA DE
ZHONGXUE YUWEN DUXIE TANSUO

李正浪◎著

河海大学出版社
HOHAI UNIVERSITY PRESS

·南京·

图书在版编目(CIP)数据

积极心理学视野下的中学语文读写探索 / 李正浪著
. -- 南京：河海大学出版社，2019.12
　ISBN 978-7-5630-6201-0

Ⅰ. ①积⋯　Ⅱ. ①李⋯　Ⅲ. ①阅读课—教学研究—中学②作文课—教学研究—中学　Ⅳ. ①G633.302

中国版本图书馆 CIP 数据核字(2019)第 272322 号

| | |
|---|---|
| 书　　名 | 积极心理学视野下的中学语文读写探索 |
| 书　　号 | ISBN 978-7-5630-6201-0 |
| 责任编辑 | 曾雪梅　陈晓灵 |
| 责任校对 | 章玉霞 |
| 封面设计 | 徐娟娟 |
| 出版发行 | 河海大学出版社 |
| 地　　址 | 南京市西康路 1 号(邮编：210098) |
| 电　　话 | (025)83737852(总编室)　(025)83722833(营销部) |
| | (025)83787746(编辑室) |
| 经　　销 | 江苏省新华发行集团有限公司 |
| 排　　版 | 南京布克文化发展有限公司 |
| 印　　刷 | 虎彩印艺股份有限公司 |
| 开　　本 | 787 毫米×1092 毫米　1/16 |
| 印　　张 | 13.75 |
| 字　　数 | 276 千字 |
| 版　　次 | 2019 年 12 月第 1 版 |
| 印　　次 | 2019 年 12 月第 1 次印刷 |
| 定　　价 | 49.00 元 |

# 序
## PREFACE

我和正浪老师相识于几年前的语文学术研讨活动中,他话语不多,但沉稳、专注、达观,给我留下了很好的印象。此后,每一次接触,都能感受到他在中学语文教育教学实践中不断开拓,不断成长。我时常读到他的语文教育教学方面的论文,他的论文能在多家权威期刊连载,并有多篇在《高中语文教与学》上全文转载,一些研究专题还在省市获奖。看到他的进步,我真的为他感到高兴。

我认为他是一位研究视野逐步开阔、探索线索越发清晰的研究型教师。在语文实践研究风起云涌的大背景下,他没有跟风重蹈别人的老路,也没有标新立异钻牛角尖,而是将语文教育教学实践与研究的着力点放在激发学生学习的积极心理上,这是语文教育教学"生本化"理念真正落地有效且有益的探索,值得倡导与鼓励。他写了一本书,让我作序,我就谈谈作为第一位读者的体会吧。

在中学语文教学中,读与写是最基本的途径与方式。鲁迅在《读书杂谈》一文中讲,爱好读书是"出于自愿,全不勉强,离开了利害关系的"。真正有效的阅读需要真功夫来激发学生的阅读情趣。鲁迅在《怎么写》一文中"与其防破绽,不如忘破绽"的看法,强调的便是写作之真,包括真实与真诚。真实,是指内容而言的,不可虚假;真诚,是指态度而言的,要诚实。写作之真需要少些堵与限,多些疏与导,让学生找到表达的真正出口。正浪老师的实践与研究,正是把握了读写的基本规律和时代发展的脉搏。

传统的读写研究,教师多倾向于按照教者的认知与体验进行教学设计,教学活动也多以教者为中心进行组织,而学生的"学"往往是被迫的,即使热闹的活动常常也是学生被教师"牵着鼻子走"。正浪老师也经历过这样的阶段,但他能不断审视、不断反思自我的教育教学行为,并和学生进行语文学习的状态与需求。"众里寻他千百度,蓦然回首,那人却在,灯火阑珊处",将语文教育教学在心理学视野下进行审视,这是他行动自觉的一种应然选择。将语文教育教学与心理学结合、探索,并不是他的首创,但以往的结合性研究或失于虚空的心灵研究,或囿于传统消极心理学狭窄的认知,而他则借助于心理学最新研究成果来提高自我的专业探索。

第二次世界大战后,由于战争催生的大量心理问题,因而,心理学便开始走向了一条以问题研究为核心的研究之路,即强调研究对象的各种心理问题并探讨解决问题的种种方法。心理学研究的这一取向,实际上忘记了心理学还有另外一个目的——促进人的积极品质,即不断增强并使人所具有的积极力量(包括潜力)得到充分发挥,即心理学研究也要从人的各种积极力量和积极品质入手,促使人积极地成长。其实,这也是语文教育教学追求的重要价值目标。从消极心理学向积极心理学的发展,也为语文教育教学拓宽了视野。"积极心理学视野下的中学语文读写探索"顺势而为,应运而生。

经过心理学家们多年的努力,目前积极心理学已经取得了丰硕的研究成果。积极心理学的任务不仅是把一些结果研究出来,还要把相应的研究成果应用于社会生活的各个领域。心理学作为一门为人服务的科学,它最大的任务就在于改变人类的生活,特别是帮助人类越来越幸福地生活。李正浪撰写的这本书就是利用积极心理学已有的研究成果来拓展语文教育教学的新路,不仅从理论层面进行深入浅出的研究,更针对中学语文读写教学提出了一些具体的、带有明显积极心理学特性的建议和指导。这本书不仅是积极心理学在语文教育教学方向研究成果的具体化,而且是指导中学语文教师将积极心理学引入读写教学的指南。

近年来,有越来越多打着心理学旗号的书出现,但这些打着积极心理学旗号的书并没有人们想象的那么有实效,大部分书不过是一些"心灵鸡汤"式的所谓思考,实际上这种书里面充斥了大量的"鸡精",没有任何营养。从实质上说,这些泛泛而谈的"鸡汤"并不是人们真正需要的。人们需要的是那种能够根据科学实证研究结果而得出的结论,或者在实证研究结果的基础上提出的具体可行的操作建议。这本书做了有效的探索与成功的示范。

全书共分为九章,从理论和实践两个层面进行论述与操作,既有课程论的高度，又接实践的地气。实践操作部分按照从阅读到写作的顺序进行系列编排，且做到读与写的有效切分与有机融合。章节的体例安排和内容呈现上都能立足读写教学的实际，并基于学生读写积极心理的激发来组织。第一章主要进行理论建构。从积极心理学的视野来观照中学语文教育教学，并建构有效的读写路径。第二章到第六章，分别运用积极心理学重要理论观点来指导单篇阅读、群文阅读、整本书阅读以及课内外阅读的实施路径。读中兼有写的链接。第七章到第九章，则从激发学生积极心理的角度呈现了写作情境的营造、写作指导的适切、写作实践的同台等操作策略与路径。全书逻辑框架稳重合理，每一章前面的引言，兼有分析和导读功能，各小节的内容情理兼具，分析深入浅出，实践内容具有很强的操作性与推广价值。

正浪老师这本著作面世，是他在语文教育教学领域结出的丰硕成果。由此，我想到一个语文教师专业发展的问题。语文教师的工作年限为30到35年，可以大致分为成长期、成熟期、成功期。处于"腰杆"的成熟期，很重要。经过10年左右的摸爬滚打，凡是用心的教师都能成长。这个成长，有在实践中感性的启发，有对名师的模仿，而成长之后成熟方向的选择决定最终能否取得真正的专业成功。在怎样的田地里拓荒，播种什么，怎么浇灌，决定最后真正的收获。

真心为正浪老师的探索与选择感到欣慰。他长期以来反思不断、笔耕不辍，更难能可贵的是，他既立足自我教学又不囿于自我与学校的圈子，以更开阔的视野、更前瞻的思考来观照并审视自己的教育教学心路历程。一个语文教师的专业成长，离不开对名师的模仿，但一味模仿会因"奴性"迷失了自我；而为了标新立异"拉山头"，甚至"占山为王"，则因"匪气"而失了格局。比较可行的发展之路是，在语文教育教学的天地中辟一荒地，深耕细作，不拒上苍的阳光雨露，不慕他人而沃野千里。一边汗水和泥，一边遥望星空。不要轻易越界，更不要把森林砍掉长荒草。不要指望立竿见影，而要学会守望花开。不要祈求一定长出参天大树，而要学会悦纳一朵朵小花。

正浪老师正值盛年，在语文教育教学方面已经做出了如许成绩，特别是找准了合适的专业发展方向。这本《积极心理学视野下的中学语文读写探索》既是阶段教育教学成果的总结，也能为执着于专业发展的广大语文教师提供积极而有益的探索与启发，同时还能对学生的语文学习提供正面而有效的价值导向。相信他一定会在积极心理学与中学语文教育融合与发展之路上取得更多更大的实践与研究成果。同时，我也充分相信这本著作会给中学语文教育教学带来深刻而持久的效应。

是为序。

魏本亚<br>2019年12月10日，作于江苏师范大学

（作者系江苏师范大学文学院教授、全国语文教育学专业委员会副理事长、国家教学成果一等奖获得者）

# 目录
CONTENTS

**第一章　本心：以"积极心理学"撬动语文教育** ········· 001
　第一节　语文教育须耕耘心田 ························· 001
　第二节　语文教育的心灵支点 ························· 003
　第三节　语文活动须激发学生的积极心理 ············· 005
　第四节　积极心理学视野下的读写路径 ··············· 008

**第二章　启心：以"积极情绪扩建"观提升单篇阅读素养** ··· 016
　第一节　提升语用能力的策略 ························· 016
　第二节　培养思维能力的策略 ························· 021
　第三节　涵养审美能力的策略 ························· 027
　第四节　加强文化理解的策略 ························· 032

**第三章　塑心：以"习得性积极心理"观实现群文阅读进阶** · 038
　第一节　唤醒，让精神相遇真正发生 ················· 038
　第二节　激活，让情境思辨深度拓展 ················· 044
　第三节　点亮，让语言表达饱满有力 ················· 049

**第四章　慧心：以"积极体验"观培养整本书阅读智慧** ··· 055
　第一节　在心灵体验中走进 ··························· 055
　第二节　在横向比较中深入 ··························· 061
　第三节　在纵向比较中豁然 ··························· 065
　第四节　在详略处理中提效 ··························· 069

**第五章　会心：以"最近发展区"观实现课内阅读提升** ··· 072
　第一节　基于现有能力基础审视文本语言 ············· 072
　第二节　搭建现有认知到文本见识的桥梁 ············· 075
　第三节　以陌生化语言品味实现阅读掘进 ············· 080
　第四节　让递进设计延伸阅读体验的远点 ············· 083

001

第五节　用还原法拉近诗境 …………………………………………… 089
　　第六节　让文言文走近学生 …………………………………………… 095

**第六章　悦心：以"友谊学习"观掀起课外阅读风暴** ……………………… 101
　　第一节　细节的生动深刻 ……………………………………………… 101
　　第二节　地气的韵味生成 ……………………………………………… 107
　　第三节　人文的立体观照 ……………………………………………… 112
　　第四节　诗意的真实回归 ……………………………………………… 117
　　第五节　美妙的人情人性 ……………………………………………… 121
　　第六节　岁月的甘苦滋味 ……………………………………………… 125

**第七章　随心：以"心理资源"观链接身边的写作情境** …………………… 130
　　第一节　说写身边 ……………………………………………………… 130
　　第二节　偶遇品悟 ……………………………………………………… 133
　　第三节　青春感怀 ……………………………………………………… 135
　　第四节　生活掠影 ……………………………………………………… 138
　　第五节　文化忧思 ……………………………………………………… 141

**第八章　润心：以"满足期待"观给予适切的写作指导** …………………… 144
　　第一节　记叙文真情实感三步骤 ……………………………………… 144
　　第二节　思辨性记叙文写作策略 ……………………………………… 149
　　第三节　如何让思维变深刻 …………………………………………… 155
　　第四节　如何突破思维瓶颈 …………………………………………… 160
　　第五节　一材狂变微型写作 …………………………………………… 166
　　第六节　一材多体变式写作 …………………………………………… 172

**第九章　合心：以"温暖教育"观落实师生的同台写作** …………………… 178
　　第一节　师者下水，众生赶潮 ………………………………………… 178
　　第二节　俯身体察，倾心感应 ………………………………………… 181
　　第三节　抓住一点，多层刻画 ………………………………………… 186
　　第四节　基于现实，拓展联想 ………………………………………… 191
　　第五节　丰富视角，多维生发 ………………………………………… 196
　　第六节　斟酌领域，选例鲜活 ………………………………………… 202
　　第七节　哲理散文，并非高冷 ………………………………………… 207

# 第一章

# 本心：以"积极心理学"撬动语文教育

语文教育，从"以师为本"向"以生为本"的转变，是理念的更新，而"以生为本"从表面的生本化活动到关注学生的学习心理，特别是激发学生学习的积极心理因素，这是语文教育发展的又一次涅槃。积极心理学是20世纪末兴起的新兴心理学思潮，其以积极品质和积极力量为研究核心，研究重点放在人自身的积极品质和力量方面，提倡用积极的心态来对人的许多心理现象做出新的解读，从而激发人自身内在的的积极力量和优秀品质，并最大限度地挖掘自己的潜力而获得幸福。积极心理学视野下的中学语文教育，其内化途径主要是读与写，而读写教学的重心由关注外在的设计移向学生心理的可受性、可感性和发展性探索，这是语文教育极有意义的研究。语文教育须直击心灵，并找准教育的心灵支点。语文教学，不仅需要外在"活动"，而且需要内在"激动"。在此基础上，还须形成激发读写积极心理的有效路径。

## 第一节 语文教育须耕耘心田

在学界关于"工具性"与"人文性"的争论声中，语文教育（尤其是中学）的普遍现实，已将"工具性"矮化为"应试工具性"，如口语交际变成"哑语"——只是通过做题来训练言语的规范性；而"人文性"则演化为"工具理性主义"的人文读写，如进行人文专题读写的技法练习，在知识与技术层面训练到极致，但高考过后，许多学生几乎不再进行人文阅读，更遑论人文写作。

基础教育的语文课程，需要走进学生的心灵，激发学生进行语文学习的积极心理，在荒芜而充满希望的心田里耕耘。语文教育的核心价值不在于传授语文知识与技能，而在于启蒙，通过语言智慧的萌发、文化品行的砥砺、人性良知的启迪以及诗意人生的熏陶来开启心性，消除蒙昧。"蒙"原为"懞"，它跟心灵有关，因此，语文教育追寻的是学生内在的澄明与心灵的充盈。语文启蒙，不仅仅是在学前、小学教育阶段，中学阶段的语文教育同样需要启蒙。教学时间再紧张，哪怕是到了初高三最后复习阶段，仍然需要引导学生挤出"闲暇"做自由阅写，以实现自主领悟。钱穆先生将"心灵"的教育喻作"空房"。心灵留白,是教学艺术,更是教育规律。学生语文学习的内化的过程,最终一定是由学生自己缓慢完成的,是任何外力强加不得。

语文核心素养包括语言能力、思维能力、审美情趣和文化修养等四个层面。没有学生心灵的健康成长,语言能力就无法发展,而建筑在此基础上的思维能力、审美情趣和文化修养也将变化成无本之木,无源之水,终致徒劳无功。因而,语文核心素养的落地,还要从"心"开始,培养学生对语言表达的欲望,在表达中学会思考,提升审美情趣与文化修养。语文学习的主要形式包括以语言为载体的听、说、读、写、思等。听,要揣摩言里之意、言下之意、言外之意;说,要做到言为心声而不是人云亦云;写,要做个性化的表达而不是拾人牙慧;思,在听说读写中锻炼思维品质。同时,在思维品质锻炼中提升听说读写的层次。其中,"读"是语文训练最基本的途径。而引导学生的心灵走进经典文本,走进作者与主人公的心灵,乃阅读教学之关键。以鲁迅的文章为例,战斗性最强的当属杂文,而这正是学生议论文写作中最缺乏的素养,这是从林林总总的作文选抑或是高考满分作文中所难以寻得的"源素养"。我的做法是精选,并让学生精读、常读,时间久了,学生下笔就会有鲁迅附体的感觉。鲁迅作品内涵最丰富的当属小说。以全国普通高中各版本选录频率最高的《祝福》为例,怎样真正走进文本,我的做法是从祥林嫂的心灵视角切入,感受其力无所使、家无所寻、魂无所归的人生窘境。心灵与心灵的碰撞,渐渐地,学生对鲁迅作品便心驰神往。在语文教学中,学生的心灵不能缺席,离开了心灵的参与,语文训练就变成事倍功半的机械化训练,学生离开学校,不会带走"一片云彩"。

西方文化注重指向外在客观世界的研究,中国传统文化注重指向内在"心灵"世界的探索。在这方面,儒释道诸家惊人一致。孔子强调"不愤不启,不悱不发",突出学生学习的内心历练;唐代李翱将心灵喻作"清水"和"明火",认为教育应恢复澄明之本来面目;庄子则将心灵喻为"静水"和"明镜",认为心灵培育需要人静下心来,不为外部诱惑所扰,只有这样,才能从容自得。然而几千年的语文教育主体变成教师,内容为灌输经注,学生阅读主要为了应试,写作成了"八股"模式训练,学生的地位变得弱势,学生的心灵更没有得到应有的重视。从语文教育的角度看,我们将圣贤的语文教育经念歪了,注重思想挖掘与传承,却忽略了心灵教育的真谛。

斯贝尔斯在《什么是教育》这一著作中详细区分了三种不同的教育方式:第一种是训练,就像是训练动物一样,缺乏主体间内在心灵的交往;第二种是纪律,虽然主体间有交往,主体间也缺乏真正意义上的精神交往;第三种则是他极为褒扬的"存在"的教育方式,在这种教育方式中,师生双方都投入了他们的真情实感,因而也就进入了"存在论"意义上的教育互动之世界。"训练是一种心灵隔离的活动,教育则是人与人精神契合、文化得以传递的活动。而人与人之间的交往是双方(我与你)的对话和敞亮,这种我与你的关系是人类历史文化的核心。"[①]语文以外的其他学科的教育,也关乎学生的心灵,但没有哪一个学科像语文这样有优势可以进行心灵的启蒙与创树。一旦语文也冷落了学生的心灵,祖国未来建设者很有可能"心残",其后果不堪设想。心田上的耕耘使贫瘠的土地不再是寸草不生的荒芜,而是绿草如茵,至于开出灿烂的花朵抑或长出参天大树,则是意外的收获。

## 第二节 语文教育的心灵支点

心灵教育,是语文教育的重要任务。当然,其他学科的教育都有心灵教育的使命,但语文学科较之于其他学科更能触动人的心灵,发展人的灵性。米勒认为:心灵的全人教育可以解决教育困境。正如关俊棠所说:"我们在保存科技与科学所需求的进步的同时,也是我们对生命,对社会及进步须重新思考及评估的时候。"灵性的复苏,健康心灵的塑造不是要摒弃一切科学的进步,不是单纯地回归原始的人类本性,而是在继承人类进步的同时,保持心灵健康,成为一个"全人"。从本质上看,语文教育就是心灵教育。促进学生语文的心灵成长,不是自动或偶然发生的,而是师生主动努力和追求的结果。学生语文的心灵发展有其内在的"图式",语文的心灵教育,需要"以心契心",把握好"心灵支点",推进学生"心灵图式"的建构与发展。

### 一、于心灵暖点,探寻语文教育的契机

语文教育是心对心的影响。首先,语文教师要学会蹲身亲近学生,用真心关爱学生,构建语文教育核心要件——让学生亲其师。和学生打成一片,和谐的师生关系方能共建语文教育的"共振效应"。走近学生,只是表面现象,背后是学学生所学,感学生所感,思学生所思,一切基于学情来推进教育教学。其次,通过语文教师自我坚持语文读写,并及时与学生分享,以此来濡染学生进行语文读写的情绪。语文教师走进学生才能逐步打开语文教育心门,通过分享真学体验才能逐步形成语文学习的"集群效应"。语文教师只有走进学生,教育才具备可能性,而培养学生读写习惯的最好示范就是教师与学生一起进行真读、真写、真谈,不断引领,不停分享,以此触动学生语文学习的心灵暖点,进而营造班级语文学习的暖境,并实现师生齐读写、共成长。语文教师不走进学生,语文教育教学就变成居高临下的空洞说教;语文教师没有读写习惯,便无法做到真正的读写引领。教师示范读写,其实是在发挥"心理暗示效应",即"在无对抗的条件下,通过言语、行动、表情或某种特殊符号对他人的心理和行为产生影响"[②]。通过读书与下水写作的展示与交流,这样

---

[①] 雅斯贝尔斯.什么是教育,邹进译[M].北京:生活・读书・新知三联书店,1991:2.
[②] 林艺煌.心理学效应[M].北京:台海出版社,2017:172.

的心理暗示效应,比强迫学生读写更智慧,更具持久影响。

## 二、于心灵起点,搭建读写成长的阶梯

语文核心素养提升的最基本学习方式是读与写,学生读写的建构与发展的基础便是学生语文读写的心灵起点,而不是教师武断拟定的教学起点。因此,语文教学理念的真正转变,始于教师凭经验臆想的教学起点回归到学生读写的心灵起点。因而,在语文学习中,需要尊重学生预习的个性特点与差异。学生在阅读中独特的发现,哪怕是幼稚的问题,教师都要善待学生初始的心理感受;在学生不同的心灵起点上,努力实现可能的建构与发展。课外阅读,允许学生在教师主体的引导下对统一的文本读出不同的体验,实现错位发展;自选文本,可以结合学生的基础和喜好来选择阅读,实现差异共进。写作,重视学生基础的表达能力,寻求一点一滴的进步,不揠苗助长,更不贪大就全。习作评价,立足于原有基础的提升,着力引导鼓励,让不同基础的学生都得以提升。读写教学,通过分类指导与个体档案建设,让学生在原有的心灵起点上不断体验进步与成功。"在探索'以学生为主体'的课堂教学过程中,我越来越认为,教学应该以学生的心灵为起点。"[1] 基于学生的心灵起点,便能实实在在地进行读写建构,而教师臆想的起点往往脱离学生实际,而脱离实际的读写教学便成了教师的"独角戏",课堂生成也成了"镜中月""水中花"。

## 三、于心灵拐点,打通课堂内外的通道

语文教学,"功夫在诗外",而教学的立足点和切入点还在课内。让学生课外坚持读写,需要客观的时空条件,更需要源自课内愉悦的过程体验与读写期待,进而形成自觉进行课外读写习惯。为此,语文教师的教学,应力求让学生在课内主动参与,让学生体验学习过程的快乐,将课外语文读写活动的机械的检查改为灵动的展示与交流,进而自然形成将读写迁移到课外的意识。课堂教学不再纯粹是单调的统一课程的教学,还包括用自主与机动的时间来促进学生课外的语文读写,从而真正培养学生读写的兴趣与习惯,使学生养成持续自觉读写的习惯,让读写相伴一生,使读写成为学生真正的生活方式,生命诗意栖居的平台。语文读写发展的拐点,必然在课内的读写引领到课外的自主读写之间,这样的拐点需要教师引导,但最终实现一定是依靠学生自我去完成的。现实中,常会出现这样两种让语文教师无法释怀的现象:一是一些学生课外阅读都变成了快餐化、碎片化、休闲化阅读,课外写作变成在网络上从众跟帖,随大流喧哗、凑热闹;二是有些读写基础较好的学生一旦走向社会就不再坚持读书与写作。这样的拐点是我们语文教育工作者极不情愿看到的。因此,审视我们平时的读写教学,一定要激发学生读写的积极心理,并慢慢使之形成心理惯性与读写期待,进而将读写视为高质量生活的一部分,进而

---

[1] 李镇西.我的语文课堂[M].北京:光明日报出版社,2013:123.

成就与读写同行的高品质人生。

现实中,语文教师应当将课内语文教学作为朝横向的课外拓展、纵向的终身语文学习延伸的"教育支点",使大语文教育真正落地。理想的语文教育,便是实现学生终身发展的语文教育理想。

## 第三节　语文活动须激发学生的积极心理

传统的读写活动,多是有读写而无活动。只要求学生读写,甚至是强求读写,而学生的参与往往是被动配合。其实,语文教师完全可以将读写设计活动化,以活动实现读写的贯通和有效推进,只有这样才能使读写真正活起来、动起来。

我们且看传统的常态读写教学,的确有些"冷"——

一是读写材料"冷",语文教师多沿用数年的材料。"年年岁岁花相似",这个读写材料之"花"成了每年展示一次的"塑料花",教师指导驾轻就熟,但往往难以激发自我探究的情绪,于是只能做一些"失血"的指导。"岁岁年年人不同",而具有挑剔意识的学生面对没有时代气息的材料,往往也难以激发表达的欲望。

二是读写要求"冷"。阅读,有些教师不是将课内阅读包办而滔滔不绝,就是将课外阅读撒手放而不闻不问。至于写作,一篇大作文,一节课是教师指导,一节课是学生写作。有时,教师为了限时完成,仅仅指导半节课,甚至浮光掠影地稍提一下写作要求就让学生进行课内写作,美其名曰"当堂完成"。平时,许多语文教师在写作指导环节的差别往往体现在审题立意的点拨上,而具体的写作要求多是针对高考,做到"大而全"。作文训练,平时不从点上突破,最后要收获整体上的提升,这几乎是"水中捞月"。

三是读写环境"冷",一些教师将高考读写氛围的紧张"理直气壮"地搬到平时的读写课堂上,如此恐怖氛围让学生倍感"冷酷"。读写环境之冷,往往致使学生心冷。而处于心冷状态下的读写,学生读写情绪难以调动,读写视野也难以打开,读写思维更难以拓展延伸。诚然,高考读写环境是严酷的,甚至可以说是冷酷无情的,但平时读写环境(尤其是基础年级)"暖"一些,学生才能出状态,才可能应付高考读写环境的严酷。而通过暖化的环境培养学生一生受益的读写习惯,较之高考读写成绩更重要,影响更深远。

以上"三冷",已成常态,许多语文教师也都司空见惯了,而我在多年的读写教学中也常常在制造着这样的"冷",且陷在这样的怪圈中难以自拔。如此读写,教师自觉索然无味,学生也渐渐失去了对读写的向往与冲动。"冷"的读写教学换来了什么?换来的是学生每次读写表情的"冷漠",打开书,却进不去;提起笔,却提不起气。换来的是教学效果的"冷峻",读写多是应付,难有好的效果,即使有好的读写状态,也难以持续,而班级整体读写的氛围更难以营造,更难以推进。读过,写过,但效果往往差强人意。

近年来，面对读写教学之"冷"，我做了一些有益的尝试，其中效果最好的，莫过于读写活动的设计。或许，有人会质疑：活动，不是幼儿园常见的教学模式吗？高中语文读写，还需要用活动来教学？这不是教学的低幼化了吗？的确，活动有低级形式，高中读写教学并不适合做"击鼓传花"式的低级游戏，但是做些内涵更丰富、形式更成熟的高级游戏，未尝不可，且十分必要。若有怀疑，不妨一试。

读写材料，可以尝试把死板的命题转化为思维游戏。就读写审题而言，简短单一的材料，很难达到思维锤炼的目的与效果，而通过"情节化"的丰富设计，通过渐次呈现的形式来进行思维的游戏训练，结果会别开生面。且看示例：(1)在英国一个乡村的田野里，一位贫困的农民正在劳作。忽然，他听到呼救声，一个孩子落水了。他不加思索，跳入水中，孩子得救了。(2)获救的孩子是一个贵族公子。几天后，贵族一家带着厚礼登门致谢，农民拒绝了厚礼。(3)老贵族敬佩农民的善良，感念他的恩德，于是决定资助农民的儿子到伦敦去接受高等教育。农民接受了这份馈赠，能让自己的孩子受到良好的教育是他多年来的心愿。(4)农民很快乐，老贵族也很快乐，因为他们终于完成了自己的心愿。(5)多年后，农民的儿子被英国皇家授勋封爵，并获得1945年的诺贝尔医学奖。他就是青霉素的发明者——亚历山大·弗莱明。(6)那名贵族公子在第二次世界大战期间患上了严重的肺炎。但幸运的是，依靠青霉素，他很快就痊愈了。他就是英国首相丘吉尔。[①]

教学中，上述材料情节不是和盘托出的，而是分六次先后呈现。当呈现第一段时，学生能轻松抓住"贫困"和"不加思索"进行准确而深刻的立意。而当呈现第二段时，多数学生更多地关注"农民拒绝"，却忽略了"贵族一家"的感恩。我便激发学生做"捡漏员"，检索阅读过程中遗漏的重要细节。在呈现第三段时，有学生质疑那穷人接受馈赠有辱人格。于是，我引导学生结合时代背景和故事情境展开辩论。通过摆事实、讲道理，多数学生渐渐认可了穷人的举动——着眼于未来的受恩，并不卑下，何况报恩来日方长。随着材料情节的推进，立意的维度不断变化，意蕴的内涵不断丰富，学生审题的"思维体操"，在一次次诧异与期待中"挥汗如雨"。当呈现第六段材料时，有学生提出了"命运轮回"的立意。对此，我没有武断否定，而是引导学生做"思维跳跃"游戏，即跳出材料的细枝末节，从整体上引导学生基于故事的发展线索来探究深刻立意。结果，有学生提出了这样的立意：一个小小的爱举，往往能织成社会的爱网。付出是幸福的，而回报则是额外的惊喜。在此基础上，我引导学生将这一立意和"命运轮回"的宿命立意作比较，于是高下立判。

读写课堂，教师不该置身事外。其实，教师无须做好莱坞大片式的游戏设计，否则，教师费神，学生往往只在意读写的形式，而不是读写的内容。比如，平常的读写指导课，可插入这样的环节——与学生一起"下水"写阅读笔记。阅读笔记是阅读推进与写作训练很好的融合方式，可谓一举两得。但是阅读笔记，若离开了教师

---

[①] 张书军.思辨性写作教学[M].南京：南京大学出版社，2017：13.

的参与,很难被激活。因为教师阅读笔记的写作视野能给学生以很好的启迪,当然教师通过阅读笔记的"试水"也能与学生的写作形成互补,并构成良性的互动。学生读写的同时,教师也在读写。有了教师现场阅读示范与写作引领,学生读写专注度必然普遍提升,读写的质量自然"水涨船高"。当然,在限定时间内,教师很可能拿不出高质量的读书阅读笔记。特别是开始尝试阶段,常会出现这样的状况。怎么办?教师可以围绕读写指导的重点,写微感、微评,而且可以呈现教师一遍遍修改的过程。这样的示范读写更有针对性。渐渐地,教师是能够进行现场完整的示范的,纵然有败笔或欠妥之处,也可以真诚地"晒"出来,而学生绝不会对教师的微瑕之玉嗤之以鼻。久而久之,教师的读写示范成了撬动班级读写的真正有力的杠杆。

读写课堂还可以向课外延伸,并且能充分激发学生进行自主、合作、探究式写作。比如摘抄佳句,是许多学生进行读写积累的基本方法,但仅满足于摘抄,学生的作文思维能力并不能得到很好的锻炼。如何在课外引导学生对精彩语句进行深度开发,从而促进思维向深度发展呢?这是一个长期困扰我的现实问题。而一次偶然的情境让我豁然开朗。我看到同班的英语教师在教室前黑板的左上部抄了一句名言,下面附上英文翻译,意在加强英语翻译的积累。有限的语言阵地已经被英语积累占领,右上部的一小块还是空白,可以做做文章,但若还是名言积累,对学生作文的促进作用有限,而且容易造成学生思维的惰性——一抄了之。怎样引导学生的思维多走一步?我眼前一亮——不如与英语名句翻译摆"擂台"。于是,我要求学生自由组合,每两人分为一组,自主搜集经典名言。在此基础上进行多重创写(仿写、改写、续写、评写等)。然后,将自我创写的语句同名言警句一起在黑板上展示。对此,学生的兴致大增,极尽所能地展现自己的智慧与才情。

以对"伤疤不应成为制造另一个伤口的理由"的阅读仿写为例,我要求学生在仿写时,不只关注其形式,更要关注其立意取向。仿写之前,我要求学生先提取其核心立意:一次失败不能成为人生的阴影。在此基础上,进行仿写。有学生从成语"作茧自缚"上受到启发:"伤身,可能愈挫愈勇;伤心,易作茧自缚,终致伤痕累累,心灰意冷。"有学生抓住"伤疤"做文章:"伤疤,不能变成心疤,但若是好了伤疤忘了疼,则新伤难逃。"有学生用绳索作创意:"过去已成过去,别让它牵绊你的未来。"还有学生找到的句子是多维表述的,则可以从多个角度进行选择仿写。如"人之所以活得累,是因为放不开架子,撕不开面子,解不开情结。"有学生针对"放不开架子",从假清高角度立意表述;有学生针对"解不开情结",从心坎的角度立意表述;有学生针对"撕不开面子",从假面具的角度立意表述。这样的阅读仿写训练,在语言呈现方式与思维拓展上都打破了传统仿写的藩篱。

读写情境,可以用现场游戏来丰富。比如,写作"菜花深处"一题,让学生在课堂上限时完成,交上来的作文往往不是胡编乱造,就是无病呻吟。而在菜花盛开的季节,将读写场景搬到菜地,带学生伸开手臂到田埂走走、跑跑。那菜花掠过手心的感觉,那蜜蜂在花蕊上忙碌的身影,那远处农家袅袅炊烟……课堂上再精彩的语言指导,在这里都显得苍白无力。若是在城里,看不到菜花,那就换成能看到的花,但身临其境的游戏体验是不能省的。特别是在情景体验中再进行菜花专题的阅读:如孙犁的《菜花》、马永芳的《油菜花》、史久雄《醉人的油菜花》,来打开学生的阅读视野和写作思维,如此,学生读写的情趣往往会慢慢培养起来。情境化读写还能培养学生在读与写中自然联想情境并融入情境的意识。

　　我还引导学生捕捉身边的亲和场景。身边的生活场景,由于和学生的时空距离接近而更具有亲和感。而原本海量的生活资源由于"灯下黑"的心理认知因素,学生往往感到无从下手。其实,从"问题视角"出发,能及时有效地捕捉可以作为读写情境的身边的生活素材。于是,我引导学生做思维的"审视演练":一是关注现实社会病痛背景下身边的感人场景,从而弘扬正能量;二是关注现实流弊影响下典型的负面场景,从而深层感悟,正面守望。

　　当然,在读写教学中,即使没有真实情境,也可以进行情景化模拟。如组织阅读分享的交流会,让学生成为阅读交流的主角。粗浅的,可以引导深入;精彩的,可以驱动全体学生的阅读热情。如组织时事辩论赛,就是议论文写作指导的有效形式。习作完成之后,可以让学生写一段自荐的广告词。这样,可以在轻松诙谐中倒逼学生认真写作。

　　席勒曾说:"只有当人是完整意义上的人时,他才游戏;只有当人在游戏时,他才是完整意义上的人。"在读写教学中,将"游戏活动"升华为一种"精神",用丰富的材料启迪、教者的示范引领、现场的情境体验等游戏策划,让学生在平等参与、合作互动中实现情感对话与心灵共舞。这是一种自由自主、自愿自觉的精神,是一种超越功利、超越自我的精神,是一种愉快体验、自动创造的精神。从马斯洛需要层次理论角度看,游戏精神,能让学生在"自我实现需要"的背景下达成个性自由的唤醒与释放。

## 第四节　积极心理学视野下的读写路径

　　积极心理学视野下读写的思想来源包括两个层面:一是心理学的快乐原则。教师应帮助学生充分发挥潜力,以实现其理想的自我,让学生最大程度地利用其优点和理智。二是神经科学理论。神经科学的生物学机制证实了作为社会科学的积极心理学能够解释人的优秀力量是如何形成的,以及为什么将这些优秀力量直接用于注意和聚焦。大脑的前额叶皮层加工学业学习,而边缘系统加工情感学习,这两个系统的功能具有高度的联结性。有效的读写教学能促进这两个系统之间的联络,激发学生的积极心理。

　　积极心理学视野下的读写路径的探索,须在科学理论的基础上做有效实践。

　　先谈阅读路径。

人的精神发育，离不开阅读，尤其是经典阅读。经典阅读，就狭义而言，指对文学经典的阅读。通过经典阅读，可以窥探世界的纷繁与奇特，洞悉人性的多彩与美妙，濡染文学的高雅与深邃。经典阅读，能给人以切实的精神养料，进而实现思想指引、灵魂建构和价值导航。但是在高中语文教学中，我发现很多学生对经典阅读仅限于名著经典节选的课文，而且仅满足于做题式的应试阅读，对经典原著整本书的阅读严重不足。课外，许多学生在数学、英语等学科题海练习的间隙往往选择对浅俗文本的"消遣式"阅读。即使教师统一要求进行经典阅读，不少学生往往也只是浮光掠影，时断时续，难以培养有益的情趣与习惯。为让学生踏上经典阅读的这趟车，并以点带面，推进全班级、全年级的经典阅读，我采取了逐步推进的心理策略，促进学生走过经典阅读的三段心路历程：反感到好感的嬗变、文面到文里的掘进、世俗到优雅的涅槃。下面谈谈我的实践与思考。

（一）从反感到喜好的嬗变

经典阅读的悦心，先要学生对语文老师悦心。学生对一个学科的喜爱与专注程度，深受学科教师的引导与影响。造成学生不爱读经典的原因是多方面的，但可以肯定，这些学生与以前的语文老师之间的距离，是导致他们与经典阅读产生距离的重要原因之一。学生如果课外对经典阅读没有兴趣，那么他们在课内，对教材上的经典阅读文本的学习往往也是望而却步，抑或敬而远之。因此，语文教师要带着对经典没有兴趣的学生走近经典，首先要做的便是走近学生的生活，进而走进学生的心灵。语文教师能真正走近学生，学生就会渐渐亲近老师，进而慢慢培养对语文学科的兴趣，乃至对经典阅读的兴趣。

学生一步步走近经典过程的心态很重要。教师若是强压着这样的学生一开始就"啃"深奥厚重的"大部头"，那么，最终的结果往往是徒劳无功，甚至适得其反，致使学生对文学经典产生更深的厌恶。因此，可以从更短薄、更亲和、更适合的经典读起。我的做法是让学生先在"课标"推荐的经典名著里筛选，确定文字障碍较少、适合自我阅读现状的进行阅读；其次，阅读计划的制订要切合实际，开始的阅读，不打疲劳战，不要求做笔记。为了使阅读不因流于形式而落空，我要求学生阅读时能够划划、注注。这样的阅读，既轻松又实在，学生兴致渐浓。我还会适时地对学生坚持阅读的表现在班级给予表扬。在榜样学生的带动下，班级的阅读氛围渐渐形成。当然，这一阶段的经典阅读，还只是走近，认知感受还很粗浅，但是经典阅读就是这样缓慢而优雅的过程。随着经典阅读的推进，当学生选择阅读人物关系、故事情节较复杂的经典小说时，还需要借助人物关系结构图和阅读思维导图的思维"可视化"方式来有效扫除经典阅读的障碍。

（二）自文面到文里的掘进

悦心，是经典阅读的第一步，而潜心则是经典阅读向前推进、朝深处探秘不可或缺的步骤。所谓"潜心"，是指学生进行经典阅读不能浮于表面，而要沉潜到人物（作者或作品人物）的内心，与其展开深度的对话，形成心灵的共鸣，灵魂的思辨。

这是经典阅读的内核所在。阅读教学的至高境界是"与精神相遇",若不能沉潜到人物灵魂的深处,学生阅读经典就只能停留在粗浅的喜好上。

让经典阅读进入这样深度阅读的境界,教师光做"教练员"是行不通的,必须带着学生走进经典,与学生一起沉心阅读,用自我阅读习惯引领学生,用自我阅读体验感染学生。当然,学生经典阅读的书目林林总总,教师不可能都进行细读,语文教师必须建立的阅读储备是对"课标"推荐的书目都必须进行精读,学生普遍喜好的其他经典作品,或是选择精读,或是选择了解。这样,教师既能为学生的阅读选择做必要的建议和把关,也能与选择阅读的学生产生共同语言,从而引导学生探知经典作品的内韵。

教师的示范引领,意在启发学生由只知大概的浅阅读走向潜入灵魂的深阅读。如何才能让多数学生都能深入到作品人物的内心深处呢?有两个重要因素必须考虑:一是静境。嘈杂的环境是难以进行深度阅读的,深阅读,有必要选择安宁的环境。为此,我确定了每周一节完整的经典阅读课和晚自习时间为班级经典阅读时间。对于阅读情况较好的学生,我还将其阅读的现场摄影和阅读访谈在班级语文学习研讨微信群进行展示。这样做,一方面可促进学生的自主阅读,另一方面对家长进行宣传发动,让家长重视经典阅读,形成教师、学生、家长三方合力,提升经典阅读效益。二是静心。选择安宁的时段,营造静谧的氛围,这只是提供了一个可以进行深度阅读的外在条件,而真正的深度阅读还要阅读主体(学生)能够静下心来,潜心走进文本,走进人物内心深处、灵魂幽处。对经典名著的二轮深度阅读是要做笔记的,通过学生的笔记可以探知学生有没有静心阅读、深入阅读。对于做得好的,让其交流静心阅读的体会,通过典型的辐射引领,弘扬深度阅读正能量。

当然,强调经典阅读的潜心,并不是一味地要求学生精读。对于文字障碍不大的作品,也可以尝试在概览、略读、速读,甚至跳读的基础上选择局部精读和专项精读研究。比如《边城》,语言朴实清新、情节简约明晰、人物关系单纯亲切。对此,可以先进行速读,然后对精彩的局部进行回读品味,再对"黄狗""山水""民俗"等进行专项研究。

(三)由世俗到优雅的涅槃

经典阅读,需要走进去,还要能走出来。以明慧之心对待人生、社会。慧心还体现在,由被动的"外驱动"阅读变为主动的"内驱动"阅读,不断提高阅读欣赏层次,逐步养成影响一生的良好的读书习惯,树立阳光、儒雅的有品位、有内涵的审美情趣与人格特质,用在经典阅读中形成的智慧精神照亮现实的困惑苦痛,在现实的纷扰与嘈杂中,让心灵在经典阅读中变得宁静睿智。

1. 学生自主选择适读的经典。有了前期的阅读选择的引导和深度阅读的尝试,学生对自我阅读个性以及文本的可读性都有了一定的价值判断与选择的能力,大多能选择适合自我阅读的经典。这一环节,教师仅作推荐与建议,尽量少地干预学生的阅读选择。推荐经典书目包括课标推荐书目、阅读教材相关的书目、专家推荐书目、教师推荐书目,以及学生推荐书目。推荐书目,不仅列出书名,而且还要介绍其语言风格、艺术特色、思想主题等,以供学生做有效选择,减少选择的盲目性。

2. 学生自愿组建经典阅读小组。根据学生选择的阅读文本的特质或作家风格的不同,分成若干阅读小组,每周集中两次进行集体阅读与交流。可以在原教室,也可以在阅读教室进行分组阅读。让同一小组进行靠近阅读,这样能进一步激发学生阅读的积极性,并且便于互动交流。当然,阅读与交流,不能没有统一的要求,原则上前三分之二的时间进行安静阅读,后三分之一的时间进行心得交流并做笔记。

3. 学生自助借鉴名家深度解读。经典名著名篇,单靠自主阅读以及阅读小组的内部交流,学生的阅读层次还是难以提升到一定高度的。为了能使高中阶段的经典阅读实现阅读潜力最大化的挖掘,在阅读过程中,教师可以推荐学生阅读当代名家对名著名篇的解读。比如,我在高二年级进行小说选修教学之前就推荐学生阅读毕飞宇的《小说课》一书。该书以创作视角通过对多篇经典小说的通俗而深刻的个性解读,将一般性小说阅读提升到了很高的境界。学生对于借助此书阅读经典的兴致甚浓,阅读理解层次也显著提升,而教师几乎不作干预。

4. 学生自发完成阅读研究报告。对于阅读成果的检验,因为小组间对阅读文本存在陌生感,所以不适宜用课内时间进行全班集中交流。可以采用"小组阅读研究报告"的形式呈现。这样,既便于学生阅读展示,也便于教师检查了解,更便于交流共享与保存留念。阅读研究报告基本体例包括经典名称、内容概要、精彩辑录、原创解读(2 000字左右)。教师要求每个小组的阅读研究报告互改后汇编成册。教师修改后,进行组外交互学习。对于质量较高的小组阅读研究报告,教师可以收集为教学成果资料。

5. 学生自觉建设经典阅读书屋。经典阅读文本一般都具有多重阅读、长期保存的价值。因此,教师可以利用家长会积极宣传并帮助学生建设经典阅读书屋的意义。高一年级第二学期,我通过典型引领,帮助藏书基础条件较好的学生家庭先行建设样板书屋,然后以点带面逐步推进。当然,经典书籍可以由狭义领域向广义领域逐步拓展,不断丰富经典阅读书屋的内涵,提升藏书的层次。

开拓经典阅读的心路,实现其自我教育价值,能帮助学生更好地发展心灵,融入社会,从而开启诗意人生。

再谈写作路径。

现实中,写作训练往往还是按照固有的常规套路周而复始地"纸上谈兵"教作文,缺乏对学生生活深入的观照,缺少对学生写作有效的引领。不少学生缺少对生活的深入观察和体验,一直"闭门造车"写作文,抄袭套作、胡编乱造、应付了事的现象较为严重。一些学生写作兴趣淡漠,已将写作当成了脱离生活的无奈、无趣、无聊的负担,写出的往往是"正确累赘的废话""平铺直叙的假话""浮光掠影的空话"。少部分学生的佳作只是"金字塔"尖的局部繁荣,难以掩饰作文教学普遍存在的低效平庸,也难以掩盖大批学生写作的粗制滥造。作文教学低效的现象堪忧,整体推进的瓶颈亟待突破。通过长期的作文教学实践研究,我认为基于学生积极心理的自主慢程作文教学可以打破低效的藩篱,从而为中学作文教学开辟出一条阳光通道。

目前,机械固化的作文教学的模式虽然取得了一定的效益,但是总体教学质量较低,而且有碍于作文教学的进一步发展,难以激发学生的写作兴趣。一个班级每一次习作训练,即使出现一些好作文,往往总是固定的几个人,而多数学生总体习作的层次常常在低水平徘徊。其原因是多方面的,主要是因为对学生写作"统"得太多,"放"得太少;外在规范多,内在的激发少;教师举起的是"生活作文"的旗号,学生写的往往还是"闭门造车"的作文,写作难以激发学生的积极心理。

面对机械固化的作文教学模式的种种弊病,通过长期的实践探索,我认为,基于激发学生积极心理的自由写作作文教学是一剂良药,且大有可为。"正像空气对于健康一样,自由时间对于学生是必不可少的。"①基于激发学生积极心理的作文教学的实践研究是有其深刻现实背景的。

(一) 从日记写作到周记写作

如今,日记写作在全国各地的研究实践较为普遍。日记写作的优势在于真实性、时效性强,当日的所见、所闻、所感、所思,可以做到及时记录,写成片段或短文。引导学生从小养成日记写作的习惯,能显著提升语文综合素养。中学生,尤其是高中生的学习负担较小学明显加大,每天进行日记写作的时间也较为有限,因而日记写作往往只当作练笔和素材积累,日记写作往往难以做到深入细致。即使有充足的时间,要求学生每天都将日记写得深入、深刻、完善、完美,也会极大地增加学生的学习负担,而且不切实际。周记作文原则上要求在一周之内完成一篇作文,因而可以利用充裕的时间和自由的空间,对生活中的热点、冷点、亮点、美点等进行观察、体验、搜寻、整理、推敲、打磨,直至形成真实性、文学性交融,力度与厚度兼具的周记作文。我在作文教学中大力倡导并积极推进周记写作,通过日搜集,周整理盘点,学生可以写出有生活、有体验的真作文。

(二) 从周记写作到"四环节"自主慢程教学

周记写作优势明显,发展情景广阔,但是,引导学生养成认真写周记作文的习惯并不容易,持续全面推进学生周记的写作水平更是任重道远。我在周记作文教学中也曾经历了种种挫折。一是周记写作深受学生欢迎,学生的写作兴趣开始也很浓,但如果教师缺少有效的督导与激励措施,许多学生的热情就会消减,周初布置的周记作文往往因为要完成其他学科的规定作业而被抛至脑后,到周末要交作文时才草草完成或者一抄了之;二是周记作文不宜做过多的统一规范,但是离开了教师适度有效的引导,学生的习作素养也难以实现持续提升。实践证明:"放羊式"

---

① 苏霍姆林斯基.给教师的建议,林殿坤编译[M].北京:台海出版社,2013:69.

的周记写作教学,效益依然会极其低下,对学生的写作实施全程管控,则又回到了机械固化模式的老路。经过长期的探索,我成功进行了以"导""放""评""展"为主要内容的"四步骤"慢程自主写作教学实践,且取得了明显的成效。

1. 导。

学生撰写自由作文,教师虽不能"主宰",但也不能袖手旁观,不闻不问,要学会做恰当、巧妙、有效的引导。这里的自由,其实是适度限制下的自主。

一是"重点引导"。自由写作前,教师应当做适当的重点引导。自由作文教学的难点在于如何对学生每次自由写作进行积极的引导和有效的推进。放纵的自由写作往往难以提升学生的写作素养,难以促进全体学生共同进步,而过分地强调统一的自由写作则会束缚学生的灵性发挥。因此,自由写作的引导与组织必须慎为、巧为,最后才能达到有为。在写作之前,教者应当对重要关注点做一定的提示指引,并将基本的写作技法进行梳理,形成系列,合理分解在每次自由写作前,并进行有机讲授。写作前的指导切忌内容繁杂、束缚过多。

二是"下水引导"。最有效的自由写作引导是教师与学生一同写作。用教师的写作热情点燃学生的写作热情,用教师的执着努力坚定学生的写作信念,用教师的写作体验沟通学生的写作体验。教师可以对自己的习作作自评,也要诚恳地请学生进行评价,评出亮点,挑出不足。在学生写作之前,用教师的"下水作"做示范引导,这一环节既是对教者此前进行"重点引导"的形象阐释,也是用教师的示范作用充分激发学生的写作欲望。合理引用书本上的范文虽然也会起到一定的引导作用,但是其示范和激励效应远不及教师的"下水作"。没有教师的"下水"实践,作文教学的整体质量往往很难达到较高的层次,也很难营造浓烈的写作氛围。引导学生独立写作周记,写好周记,教师的"下水"实践是最有力的"推进器"。因此,语文教师在教学实践中要勤于写作文,由粗浅到成熟,逐步写出高质量的"下水作文"。

2. 放。

自由写作的核心在于"放",要敢于留足时间让学生在课外完成。只有敢于"放",学生才能写出真实而灵动的作文。没有"放"的过程就没有真正意义上的周记写作。

一是放心。有些教师对自由作文往往有两种担忧:一种忧虑是学生会利用较长的时间对世间万象、人生百态做认真的观察和细致的体悟吗?这样的担心其实也不无道理,但只要长期实践,有效推进,绝大多数学生是能够学会融入社会、体悟人生的。另一种忧虑是学生会不会抄袭或者套作别人的优秀作文呢?这一问题的解决不会一蹴而就,但只要通过积极的正面引导和建立相关的监督机制,抄袭、套作的现象会越来越少的。

二是放手。教师要大胆放手,引导学生深入真实的生活,耐心搜索,细心观察,静心体验,潜心思考。鼓励学生多写生活气息、地域特色浓郁的周记。教师要积极倡导学生摒弃一副面孔的"八股文",写出感性、灵性、个性的文章。经常进行这样的写作,学生便能逐步养成敏锐的洞察力、深刻的判断力、透彻的思辨力和灵动的表现力。

3. 评。

"评"是自由作文教学的重要环节。要改变传统作文中师评占主体地位的格局,搭建"自由作文沙龙"的交流平台,提示一些评改的侧重点,有效引导学生主动参与周记作文的评价,这样既可以减轻教师批阅作文的工作量,又可以激发学生评改的热情,增进写作交流,提升学生的文学欣赏能力。

一是自评。要求学生完成自由作文后便进行自我评价,可以进行口头交流评价,介绍创作的过程,交流心得体验;还可以进行书面评价,自荐文章的亮点,分析其中不尽如人意的方面。

二是互评。在自评的基础上,可以通过作文评改小组进行互评。既要评出"优秀作文"也要评出"亮点作文"和"进步作文",以激发并呵护全体学生周记写作的热情。小组评出的好作文还可进行组际交流、全班评赏,教师还应该在学生自愿的前提下挑选出典型的中档周记习作,引导学生进行自由评改,提出合理化的建议和意见,将该作文升格成优秀作文,同时引导学生对所有中低档作文做好升格。

对于互评出的疑是抄袭、套作的作文,要求以不显扬的方式将有关信息提供给教师进一步审核。教师在自评、互评的基础上,全面检阅习作的原创性,发现问题,即与学生做单独坦诚的交流,要求学生"有则改之,无则加勉",以减少写作不端现象的发生。另外,教师还可以通过组织原创写作的签名、宣誓、专题研讨会等方式,对独立的自由写作进行正确引导。在实践中,通过使用"综合疗法",抄袭、套作现象得到了有效遏制。

4. 展。

展,就是将好作文推荐展出。在平常的教学中,这一环节往往并不被重视,对于优秀习作,一些教师只习惯于在班级读读而已或写上"传阅"了事,并未充分发挥优秀习作的真正价值。其实,"展"的形式可以是多样的,对学生写作积极性的激励作用是巨大的。

一是"局部展"。对整体质量不高但亮点明显的周记作文,可以用红色笔将精彩的地方标出,并将其摆放在专门的"亮点展台"上,或者通过投影展示,供学生即时赏阅。

二是"全文展"。将优秀习作复印并张贴在班级佳作栏,进行较长时间的展示,同时可以推荐投稿或参与评奖。平时的限时现场作文的层次往往难以达到评奖或发表的要求,但是源自鲜活的生活,经过多轮打磨的自由作文当中,精彩作文往往屡见不鲜。对于发表或者获奖作品,可以在年级或全校展出。

三是"出集展"。当积累到一定量的优秀习作时,就可以尝试刊印出集(包括学生、教师个人专辑),供学生长期阅览保存。条件成熟时,甚至可以考虑正式出版。

自主慢程作文教学较之于传统的教学模式,优势主要体现在如下"四度"上。

一是高自由度。自由作文的写作较为自主。从时间上看，现场作文往往要求学生用一小时左右完成，而自由作文则要求一周完成一篇，时间非常充裕。从写作的题材上看，自由作文要求写学生对生活、人生和社会的所见、所闻、所思、所感，硬性规范相对较少，因此，更贴近学生的实际，写作的自由度较大。二是高准确度。传统的现场限时作文往往靠记忆素材库中的材料进行快速整合、提炼，准备比较仓促，酝酿往往不够成熟。慢程自由作文，可以在较宽裕的时间、自由的空间里搜集写作素材，由生活感触启迪自我进行仔细体味。正所谓"慢工出细活"，学生处在充分的准备状态，常常能写出精彩的习作。三是高深入度。自由作文教学比传统作文教学更强调深入社会采风，驻足生活体验，往往更能领略到社会深层的光辉，感受到心灵深处的律动。唯有"深入"方能"浅出"。源自生活底层、飘逸灵魂芬芳的文章才会熠熠生辉，耐人寻味。四是高完善度。好文章是改出来的，短时应急作文则是速成品，立意、思想、表达的不成熟在所难免。而自由作文或是经过长时间酝酿，或是对初稿进行多次修改，甚至另辟蹊径而精心谋划出的习作，因而更为成熟完善。

自由作文是自主实践、自主体验、自主思辨而形成的个性作文，往往比传统教学要求下写出的作文更真实、更灵动、更深刻，更能激发学生的习作兴趣，不断体验写作的成就感。随着学生自由写作的深入，教师可以穿插进行命题作文、话题作文、材料作文等规定性的写作。这样"放""收"结合，以"放"为主，进行自由作文教学，当学生进行了扎实的写作锤炼，有了充分的自由习作材料的积累，大多数学生面对写作能够做到收放自如，实现写作素养的飞跃。

在实践中，自主慢程作文教学广受学生欢迎。长期坚持自主慢程作文教学，不仅可以提高学生写作的综合素养，提升作文教学的效益，而且能显著增强学生的生活意识、自立意识和进取意识，涵养持续发展的语文学习能力。

当然，在写作实践中，可以将自由写作和限制性写作交错进行，这样学生可以在自由写作中汲取营养，在限制写作中锤打历练。久而久之，自由写作，培养了学生的写作兴趣，而限制性写作则锻炼学生的应试写作的能力，学生在限制性写作中也能进行真性情地生活化表达。如此，源于学生生活的应试性写作命题下的写作，学生才不再远离自己的生活。这种写作"留白"的智慧，其实是为了让限制性写作更接近学生的心灵，更接近学生的生活。

# 第二章

# 启心：以"积极情绪扩建"观提升单篇阅读素养

积极情绪，是由可以满足个体需求的事件所引起的，并且伴随着喜悦情感体验的一种情绪状态。积极情绪的"扩展—建构"理论表明，积极情绪不仅可以充分反映个体的幸福，而且有利于个体的健康成长，它具备持久的适应价值功能。一是具有瞬时的拓展功能，可以拓展个体瞬时的"思维-行动"范畴；二是具有长期的建构功能，可以为个体建构长久的社会资源。该研究的目的在于了解积极情绪对心理弹性的作用，培养个体的积极情绪。在单篇阅读中，提升核心素需要以学生的积极情绪的扩建功能为中介来实现。在单篇阅读指导中，通过激发学生的积极情绪投入阅读，进而在语言、思维、审美、文化四个层面做阅读训练与引导，并在此基础上逐步实现核心素养的建构与扩展。

## 第一节 提升语用能力的策略

在语文核心素养中，"语言建构与运用"居于最基础的重要地位，离开了语言层面的基础，思维、审美、文化等层面素养的提升就会落空。而语言的建构并不是被动机械式实现的，而是在主动灵活的运用中达成的。因此，语言的运用不仅关涉语言的建构，更影响到思维、审美、文化等层面素养的提升。阅读教学，应该把"语用"作为主要教学目标。当然，阅读教学的语言目标有两个价值维度：一是理解；二是运用。传统的阅读理念重理解，轻运用。其实，"运用"是更高层次的理解，更是语言素养形成的标志和必经之路。文本细读教学，就是要抓住需要细读的语料，通过"语用"来提升语言素养。现代心理学研究表明："人对语言对象的感知、理解、把握从来不是从空白处开始的，总是从他的语感图式出发的。"[①]因此，文本细读教学，需要通过多种有效的方式丰富并发展学生的语感图式。

---

① 汪潮. 语文学理[M]. 杭州：浙江大学出版社，2013：332.

## 一、在生活情境中,训练限制性表达

在文本细读基础上的语用训练,包括概括、转述、评析等多种形式。如果采用直接提问、强制回答的方式推进教学,往往难以激发学生的表达欲望。即使有学生参与回答,表达往往也是机械的、生硬的。这样的语言训练,难以形成真正的语用能力。真正的语用能力必须在生活化情境中锻炼提升。文学作品本身都存在生活情境,而教者则需要将其迁移到学生当下真切可感的生活情境中置疑,让学生兴高采烈地走进语言现场。

当然,在生活情境中训练学生的语用,不是表面展示式的轰轰烈烈,而是要立足于发展学生的语用能力。因此,语用训练的限制性,必不可少。通过限制增加难度,通过限制激发学生的挑战热情。而当学生自觉走进具有真实生活情境的语言现场,遇到困难时,多会自觉勇于挑战。在生活化情境中,学生常常会爆发出惊人的能量。请看黄厚江老师的部分教学实录。

师:哪个同学给二猫取个名字?

师:它会爬树,跳过来跳过去的,是不是就叫"飞飞"呀?谁在"黄飞飞"基础上加工一下?

生:黄跳跳。(众人笑)

师:黄跳跳,跳来跳去,大猫活泼,二猫更活泼。还可以叫什么名字呢?

生:叫它"黄皮皮"吧。

师:很不错!我发现,我们还可以把语序调整一下——皮皮黄。你们看调整一下好不好?

生:好,显得更调皮。

师:是的,语言就是怎么神奇,调整一下语序,效果就明显不一样了。[1]

在《猫》一文的教学中,对三只猫不同特点的概括是撇不开的阅读重点。平时教学中,语文教师的处理方式,多是直接呈现问题让学生回答,或列表格让学生填空。这样的语言训练是有问题的,因为其忽视了学生真实鲜活的生活情境。这一耗时漫长的主体教学环节,教者觉得枯燥,但仍一次次不厌其烦地进行问答设计;学生往往也觉得索然无味,无心参与。这样的教学,影响的不仅是课堂气氛,更可怕的是学生对阅读的兴趣在一点点剥蚀。而上述教学片段中,黄老师巧妙地将枯燥的问题迁移到学生的生活当中,用现实的生活情境代替冰冷的问题,用给猫取名的训练代替概括猫的特点的机械问答。这不仅仅是问题形式的改变,更重要的是通过生活化的情境用"热问题"代替机械的"冷问题",学生表达欲望会愈演愈烈,而在这一过程中习得的语用才能真正演化为能力。

在这一教学环节中,黄老师并没有满足于此起彼伏的命名秀,而是不断引导学

---

[1] 黄厚江.《猫》教学实录[J].中学语文教学参考(上旬刊),2019(11).

生在强化文本语言表达的限制性。如有学生给第二只猫起名为"黄飞飞",这一表达是不恰当的,主要因为该生对文本中猫的好动性研读不够。于是,黄老师便引导学生关注文本中相关的动作描写。而"黄跳跳"的命名是抓住了猫的动作特点,可还是没能很好地体现该猫活泼调皮的特点。"黄皮皮"的称呼应该是能够体现其主要特点了,但黄老师通过变序使语用更上层楼。当然,限制性表达还包括生活的限制。比如,我在教学这一环节时,有学生就给该猫命名为"黄跑跑"。于是,我就链接了"范跑跑"的事例,以此让学生知晓,在生活情境下,"某跑跑"已成为一个贬义的名称。这一生活化的阅读语用,激活了学生的表达欲望,在生活与文本的双重限制下,学生的语用能力得以有效的锤炼与提升。当然,这样的限制是在生活情境的真实语境中进行的活性、柔性的呈现,教者的点拨引导也是相机而行的,正所谓"春风化雨,润物无声"。

## 二、在还原心境中,训练贴近性表达

对文学作品的理解,光浮于文本语言的表层,往往不得其要,而相应的语用表达也会显得肤浅,甚至偏向。而一旦能透过文字,融入作品情境,走进人物内心,理解就会更深刻,而表达便更贴近文本实际。对于文学作品而言,描写的背后都能透射出人物的心境。比如,环境描写的色调可以体现人物的心理,人物的外貌、语言、动作、神态等描写都能反映人物的心境,而把握了作品人物的真实心境,理解性表达就会与文本作者的写作意图更贴近。

以下是我的《春江花月夜》的部分教学实录。

生:是"拂"字!这一个字表达了女主人公对月的怨愤。

师:我们一起来做动作,同时还原诗歌情境,走进人物内心。

生:这个动作应该很轻的。

师:拂不去,又该怎样?

生:再拂,动作应该快一点,她有些心急。

师:想象这个女子连续做过这个动作之后该怎样?

生:呆呆地坐在那里。

生:落下眼泪。

师:落在了哪里?

生:洗衣石凹槽的水面上?

师:然后?

生:月影碎了!

师:月影碎了,这个女子的心也碎了,还能读出哪些情感?

生:还有思而不及的怨愤。

生:还有强烈的孤独感。

师：抓住细节，还原人物心境，便能进行心灵对话。①

对于古代诗歌赏析，仅止于常规的文言翻译，往往不得作品的内涵，更难以步入作品人物的灵魂深处。上述教学片段，在我的引导下，学生通过一个动词，还原故事可能的场景，还原人物可能的心境，学生的理解便水到渠成，而理解性表达便能做到贴切合理了。具体步骤如下：

一是由言语走进人物真实心境。语言是全民的、概括的、有限的、静态的知识系统，而言语是个人的、具体的、无限的、动态的话语现象。诗歌赏析，从语言的角度切入，理解往往比较抽象、浮泛、干瘪。而从言语层面切入，往往能"顺藤摸瓜"，进而走进人物的真实心境，探知人物的真实心理，从而实现读者与诗歌人物的心灵交流。上述诗歌赏析的过程中，如果将"拂"仅仅看成一个概念化的语言动词，很难理解诗人在这一用词背后的用心以及抒情主人公内心真实体验。而一旦从言语层面还原人物心境，进而理解揣摩，便能真正读进文本，读透人心。

二是基于人物真实心境做言语表达。由于言语具有无限性、动态性，因而通过描写性的言语可以探知作品中人物心境的丰富性与变化性。就诗歌中的"拂"这一动作描写而言，其次数、速度、停顿的背后都能体现出主人公的内心发展与变化，而准确把握诗歌人物的心理，学生关于人物情绪、情感的言语表达就能做到切近而深入了。

### 三、在比较揣摩中，训练准确性表达

教材经典文本，就是语用的典范。因此，文本细读需要通过语言表达的经典范例来训练学生的语用能力。语用训练最基本的要求是语言表达的准确性。这样的语用训练，一般先从平实的语言入手，通过对典型语句的词语和句式的选择来训练语用的准确性。而对文本经典表达的语句，通过直接解构分析，学生的体验往往不够深入，而通过改写比较，由其中的差异可以更深刻地体会准确表达的言语方式，进而提升语用的准确性。且看范丙军老师的部分教学实录。

生："在表面上看，改得似乎简洁些，却实在远不如原文。"这个意思如果让我表述可能就是：改得倒是简洁了，但好像不如原文。

师：那有什么不同呢？

生：我对"简洁"这个词理解不到位，我改的只是"简"了，文字少了，但韵味也失去了，所以不能说"简洁"，正因为如此，作者才用了一个"似乎""似乎简洁"，而并非真简洁。还有，"好像不如原文"，我用了一个"好像"，说明我的不自信，而朱光潜先生用了"实在"和"远"两个程度副词加强语气，明确而坚决地表达了自己的看法。

师：你很善于咬文嚼字。确实，我们应该有一种强烈的咬文嚼字意识。②

---

① 李正浪.《春江花月夜》教学实录[J].语文教学与研究(上半月刊),2018(12).
② 范丙军.用"咬文嚼字"的方式《咬文嚼字》[J].语文学习,2017(5).

在教学《咬文嚼字》的过程中,范老师先引导学生挑选经典的表达进行语用演练。经典文本的语言表达的典范性,包括一般性表述和复杂性表述,就其中一般性表述,学生通过阅读往往能自然形成语感和语用的意识,而较复杂的表述则需要通过比较解析才能真正理解并逐渐提高自己的语用能力。因此,文本阅读教学中,教者需要抓住复杂的典型表达来进行训练,而不是粗糙地一读了事。选好复杂性的经典表述的语料,还需要通过言语改写进行比较阅读。课堂上,范老师没有直接对该语句进行解构分析,而是通过原句和改差异的比较引导学生发现准确表达的词语与句式呈现方式。上述改写,主体方向一致,但是表达的细节却有很大差别。于是,学生便能体会到,在原句中"在表面上看"只是外在的形式上的感觉,"简洁"前的"似乎"二字实为后续表达做的铺垫,而"实"和"远"则反映出差别的程度。这样的体验,通过独立的细读分析很难有深入体会,而通过不同言语形式与内涵的比较,更能深入体会经典表达的准确性。

当然,经典文本并非处处是经典,有的表述也可能不尽完善,这样的语料也可以通过比较阅读力求更精准的表达。比如《咬文嚼字》一文中,作者认为,"'你这'式语法大半表示深恶痛绝,在赞美时不适宜用。"在教学中,我就遇到一学生认为这样的看法有失偏颇。该生举出了这样的例子:"你这机灵鬼,主意想得不错呀!"这里的表达明显带有对孩子亲和的称赞意味。对经典文本的局部的批判性比照阅读,往往更能训练学生准确表达的能力。

## 四、在典语仿用中,训练迁移性表达

在文本阅读教学中,对于有文采、句式灵活的语句,需要用阅读来提升学生读的语感,还需要通过拓展性仿用(仿说或仿写)来提升学生写的语感,进而提升语用能力。

以下是李仁甫老师的教学实录。

师:"喂马,劈柴,周游世界"的句式很有表现力,我来举例仿写好不好?

众:好。

师:"踏雪,听风,周游世界"。脚踏着雪,耳边听风,行不行?

众:行。

……

生:汲泉,涉水,周游世界。

师:哦,汲泉,就是汲水吧?踩水,就是踩着河水。这两个当中,一个是"泉",一个是"水",似乎都跟"水"有关吧,我们能不能再把它换一个,比如"汲泉"我们用过了,在周游世界的过程中,还会有什么样的景象?我们写的意象要有典型性,尤其是相邻的两个意象不能有重叠、交叉的地方,其他同学也可以补充。

生:越岭。

生:竹杖,蓑衣,周游世界。

生：晨曦，暮霞，周游世界。①

课堂上，李老师选择了《面朝大海，春暖花开》中极富画面感、韵律美的诗意句式进行仿用，以读促用，以用带读，通过读、写、说的融合形成语用的合力。"喂马，劈柴，周游世界"，句式整散有致，意蕴绵长丰厚。课堂上，李老师重点针对两个并列词语进行仿用拓展。在这一教学环节，李老师舍得投放时间，专注于拓展表达，意在培养学生对精彩表达进行积极的语用意识，并在问题处耐心点拨，呵护言语生命瑕不掩瑜的个性潜质，引导学生发现自我，表达自我。推动学生言语生命更好地成长，使得学生的语用能力真正在课堂落地、扎根，继而开花、结果。

当然，课堂上仿用的步子还可以迈得更大些。在该文本的教学过程中，我做了更开放的仿用延伸尝试：一是对前面并列词语的要求放得更宽；二是对后面的"周游世界"也可"动手术"换用自己的表达；三是整散衔接的顺序可以调整。开放式的仿写换来学生语用"小宇宙"的爆发：有学生做线性延展的考虑，如"跌倒，再起，追逐地平线""登楼，迎风，眺望晨曦"；有学生缩小区域范围而表达成"麦浪，竹影，想回家看看""回眸身后的脚步，于是，不再孤独，不再迷惘"。

接着，我还将多年来高考优秀作文对这一句的仿用做及时的链接呈现。比如，2012年江苏高考优秀作文《忧与爱》："独处斗室，掩卷遐思，倏尔一阵栀子花的幽香送入鼻中。"2017年全国卷Ⅰ卷优秀作文《今日中国说》："龙舞潜渊，凤鸣九天，其进步未可量也。"2018年上海高考优秀作文《东南风起》："能征一国者，伏处茅庐，待天时，候明主。"通过整散交错句式在高考作文中成功运用的实例呈现，学生语用意识变得更为积极了。

在文本细读中提升语用能力，需要基于学生的语感基础图式，通过优化阅读问题情境，还原作品人物心境，并通过对经典表述语言的比较分析和拓展运用来实现。这样的文本细读教学，才是耕耘语文的"责任田"，其语用的稻麦芬芳才是纯正的"语文味"。

## 第二节　培养思维能力的策略

《礼记·中庸》有一句名言："博学之，审问之，慎思之，明辨之，笃行之。"这句话阐明了学习中"学""问""思""辨""行"等几个必然要素，其中的"思"和"辨"就是思辨的滥觞。对于语文学科来说，思辨能力在语文学习中包括分析、推理、判断、质疑和辩护等能力。《普通高中语文课程标准》（2017版）指出："发展思辨能力，提升思维品质……语言文字运用和思维密切相关，语文教育必须同时促进学生思维能力的发展与思维品质的提升。"思维品质的发展与培养，需要在文本语境中遵循"有限多元"理论的前提下，逐层深入地进行比较、推导、质疑、辩驳与概括。语言和思维

---

① 李仁甫.你的语文课也可以这样灵动[M].南京：江苏人民出版社，2017：283.

互为表里,阅读教学的本质就是多维融通的对话,学生只有在与文本、教师、同学的对话中,才能逐渐有所顿悟,而后深化和拓展。在细读教学中,如何通过对话提升"思维品质"呢?现从如下四个方面进行探讨。

## 一、创设情境,拓展思维空间

阅读教学中的思维训练,需要围绕问题展开,而问题不宜抽象呈现与机械作答。阅读教学一旦变成枯燥的出题、答题的训练,就背离了文本言语情境,便难以开启学生的心灵,更难以拓展思维空间。因此,设置阅读问题要有"境",缘"境"生"情",以"情"激"思"。思维品质发展的前提是拓展思维空间,拓展了思维空间便激活了思维状态,打开了思维发展的可能性。文本语言"指向一个虚构世界,这个世界只存在读者的想象之中"[1]。情境阅读,就是在现实场域中,吸引学生沉潜于虚构世界,拓展思维空间,放飞想象的羽翼,来应答文本语言,充实文本内涵。创设情境,需要激发学生不同的角色意识,以不同的角色融入情境,生成角色体验。

首先是读者视角。传统的阅读教学,往往只注重教师的阅读视角与体验,而忽略了阅读教学的主体——学生。如何在阅读情境创设中重视学生的读者视角呢?且看李镇西老师关于小说《祝福》的教学片段。

师:同学们可以自由地发言,想说什么就说什么。鲁迅作品中的时代离我们比较远,也许我们理解起来会有一些障碍,但这不要紧,我想知道在老师没有做任何提示的情况下你们自己能够读出些什么。

生1:……人物之间的对话和动作、外貌的描写,都非常好。

师:说得非常好!

生2:我读了以后第一感觉是愤怒,还有对祥林嫂的同情,她是一个悲剧人物。让我愤怒的是当时制度的残酷及人情的冷漠,她的悲剧与当时的社会有很大关系,是当时社会造成的。

师:比如——

生2:比如,没有尊重她的意愿,强迫她改嫁;周围的人因为她是寡妇就歧视她;她遭受许多不幸后,周围的人不但没有同情她,反而对她进行嘲讽。

师:刚才杨晓梅用了一个词"愤怒"来表达她的读后感。我想请以下发言的同学也先用一个词概括自己的感受。

生3:我用一个词来形容,是沉重。虽然封建时代过去了,但是在农村封建思想依然占据着人们的头脑……她以为可以"坦然地去拿酒杯和筷子",可四婶慌忙大声说"你放着罢"。此时,祥林嫂就像"受了炮烙似的缩手"……[2]

---

[1] 王尚文.走进语文教学之门[M].上海:上海教育出版社,2007:125.
[2] 李镇西.我的语文课堂[M].北京:光明日报出版社,2013:6-7.

李老师从学生的读者视角出发，尊重学生的原初阅读体验，创设自由表达的情境，因势利导。上述交流中，第一个举手发言的学生，平常并不积极，可见李老师情境创设颇具感染力。在随后交流中，有学生用一个词概括阅读体会，李老师顺势引导，后续发言也用一个词提炼。这样，表达的概括性、方向性更强，拓展了学生的思维空间。在第二个学生交流的过程中，李老师敏锐地捕捉到该生脱离了文本，于是用"比如"一词自然引导。后续交流的学生也都能注意围绕文本语言进行感悟。此举，既放飞了学生的思绪，又不忘牵着文本语言之线，可谓收放自如。

　　其他视角，以《春江花月夜》的阅读教学为例。该诗系人教版高中语文选修教材《中国古代诗歌散文欣赏》第二专题"置身诗境，缘景明情"的首篇。一是编者视角。设置问题情境：你为何将该诗作为单元的首篇？引导学生探究其"孤篇盖全唐"的历史地位与"顶峰上的顶峰"的艺术价值。二是作者视角。设置问题情境：你在江边望月何以见"海"？从诗人江边望月的角度，可以感受诗开始出现的"海"乃是现实情境中的幻视与错觉。三是文本人物视角。设置问题情境：你是"思妇"，请说说你对"捣衣砧上拂还来"的"拂"字的体验。引导学生能体验拂而不去的"怨"，面对"捣衣砧"积水中破碎月影时内心的"乱"，进而想象思妇会落下眼泪，甚至滴在水面，漾起水纹。

## 二、互动生成，引发深度思维

　　深刻性，是阅读思维训练的重要价值取向。思维的灵活性、敏捷性有赖于向深度思维发展，而实现思维独创性、批判性的前提便是深刻性。文本阅读教学的思维训练，需要避免两个误区：一是有热度无深度。有些阅读教学，只求表面热闹。课堂上，让学生"走马灯"式地选读自己欣赏的语句并说明理由，使阅读课变成佳句摘录展示课。这样的课堂交流很热闹，却显得零碎、松散；老师被学生牵着鼻子走，或近乎隐身。这样的课，阅读问题不集中，学生思维热络，但往往缺乏向度与深度。二是有深度无热度。经典文本的解读，角度不断翻新，深度不断拓展，而基于教学的文本解读，离不开学生对文本言语的真切体验，若离开了学生对言语阅读体验的最近发展区，这样的深度只能是教师唱"独角戏"，学生无法参与阅读建构，思维品质便难以提升。阅读深刻，必须建立在学生自我阅读体验上，而不是教师以自我的深刻解读强行灌输给学生。学而不思则罔，思而不学则殆。离开了学生对文本语言的咀嚼、玩味、体悟，再高深的阅读探究都只是一场"无思维"的表演秀。

　　阅读教学的思维深度，必由互动对话中渐趋生成，而教师的作用便是引导学生向预设的目标深度掘进，抑或向可能的深度试探。课堂互动，需要基于学生的阅读体验，也需要教师的积极引导。学生流于肤浅的阅读体验，离开了教师引导下的对话互动，难以形成学生的深刻思维；而背离了学生阅读体验基础的教师的深度阅读,同样难以形成学生的深刻思维。"教育只有在对话的状态中才能呈现为个体的意义,才能实现它的价值。"①只有通过对话,教师的视野和学生的视野才能交融,并共同提升。且看黄厚江老师关于《葡萄月令》的教学片段。

师:……在汪曾祺的心目中葡萄是什么?

生:孩子。

师:有何凭据?从文中找凭据。

生:四月份,给葡萄浇水,"不一会儿,它就从根吸到梢,简直是小孩嘬奶似的拼命往上嘬"。

师:这是把葡萄当孩子了。还有其他依据吗?

(学生小声讨论)

生:"九月的果园,像一个生过孩子的少妇,幸福、平静、慵懒。"

师:……如果葡萄园是妈妈,爸爸是谁啊?(学生笑)

生(笑齐答):汪曾祺。

师:其他有没有依据?我们再来看看文章最后一小节是怎么说的:"老鼠爱往这里面钻,它倒是暖和了,咱们的葡萄可就受了冷了。"……这里的"咱们"除了作者还包含谁?

生(齐):果园。

师:这样的依据在文中还有很多,同学们可以课后去找。葡萄在汪曾祺的眼中就是他的一个孩子。由此可以推出结论,汪曾祺是个什么样的人?

生:汪曾祺就是一棵葡萄树。②

课堂上,黄老师让学生找"葡萄是孩子"的印证语句。在互动对话中,黄老师顺势将学生的思维引向深入:如果葡萄园是妈妈,爸爸是谁啊?学生说是"汪曾祺",回答看似荒诞,实质是学生对作者与葡萄园以及葡萄之间密切关系的形象表达。由此得出,葡萄在汪曾祺眼中就是他的一个孩子。在此基础上,黄老师围绕果园继续追问,有学生理解汪曾祺就是一棵葡萄树。在互动对话中,学生阅读思维便一步步走向深入。"对话仿佛是一种流淌在人们之间的意义溪流,它使所有对话者都能参与和分享这一意义之溪,并因此能够在群体中萌生新的理解和共识。"③而渐进式互动对话,就是思维向深度发展的对话。

## 三、质疑文本,导引批判思维

学起于思,思源于疑。质疑,是对文本的冷静审视与辩证思考,是深度阅读的一种表现。"批判性阅读可以增强我们合理解释自己的观念和信仰的能力,进而增

---

① 金生鈜.理解与教育[M].北京:教育科学出版社,1997:85.
② 黄厚江.共生阅读教学基本课型及典型案例[M].南京:江苏凤凰教育出版社,2014:67-68.
③ 戴维·伯姆.论对话,李·尼科编,王松涛译.[M].北京:教育科学出版社,2004:6.

强我们对文本的归属感。"①在阅读教学中,质疑可以发现文章的不足,但更多的往往不是否定,而是一种阅读切入与打开的方式,是在质疑与验证基础上的积极建构,进而对文本有更深层的认知与体悟。教学中,对课文的质疑,看似难以企及,实则是一种可行的阅读策略。

1. 在表面矛盾上探究。例如,陈日亮老师在执教《蜀道难》时,就有学生提出了这样几个问题:

(1) 既然有鸟道"可以横绝峨眉巅",为何又说"黄鹤之飞尚不得过"?

(2) "雄飞雌从绕林间"不是很愉悦吗?和"悲鸟号古木"怎么联系得起来?

(3) 友人还没有上路,怎么可以对他说"不如早还家"?②

这些问题,都能在诗文阅读中找到合理的解释。第一问:"鸟道"究竟有没有鸟飞过并不重要,也非实指,其要义是极言山高。第二问:"雄飞雌从绕林间"可以理解为以乐衬哀。第三问:"不如早还家",表明李白本意就不支持友人入蜀。因此,表面的矛盾,背后是有其合理性的。当然,这样的质疑与求索本身,就是一种由表及里的思辨历练,用钱理群先生的话说,乃是一种"精神探险"。

2. 在研读中生疑解惑。在执教《谈中国诗》时,黄厚江老师引导学生发现该文涉及的是中国古诗,于是质疑:文题"中国诗"应改为"中国古诗"。接下来,黄老师启发学生观照该文的写作背景——20世纪40年代在上海对美国人的演讲。中国现代诗主要源于西方,且当时并未受到西方的充分关注。彼时,美国人心目中的中国诗就是中国古诗。基于此,题目中的"中国诗"表述并无不妥。如此,在读中生疑、释疑,体现了发展性思辨。

3. 在精彩处置换比读。《我与地坛》(节选)中有一处经典描写:"露水在草叶上滚动、聚集,压弯了草叶轰然坠地摔开万道金光。"最为出彩的是"轰""摔""万道"等夸张表述。教学中,我引导学生通过词语置换来质疑文本——将陌生化的表达还原成熟悉表达:"……轻轻落地,在我眼前掠过一道光。"然后通过比较阅读引发学生反差思辨:改文虽是实写,但表现力不强;而原文采用夸张手法,能够突出作者完全沉浸于眼前之景,且给人以强烈的震撼。通过质疑试改和必读辨析,对经典言语的认知与领悟便更加深入透彻。

4. 在生活里萌发新解。如《咬文嚼字》一文,我在执教时,有学生认为"'你这'句式,大半表示深恶痛绝,在赞美时便不适宜"的看法欠妥。比如,"你这小淘气,又想什么鬼点子?"这里称"你这",显得又气又爱。受该生启发,许多学生呈现了生活中不同情境类似表达。学生联系生活对《咬文嚼字》的"咬文嚼字",咬嚼出了道理,这是难能可贵的。同时,有学生认为原文在这一表述之前已经进行"大半"的限制,

---

① 斯蒂芬·D·布鲁克菲尔德,钮跃增译. 批判思维教与学[M]. 北京:中国人民大学出版社,2017:118.

② 陈日亮. 如是我读——语文教学文本解读个案[M]. 上海:华东师范大学出版社,2011:108.

"不适宜"并非绝对说法。因此,不能判断朱老的这一句表达是错误。由于生活语境的多样性,带来了言语的丰富性,应该肯定学生结合生活语言的合理质疑,由"顶礼膜拜"到"批判建构"。

### 四、群文阅读,活化发散思维

传统阅读教学,重在单篇的细嚼慢咽,课内阅读也难以向课外有效延伸,学生阅读思维多被禁锢在单篇课文的学习中,难以形成议题阅读的发散思维。于是,群文阅读应运而生。所谓群文阅读,即围绕着一组文章就某议题进行阅读和集体建构。群文阅读,意在引导学生拓展阅读视野,活化发散思维,通过议题引领下的广泛阅读来丰富阅读体验和获取整体意义上的感知体悟。

群文阅读,可以是教材内单元专题阅读。例如,人教版必修三第一单元《林黛玉进贾府》《祝福》《老人与海》三篇课文,可以确定人物命运、生存环境、衬托艺术等专项群文阅读议题。具体操作,可以在进行单篇教学之后用两课时进行群文阅读,也可以用计划课时进行群文阅读。群文阅读,还可以由课内阅读延伸到同一作家的其他篇目进行群文阅读,甚至整本书阅读。比如,在进行《我与地坛》的教学之后,可以引导学生阅读史铁生的散文集《病隙碎笔》,充分感受史铁生在疾病缠身时对世界的体察和对生命的思考。群文阅读,还可以将名著按照议题整合进行专题式阅读。比如,长篇小说《平凡的世界》是高中生热读之作,在阅读该小说的基础上,教师可以引导学生对生命与爱情议题有一定相似性的小说《家》来做延伸阅读。这样,以"热著"阅读带动"冷著"阅读,同时,学生对生命与爱情议题阅读的视野会更加开阔,发散思维也会被自然激活。

当然,群文阅读与单篇阅读并非水火不容,可以采取单篇教学为主、群文节选为辅的教学策略。比如,于沛文老师在教学《念奴娇·赤壁怀古》时就采用了这一教法。在教学过程中,于老师在引导学生以"作者视角"阅读文本时,就分别投影了以下群文节选信息。

1. 臣即与妻子诀别,留书与弟辙,处置后事,自欺必死。——《杭州召还乞郡状》
2. 雨洗东坡月色清,市人行尽野人行。——苏轼《东坡》
3. 苏文忠《赤壁赋》不尽语,裁成《大江东去》词。——张侃《拙轩词话》
4. 范成大游赤壁未见所谓"乱石穿空"的景观,认为是"东坡调赋微夸焉"。——《吴船承》卷下①

前三个投影,使得学生对苏轼写作的真实心境有了更直接而深入的认知,这样便于学生能从作者的视角走进其内心,从而深度理解文本。而《吴船承》中关于虚写表述的相机呈现,也佐证了课堂上师生对主体文本艺术风格的阅读判断。"一主多辅"式群文阅读,需要教师在课前进行群文阅读——寻找与课文相关的材料,并

---

① 于沛文.《念奴娇 赤壁怀古》教学实录[J].语文教学通讯(A刊),2017(7-8).

进行整合提炼,并在单篇教学中作择机适量呈现。

在哲学上,感性、知性和理性组成了认知结构的三个维度,也构成了思维能力的三个梯度。在文本细读教学中培养中学生的思维品质,也是遵循这三个梯度来进行的。在细读教学中,把握文本对话策略,从语言出发,到学生中去,是培养思维品质的重要途径。简言之,就是用语文的方式发展思维能力。

## 第三节 涵养审美能力的策略

《普通高中语文课程标准》(2017版)提出培养中学生语文学科四大"学科核心素养"的目标,其中对"审美鉴赏与创造"做如下要求:"审美鉴赏与创造是指学生在语文学习中,通过审美体验、评价等活动形成正确的审美意识、健康向上的审美情趣与鉴赏品位,并在此过程中逐步掌握表现美、创造美的方法。"感悟语言、玩味语言是语文学科的本质特征之一,通过语言这一媒介触摸语言内核,感悟人文精神,提升审美情趣。那么,在课堂教学中,如何通过文本细读将文本呈现的、生活中积累的、大脑中想象的、心灵中向往的美感经验、审美理想融合在一起,培养中学生"审美鉴赏"能力呢?本文试从以下四个方面来探究。

### 一、涵泳品读,丰富审美体验

语文的学习首先是"语言"的学习,因此,朗读的感性体验必不可少。传统诗学强调"涵泳功夫兴味长""三分诗七分吟",它们都在告诉我们一个道理:"读"是走进文本的一条基本途径。许多值得品味的佳作名篇,不涵泳则不能入其境,得其趣,通其情。语文课堂,不仅需要沉静的思考,更要有琅琅的书声,视其文、发其声、闻其音,才能唤醒沉默的文字,沟通读者与作者的心灵,领其意,达其情,悟其神。"所谓美读,就是把作者的感情在读的时候传达出来。……激昂处还他个激昂,委婉处还他个委婉,……务期尽情发挥作者当时的情感。美读得其法,不但了解说什么,而且与作者的心灵相感通了,无论兴味方面或受用方面都有莫大的收获。"[1]读出感情,读出韵味,才会读出自己的理解。

对一篇课文反复朗读的时候,每次朗读的目的是有所不同的。比如,朗读《诗经·氓》,第一次朗读,目标是读准字音、把握节奏,可谓初读;第二次朗读,要能体悟人物情感,可谓品读;第三次朗读,要在体悟人物情感的基础上与卫女哀乐欢愁共鸣,把握卫女温柔如水而又坚强自尊的人物形象,可谓悟读。反复朗读的过程就是一个不断对话、逐步除弊求真的过程,在"披文入情"中丰富审美体验。涵泳品读并不在于数量上的重复,必须有质量上的推进,这样的读才能真正地走进文本,走进作者。

---

[1] 叶圣陶.语文教育论集(上册)[M].北京:教育科学出版社,1983:20.

请看下面余映潮老师教学《我愿意是急流》的精彩片段。

师：听诗是一种高雅的活动。我们这次课上听三遍。（大屏幕显示）第一遍，整体感受。在听诗的时候，要想象诗的画面之美。

……

师：下面听第二遍。这一遍听的要求是理解诗中的形象。"诗中听形象"，我简单地解说一下：它有一个术语，叫作意象……第二遍，听整首诗的意象是怎样和谐地组合在一起的。

……

师：下面咱们听第三遍。这次听的要求不同了，要边听边读，跟着画面，跟着配乐来读，进一步地感受诗中那种热烈的深情。[①]

余映潮老师在让学生"品读"之前做了三次"听"的准备：一"听"整体感受画面之美；二"听"理解意象；三"听"体悟情脉。此后再来涵泳品读才会把感性的体验与理性的研读完美结合起来。多轮的阅读推进，以有声语言为载体，从语言的形象之美到意象之妙，再到情趣之浓，学生的审美体验在丰富中步向深入。

"文章最要节奏，譬之管弦繁奏中，必有希声窈眇处。"清代桐城派追求因声求气，强调在涵泳中习得文言语感，悟出文本旨意。对文言文而言，如果说文章的脊骨是实词的话，那么传达文章情致的则是虚字。例如，我们在朗读《烛之武退秦师》一文时，面对文中大量的虚字，就要把虚字传情的特点体现出来。比如"臣之壮也，犹不如人；今老矣，无能为也已"，烛之武并不直接推辞，在"壮""老"的对比中带上了"也""矣""也已"等虚字的使用，将他复杂的内心情感表达得"纡徐有致"："也"表达年轻时意气风发的状态；"矣"表达了垂暮之态的感慨；"也已"两个虚字叠用，感叹英雄迟暮，语气舒缓深长。"披文入情"地朗读是一种最基础的审美体验，反复涵泳方能知文字之味，并在阅读的演进中感受人物内心的五味杂陈。

## 二、比较辨析，提升审美能力

比较阅读不仅是一种思维评价方式，还是一个审美鉴赏能力提升过程。"审美鉴赏"能力的培养，并不是像把金丝雀关在笼子中圈养获得的，而应该放到广阔天地中，获得丰富的审美体验，涵养敏感的审美知觉，生长出主动探索美、评价美、创造美的能力。文本的学习不能缺少参照系，否则就会由于视野的逼仄遮蔽了作者的个性表达和读者的全面认知。在语文教学中，适时适当地引入相关文本，拓宽阅读视野，丰富语言运用经验，是提升审美能力的好方法。

执教汪曾祺先生的《葡萄月令》时，黄厚江老师先让学生将 1 100 余字的原文压缩成 100 左右的文字，然后让学生给这段文字加标题。学生的答案以"葡萄的生长周期""葡萄的生长过程"居多。黄老师说，工具书上"月令"有一个基本的义项是

---

[①] 李波.高中语文涵泳教学实践研究[D].华东师范大学硕士学位论文，2009：32.

"植物的生长周期",能不能用这两个题目做原文的标题呢？学生不同意,他们认为如果改为这两个题目一是文不对题,二是文字不优美。黄老师说:"这就对了。题目的差异实质是散文和说明文的差别。散文要用诗一般的语言,追求意境;说明文要用平实的语言告诉我们事物的本质特征……"①这个精彩的教学导入既带领学生巧妙地走进了作者的内心世界,又提升了学生对不同体式文本语言特质的审美鉴赏能力,可谓一举两得。

又如,在学习《诗经·氓》一文时,我们可以同向联系《诗经·遵大路》与《诗经·谷风》,正向比较《诗经》中弃妇的形象,感受西周时代妇女在婚姻中的悲惨遭遇;可以异向联系,引入西方文学史上的复仇弃妇"美狄亚",在中西文化对比中进一步理解卫女的形象,同时对以"中和"为价值核心的中国传统文化与西方文化特质有较深刻的理解,激发学生对文化的探索兴趣;可以从审美文化的角度将中学课本选自《诗经》的三首爱情诗放在一起,比较《氓》的"淇水"、《蒹葭》的"宛在水中央"以及《关雎》的"在河之洲"中"水文化"的丰富多彩;还可以从西周时代婚姻文化"六礼"的角度探讨卫女的悲剧根源,倾听先民哀婉美丽的天籁之音,进而养成独立阅读、自主审美的能力。审美能力的提升,做一元化独立解读,审美认知难免偏狭。通过多元比较才有真正的审美鉴别力,有鉴别才能拓展审美理解的广度与厚度。

### 三、深度对话,参与审美构建

"对话是探索真理与自我认识的途径。"②文本细读提倡对话教学法,在文本、作者、读者(教师、学生)多重对话中达成理解和建构,培养审美鉴赏能力。对话过程充满了呈现、质疑、讨论、冲突、整合、认可,在多方和谐相处中紧贴语言文字去思考、归纳、质疑、验证、析疑、发现、创新,探索作品已有的,也发现未有的但又是合理存在的多元解读。当然,多元解读是以学理和逻辑为边界的,必须尊重文本的主体意义和结构的完整性,而不是毫无依据地过度解读,虽然"一千个读者有一千个哈姆雷特",但毕竟还是"哈姆雷特",而不是"李尔王"。

下面请看潘新娜老师教学《浪淘沙令·窗外雨潺潺》的精彩片段。

(投影)《浪淘沙令》(李煜)往事只堪哀……

　　《破阵子》(李煜)四十年来家国……

师:李煜变成俘虏以后,首先想到的是什么？

生20:我觉得他好像完全不知道什么叫亡国,什么叫战争,什么叫羞辱。"沈腰潘鬓"用了两个典故,他在讲他的容貌之美,担心自己的容貌要憔悴了。

师:对的。皇室里的乐队,演奏起充满别离意味的曲子时,李煜又怎么了？

---

① 黄厚江.散文:指向心灵的阅读[J].中学语文教学参考(上旬刊),2018(1).
② 雅斯贝尔斯.什么是教育,邹进译[M].北京:三联书店,1991:11.

生21：他看到平常服侍他的宫女就哭了，"垂泪对宫娥"。

师：人们觉得这个时候，李后主还"垂泪对宫娥"，真乃亡国之君，实在贪好女色。他该说"垂泪对列祖"啊。王国维先生却认为李煜作为诗人的真性情就在这里。大家怎么想？

生21：我想大概因为他是跟这些女孩子一起长大的，没有机会去感知国家到底是什么？

师：对的。李煜长于深宫妇人之手，所谓的忠孝，对于他来说都很空洞，没有什么感觉。文学艺术的创作，最重要的一点就是真实。

（投影）客观之诗人，不可不多阅世。……（王国维《人间词话》）

生23：读了《浪淘沙令》，我大概不会再据守最初"亡国之君咎由自取"的观点了……[①]

与文本的对话就是与作者心灵的对话。为了保证对话的质量，潘新娜老师在教学《浪淘沙令·窗外雨潺潺》一文时引入了李煜的另外两首词，又不失时机地引入了王国维关于对李煜"真性情"的评价。通过深度对话和学生在文化中的参悟，实现了由感性审美到理性审美的跨越。艺术欣赏不是静态的单向接收，而是需要欣赏者的主动参与，并与作者共同完成作品。文本从创作到阅读欣赏，只有通过读者参与认知和体验，才能实现其审美价值和社会影响。学生在审美欣赏中，既接受文本的影响，也对文本进行再认知、再创造和再评价，进而完善自我的审美建构。"它要由欣赏者本人再造和再现，这种再造和再现根据艺术作品本身所给予的方向进行，但是最终结果取决于读者精神的和智力的活动。"[②]文学作品的审美教育也是如此，欣赏的过程就是一种审美构建。

## 四、体验想象，感受审美情境

诗无达诂，每个人的体验和感受都是有差异的，文本细读就是要打开语言的外壳，从语义、语境、结构、文化等角度潜入文本，设身处地地融入情境，走进作者的感情世界。如果没有体验想象，只能徘徊在语言之外，停留在表现技巧的层面，隔靴搔痒，不得要领。要想"思接千载""视通万里"，体验想象离不开学生的情感因素，让他们设身处地置身于在特定的审美情境中，才能感受、认识、鉴赏美的形象。

每个人心中都有着自己的"哈姆雷特"，那是因为每个人都以自己的认知结构、情感体验、审美水平及阅读期待等来解读"哈姆雷特"，而且只与文本中那些与自己的文化心理结构相对应、相契合的那一层意蕴共鸣，是一千个视域孕育了这一千个"哈姆雷特"。在语文教学中进行文本细读，切忌在一个平面上肤浅滑行，要通过含英咀华、循序渐进地走进文本，将学生的单一思维变为多元思维，静的思维变为活

---

① 潘新娜.《浪淘沙令·窗外雨潺潺》课例赏鉴[J].语文教学通讯(A)，2015(7).
② 凌继尧.美学十五讲[M].北京：北京大学出版社，2014：99.

的思维。

以下是孙立权老师教学《江雪》的精彩片段。

生7：可能我的想法有点奇怪，就是由"蓑笠翁"这三个字引起了联想，"蓑笠"本身在这种环境下有可能是抵御风雪的一种东西，但是给我的另一种感觉就是他把自己的脸蒙上了，给人一种未知的、谜一样的感觉。可能这种蓑笠之下的脸是对自己过往活的一种淡然。

师：你认为他的脸被蓑笠蒙上了，他的表情是淡然的，那还可能是什么样的呢？

生7：还有一种可能就是他的表情有一种抱怨，但是我还是更倾向于我的前一种说法，相信他的表情是淡然的。他到了不是那么在意其他，又能相信自己的一种境界。

师：非常好，你注意到了人物形象的特征，深入体验了他的心灵世界。

生8：我也同意这种虚无的思想，觉得和道家的老庄思想是一致的。

师：佛家讲究空，道家讲究无。咱们刚学完庄子的《逍遥游》，其中最切合这个语境的话是什么？

生8：至人无己，神人无功，圣人无名。[①]

孙立权老师执教的《江雪》巧妙地从学生的知识、阅历和思维出发，通过沉潜玩味、学思结合，最终抵达禅意的审美境界。我们也只有通过体验想象这座桥梁，才能感受到"明月松间照，清泉石上流"的恬静优美，"采菊东篱下，悠然见南山"的超然物外，"惊涛拍岸，卷起千堆雪"的大气磅礴，"才下眉头，又上心头"的缠绵相思……阅读经典是培育学生审美境界的重要途径，经典之所以是经典，就在于它价值的永恒性与意蕴的丰富性。这种永恒性与丰富性需要通过体验和想象来还原诗歌情境，然后在诗歌情境中还原人物的心境，通过情境迁移和主体换位，充分体验诗歌的情境之美以及在特定情境中人物心境的鲜活与丰富。

文字是天然含蓄的东西，无论多么明显地写出，后面总会跟着一点别的东西，也许是一种口气，也许是一片情感。语言文字不仅是文化知识的载体，往往还与社会人生、情感道义相生相伴。语文教学的灵魂是立德树人，它在传播文化知识的同时，也承担着以言传道、以情化人，培养学生正确的价值观和高尚的审美品位的育人目标。在文本细读中提升审美鉴赏能力，需要将文本细读的基本规范和知识运用的过程真实地展示给学生，不仅授之以鱼，更要授之以渔。借用"操千曲而后晓声，观千剑而后识器"的说法，可以做如下理解：教师如果没有丰厚的学识积累和阅读积累，没有深刻挖掘和实践体验，就不会有认识上的提升。从某种意义上说，审美鉴赏活动的本质是建立在审美感知基础上，并在审美情感驱动下，对于审美对象本质的一种直观的领悟和理性的把握。教师在细读教学中如果能相机引导学生跨入文学审美的殿堂，进而达到内在情感与外在形象情理交融的审美境界，有了这样

---

[①] 孙立权.经典重读：柳宗元诗《江雪》课例赏鉴[J].语文教学通讯(A),2017(7).

一个平台,形象所暗含的各种情趣意味就会在美的感受中被发现与领悟,最终生成各美其美的审美个性。

## 第四节 加强文化理解的策略

"文化传承与理解"是语文核心素养中的"顶层"要求。文化素养,重在传承,但必由之路是理解。《普通高中语文课程标准》(2017版)对文化素养提出了"拓展文化视野,增强文化自觉"的要求,而在文本细读教学中拓展文化视野,不仅是文化作品量的积累,还包括更深层视域的掘进;增强文化自觉,不仅是文化传承的自觉,还包括对文化深度理解的自觉。没有理解的自觉,就没有对文化深度认同与传承的自觉。

在细读教学中,文化解读需要把握度的问题,既不能粘贴泛化的文化标签,也不可过度玄化拔高。教学文本的文化解读,"它既是原生的,也是创生的,然而从本质意义上说,则可能是最具生态价值的真正的'元阅读'"。[①] 在教学实践中,针对不同特质的文本,可以采取多种有效策略进行文化解读,进而提升学生的文化理解能力。

### 一、链接真实背景,还原文化真相

对于历史久远的阅读文本的文化理解,前提是还原历史文化语境。因其原初性的文化价值会随着时空变迁而发生变化。虽然,教材文本一般都具有文化的历史意义与时代意义的双重价值,但与原初的文化价值相比,往往会出现弱化、甚至异化的趋向。因此,链接文章相关深度真实的背景,还原历史文化真相,对于学生的文化理解显得尤为重要。

请看李镇西老师教学《师说》的精彩片段。

师:在专制教育体制下,老师的地位不容置疑。韩愈居然说巫医乐师百工之人都可以为师,这在当时是惊世骇俗的。

师:一方面,他把教师泛化了,哪怕是巫医乐师百工之人,都可以为师,这是了不起的;另一方面,他对老师的要求很高,只能"授之书而习其句读"的不能算作真正的老师,必须"传道授业解惑"才能为师。这是思想上的突破。你们有其他发现吗?

生:是故弟子不必不如师,师不必贤于弟子。[②]

李老师在执教文言文《师说》时,按照了先"言"后"文"的顺序,就文而言,本文涉及两个方面的文化背景:一是韩愈倡导的"古文运动",重在文风的拨乱反正。关

---

[①] 陈日亮.如是我读——语文教学文本解读个案[M].上海:华东师范大学出版社,2011:52.
[②] 李镇西.我的语文课堂[M].北京:光明日报出版社,2013:105.

于这一方面，多数学生都有较为详尽的参考资料。课堂上，李老师对此采取从略处理，一带而过。二是关于师道文化的历史背景。这一方面，学生的参考资料有限，对这一背景的认知普遍不足，甚至有限的认知往往也有失偏颇。同时，对这一文化背景的把握关涉到对本文师道文化真正价值的理解。因此，李老师补充了必要的文化背景，给学生既有的师道文化认知进行纠偏与完善。如多数学生知晓封建社会师道尊严的背景，但对历史文化真相的了解普遍缺乏。其实，封建社会的师道有两个主要特点：一是教师被封建统治者进行思想钳制，变成封建道德宣传的代理人，被神化，一般人是不可称师的。因而，韩愈说"授之书而习其句读"不一定算是真正的老师，这是思想突破，甚至是反叛。课堂上，通过必要的背景补充介绍，李老师让学生真切感知韩愈师道文化思想突破的气魄与价值。二是教师的地位从中唐以后日渐衰颓。在中唐时期，由于社会的动荡，加之科考分离，诸生一考上举人、进士，就只认主考官为师，援以为仕进靠山，而往往都忘掉以前的老师。因此，对"古之学者必有师"师道复古的推崇、对"耻学于师"的批判，在当时的背景下，就具有极高的文化价值。

当然，现实背景还应该包括当下的，进而挖掘《师说》中时代性的师道文化价值。比如，适时链接鲁迅的杂文《导师》，其对不良导师的批判，正与《师说》中"小学而大遗，吾未见其明也"的观念有异曲同工之妙。现实中，尊师重教的风尚蔚然兴起，但娱乐媒体中"导师秀"盛行，众多明星都以导师自居，教人营生，教人富贵，甚至教人"厚黑"的，并不是真正的灵魂导师。导师是传至道，授正业，解真惑的灵魂引路人。

有了真实的历史背景，学生对文本的文化价值会有更真实、更深切的认知；有了当下鲜活的时代背景，学生对文本背后恒久的文化价值的理解才会更加清醒，内化、传承才会更加自觉。可以说，拂去表面尘埃的真实背景是对阅读文本的文化价值理解的前提和必要支撑。

## 二、挖掘深刻根源，探寻文化命脉

在细读文本中，对文化内涵的深刻理解主要体现在对文字背后文化根源的挖掘与探寻。不寻根，不探源，真正的文化理解就无法实现，抑或仅停留在肤浅的文化了解上。文化根源的背后，其实是民族心理。正是长久以来形成并相对固化的民族心理特质造就了本民族文化的特质。其中，负面的特质，常常被称为民族的劣根性。而对劣根性的观照、审视、批判、唤醒，是一个民族文化能够持续发展的必由之路与必备胸怀。

以下是刘爱红老师教学《祝福》的精彩片段。

（投影展示：剖析人物——祥林嫂的"死"：逼寻之梦的无情幻灭。）

"逃""撞""回""捐"的结果分别是"被抓回""被逼嫁""被嫌弃""被赶走"，思考四次行动缘何失败。

（众生继续研读相关情节。）

生：祥林嫂逃出来，后来又被婆婆和家里人抓回去，我觉得她是受了家族势力的欺凌，家族势力是那个年代很重要的一个势力，不得不从的。

生：祥林嫂"撞"得半死还是逃脱不了"被逼嫁"的命运，说明她摆脱不了家族势力的压迫。

师：小说里只有这一处"寻死"的描写，那请问：她究竟是为了维系什么而一心求死呢？

生：为了一种贞节观念吧？好女不嫁二夫，是那个年代的说法吧。

师："好女不嫁二夫"的贞节观要求祥林嫂一生只能嫁一个丈夫，但家族势力却为了"给小叔子筹钱"而逼迫她改嫁，这岂不是自相矛盾？①

鲁迅的《祝福》，是在高中语文课本多个版本中出现的经典小说。关于这一阅读文本的教学思路，可谓林林总总。刘爱红老师的这节课，变化的是选取了新的线索——祥林嫂的"死"与"生"以及鲁迅叙写她的意图；不变的是主体文化价值导向。该教学片段中，刘老师通过祥林嫂四次抗争的结果的呈现，引导学生思考其背后深层的文化原因，即"夫权、族权、神权"等封建思想文化的压榨，由此理解祥林嫂不得已而死，因而产生同情悲悯之情，进而产生奋起疗救的文化自觉。

探寻阅读文本的文化根源，不应概念化地贴标签，而要在具体的文本言语的基础上进行提炼挖掘。课堂上，刘老师没有笼统地告知学生深层的文化根源，而是引导学生透过文字并结合具体情节探寻其背后的文化根源。通过对文中四个情节片段的细读，学生发现家族对祥林嫂迫害的叙写更为详尽。于是，学生对"族权"压迫的影响感知便更为深刻。

探寻文化根源离不开追问，甚至层层追问。整堂课的设计，刘老师就体现了由文字到文化的追问。比如，从"逃""撞""回""捐"的情节概括到结果的追问，再到失败原因的追问，由此引导学生一步步走近文化的深处去刨根溯源。更难能可贵的是，刘老师还引导学生发现"夫权""族权"的矛盾冲突，而正是这一矛盾加重了祥林嫂结局的悲剧性——求生不得，求死不能，最后不得已而死。

## 三、感知复杂人性，增强文化思辨

文化在人的层面，主要体现为人性。"文学即人学"，文学作品的人性则是其文化内涵的重要组成部分。而对作品的文化理解深度，往往体现在对作品的人性把握的深度。对作品文化理解的片面性，很大程度上是对人性理解的片面性而造成的。现实生活中，人性往往是复杂的、立体的，而围绕人性形成的优秀作品的文化也是复杂的、立体的。

以下是张训海老师教学《荷塘月色》的精彩片段。

---

① 刘爱红.《祝福》课例赏鉴[J].语文教学通讯(A)，2018(9).

（投影：朱自清先生是一个在"五四"新文化运动中涌现出来的知识分子，他信奉民主主义，富有正义感和同情心，可又与时代斗争的漩涡保持一定的距离。他只是一个民主型的战士，虽不满现实，可又缺乏信心和勇气去抗争，只能努力使自己暂时忘却现实中的一切，结果又无法忘却。）

……

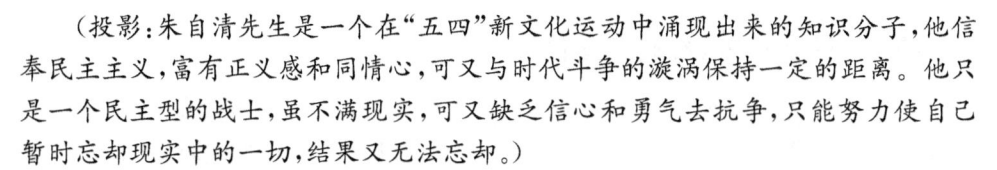

师：请大家从文中摘录作者的相关"情语"，还原作者心声，品味限定性副词的含蓄美。

师：老师示范。（读）"这几天心里颇不宁静。"（品味：社会的剧烈动荡在作者心中激起了滔天波澜，一"颇"字含蓄有度地加以宣泄，为全文定下了抒情的基调。）

生："这一片天地好像是我的。"作者感慨自己平日身不由己，现在偷得半日闲，能逃避一刻的难以置信的轻松闲适。

生："我且受用这无边的荷香月色好了。"大快朵颐，快哉！"且"字表明作者获得了月下暂时的逍遥之乐与短暂的人身自由感。[①]

《荷塘月色》的阅读教学，张训海老师将解读重心多放在荷塘月色之美以及作者暂得偷闲的乐趣上。其实，朱自清笔下的景色之美是一种凄美，而荷塘边的朱自清也无法真正释怀。其中有时代的原因，也有当时心境的原因，更深刻的是，文字背后作者人性特质的复杂。张老师在这一教学片段指出，朱自清渴望民主自由，但同时也缺乏抗争的信心和勇气，于是用难得的闲暇排遣自己内心的压抑和郁闷，但也不能完全派遣掉。张老师对于朱自清的复杂人性的把握是理性的、辩证的。于是，学生对于荷塘月色冷色调的美便茅塞顿开。因此，学生便不难理解"颇不宁静"中的"颇"的内涵。"这一片天地好像是我的"中的"好像"一词便能读出似幻实空的无奈；"我且受用这无边的荷香月色好了"中的"且"貌似"暂且"，实含"苟且"之意。复杂人性决定了复杂的心理，而复杂心理构筑了复杂美的散文。

具体分析，朱自清复杂的人性受诸多方面因素的影响：一方面，受中国传统文化的熏陶而形成的士大夫精神，既表现出于国于民的忧怀与担当，又表现出"怨而不乱"的中庸隐忍的特质。洁身自尊中融入和平中正的品性。另一方面，受"五四"新文化运动和现代西方文化影响而形成的自由主义精神，强调个性与自我，强调独立与自尊，强调社会批判。同时，又受江南地域文化的影响而形成的空灵清秀，突出的是柔韧的水文化品性。于是，复杂甚至矛盾的人性便真实地埋在内心深处，隐于文字，融于笔尖。人性的复杂，其实是人性真实的一面，这是具有普遍性的。因此，把握作者或作品人物的人性复杂性，学生对阅读文本的文化理解便能走出"一元化"或"二元对立的误区"，进而形成"多元融合"的理性认知，这样对阅读文本的文化理解就变得更为审慎，更具思辨性。

---

[①] 张训海.《荷塘月色》课例研究［J］.中学语文教学参考（上旬刊），2018(5).

#### 四、感受多样差异,培养文化认同

文化认同,第一层要义是对本民族优秀文化的认同。由于受地域差别和历史演变的影响,就是本民族的文化也是有差异的。因此,文化认同本身就包括对民族文化差异性的认同。文化认同还包括对域外其他民族优秀文化的认同。以开放的视野、博大的胸襟接纳文化的多样差异,从而为我所用,这是文化自信的表现,也是一个民族成熟文化心理的表现。就文本细读而言,教师需要引导学生认同差异性的优秀文化,特别是域外其他民族差异性的优秀文化。

下面请看宋明镜老师教学《流浪人,你若到斯巴……》的精彩片段。

生:流浪人,你若到斯巴充满了深刻的情感。于是,美术老师接着继续写一遍,因为这样的情感在他们心中是非常崇高的。

师:大家同意他的看法吗?

师:在纳粹军国主义高压政策下,美术老师矛盾的举动反映了他内心的矛盾。美术老师的矛盾举动是有用意的,这也是作者伯尔的用意。表达了对这场战争的认识,美术老师、作者有着比那些同学更多的思考,同意我这种说法吗?

生:同意。

生:美术老师不能把自己的观点直白地表露出来,只能以这种矛盾的方式展现。[①]

对域外差异性优秀文化的认同,需要必要的文化感受与理解。在执教《流浪人,你若到斯巴……》时,宋明镜老师引导学生对文本中美术老师的矛盾表现进行多轮揣摩阅读,但不少学生的理解还是不到位。这种"千呼万唤不出来"的背后是对文化差异感受的问题。

首先是对德国"童子军"生命状态的感知不足。他们在美化侵略的战争宣传下成了"炮灰"。铭文本意是歌颂保家卫国的爱国主义精神,而德国法西斯却将侵略战争美化为正义的战争。对此,深受儒家中庸文化影响的学生,往往难以体验受伤"童子军"由对侵略战争的无知而被蒙骗的狂热,到身负重伤后开启的隐约反思。要真正感受与理解,就需要进行主体角色的换位以及文化视角的换位,"以心契心",方能感同身受。

其次是对德国良知成人文化心理缺乏理解。在美化侵略思想的钳制之下,这位美术老师不得不顺从法西斯统治者的言论与思想,同时也在内心深处隐藏着反抗意识。他知道被粉饰的侵略战争受害者是老百姓,特别是懵懂无知的却被美化侵略思想毒害的孩子,他们青春荒废,甚至葬送生命。内心的矛盾才造成了他言行上的矛盾。美术教师良心的背后是作者海因里希·伯尔的良心,以及爱好和平的德国人民的良心。这一战争文化,不是受侵略国百姓的苦难文化,而是侵略国百姓

---

① 宋明镜.《流浪人,你若到斯巴……》名师课堂[J].语文教学通讯(A),2018(10).

的良心文化。因此,好战的德国法西斯并不代表德国百姓,正如好战的军国主义者并不代表爱好和平的日本百姓,他们同样也是战争的受害者。因此,对侵略国反战的战争文化的感受与理解,也是一种有意义的文化认同,更是一种开阔的文化视野和博大的文化胸襟。大唐不拒胡音,北宋海运东南,方成就华夏盛世。在新时代,"一带一路"不仅是经济链,更是"和合"文化的纽带。对域外差异性优秀文化的理解与悦纳,正体现中国气派的文化胸怀。

在细读教学中培养文化理解能力,前提是营造真实的文化背景语境,关键是在文化现象背后寻根溯源。而文化理解的着力点应该置于对人性复杂性的发掘上。与此同时,要开阔文化视野,悦纳差异性的优秀文化,进而形成传承并发展中华优秀文化的自觉性与使命感。

# 第三章

# 塑心：以"习得性积极心理"观实现群文阅读进阶

解释风格理论的一个最大特点是告诉人们，既然无助和悲观可以习得，那乐观也一定可以习得和能够习得。塞利格曼认为，普通人和悲观者都可以让自己朝乐观的方向发展，如果能采用一定的技巧，有意识地改变自己平常的习惯想法（内心的信念），那他对不愉快事件的悲观性应对就会发生改变，从而变得振奋和充满活力。

就鲁迅作品而言，不少学生存在整体"悲观情绪"——难读、难解。平心而论，鲁迅的部分作品确实存在这一现象，但不可以偏概全。就鲁迅杂文而言，其中有一部分其背景具有特定性，语言也存在一定障碍。但是其中相当一部分杂文是具有可读性的，更是学生议论文写作借鉴的范本。实践中，我引导学生在中学生适读的鲁迅杂文中进行再选择，并通过对其思想、思辨、语言层面的习得，使学生渐渐感到成长的收获。于是，我渐渐拉近学生与鲁迅杂文的距离，进而建构学生对鲁迅杂文的习得性积极心理，并实现阅读的进阶。

## 第一节 唤醒，让精神相遇真正发生

"鲁迅不是一般文学家，而是具有原创性、民族思想源泉性的思想家、文学家。这样的原创性、源泉性作家，每个民族都不多……因此，他们的作品总是成为国民教育的基本教材，他们作品的教学是培育民族精神的基础性工作。"[1]鲁迅作为思想家，小说和散文是不能及时让他的思想介入社会的，当他需要对社会做出及时反应的时候，必然要选择杂文，而鲁迅杂文的思想价值是高中语文教育教学的宝贵财富。当下，对鲁迅杂文思想性的教学，大多限于教材文本主题思想层面的简单总结，学生很难走进文本，更难形成心灵共鸣，而课外阅读对鲁迅杂文涉猎的广度、深度普遍缺乏，其思想价值与精神内涵没有得到足够的重视与有效的开发。因此，在实践中，我探索了引领学生与鲁迅杂文精神相遇的有效路径。

---

[1] 钱理群.经典阅读与语文教学[M].南宁:漓江出版社,2012:90.

## 一、触动心灵暖点的文本选择

"汉语作品教学主要就是以作品的话语去创造学生丰富、深刻、优美、灵敏的语感。"[①]传统议论文写作教学,重材料审题、写作构思、论证方法、素材运用的"碎片化"的写作指导,往往忽略了对典范文本"整体性"阅读的语感训练。长此以往,这对于促进学生在文体规范方面的学习是有一定价值的,但在思维方法的改进,思想层次的提升上则显得力所难及。即使某学生偶有思想灵光闪现的佳作出现,也难以持续写出思维睿智、思想深刻的议论文。阅读,始终是写作的重要支点,议论文写作也是如此。传统议论文教学之藩篱必须打破,而我则选择思想性作为读写的突破口。"民族的语言即民族精神,民族的精神即民族的语言,二者的同一程度超出了人们的任何想象。"[②]而要摆脱学生议论文思想贫乏的窘境,我首选思想成熟而深刻的鲁迅杂文。

鲁迅杂文有 700 多篇,主要分为前期的"随感录"和后期的"语丝体"两大类,而后期的较为成熟。其中,许多杂文有特定背景与文字障碍,如果让学生不加选择地阅读,这样既难以推进,又影响学生的阅读兴趣。而各种推荐版本的《鲁迅杂文精选》则缺少对学情的充分关注与学生的自主参与,难以有效激起学生的阅读兴趣。在实际操作中,我进行粗选,先选出篇幅适中、难易适度、思想成熟、内容覆盖面广的杂文 30 篇,然后再给学生自主筛选,最后取学生选择的"最大公约数",确定 10 篇,编为《鲁迅经典杂文 10 篇》"学本"手册,作为杂文阅读范本。其中,《二心集》选择一篇:《习惯与改革》;《准风月谈》选择一篇:《推》;《南腔北调集》选择一篇:《作文秘诀》;《且介亭杂文》选择两篇:《中国人失掉自信力了吗》《拿来主义》;《坟》选择两篇:《论睁了眼看》《未有天才之前》;《华盖集》选择三篇:《最先与最后》《捧与挖》《导师》。

推荐鲁迅杂文,教者的"海选"很重要。不能因为尊重学生的主体地位,教师就可以"缺席",若是"放羊",完全让学生选择,一则,学生对鲁迅杂文的欣赏层次还不够,"海选"有难度;二则,受教学进度的影响,难以挤出大块的时间组织学生筛选。当然,教者粗选,要充分考虑学生的阅读基础以及阅读情趣;同时,也不能直接选定篇目,因为这样的越俎代庖,完全以教者的个人喜好选定阅读文本,很难激起学生的心灵共鸣。因此,第二轮筛选,应当把自主权真正还给全体学生。相关文本的阅读可以放在课外进行,但文本筛选的组织启动与评选总结应当在课内进行,而且应当搞得风生水起,轰轰烈烈。因为只有对这些重要组织环节的重视才能真正激发学生对鲁迅经典杂文的阅读兴趣。学生自主阅读筛选的过程就是自主深入阅读的

---

① 王尚文.走进语文教学之门[M].上海:上海教育出版社,2007:209-210.
② 威廉·冯·洪堡特.姚小平译.论人类语言结构的差异及其对人类精神发展的影响[M].北京:商务印书馆,1999:52.

过程,就是对鲁迅杂文阅读的有效启蒙。同时,只有学生主动参与阅读筛选的过程,才能真正选出能够触动学生心灵的杂文,才便于组织统一的阅读教学,同时还能激发学生拓展阅读视野,继续深度阅读鲁迅其他优秀杂文以及其他作家的优秀杂文。

## 二、找准心灵起点的思想再构

鲁迅经典杂文的思想主要包括社会忧怀、灵魂透视、文化烛照等三个层面。其杂文,高屋建瓴,接地生根,气势恢宏,亲和警醒。每篇杂文的深刻思想,若由教者直接总结并告知学生,学生了解到的还是死知识,很难演化为活的素养,同时也难以激起学生的持续阅读的情趣,探究阅读更无从谈起。如何优化学生的议论文读写中必备的思想体系呢?我认为必须要体察学生的心灵起点,要寻找鲁迅与学生之间的生命契合点、连接点,构建精神通道。"未成熟的状态就是指一种积极的势力和能力——向前生长的力量。"①立足学生未成熟的心灵起点进行思想启发,既是可能的,也是必要的。下面我分别从独立的人格、赤诚的使命、沉潜的幽思等三个角度设法找准学生的心灵起点,从而带着学生走进鲁迅杂文的思想,进而完善学生的精神世界。

（一）独立的人格

对社会现象的评论,不能囿于权威的定调而做无原则的传声筒,不能陷于众人的流言而无底线的人云亦云,不能怯于恶意的攻击而说投降的违心话。人格的独立是客观公正评判的必要条件。而人格独立的前提是人性的自由、灵魂的逍遥。鲁迅的经典杂文,之所以经典,其中都蕴含自我对社会现象的独立的观察与审视。对前人、他人的观点不是一味否定,也不是无原则地接纳,而是基于人格独立的体察与判断。当代高中生,多为独生子女,生活、学习的独立性不够,但人格独立的内在要求较为强烈,甚至会出现叛逆的想法与行动。这种思想与行为上的标新立异,正好暗合鲁迅人格的独立性。例如,在进行《导师》一文的思想认识教学之前,教者尝试切入学生的心灵起点,并在此基础上进行思想建构。

附教学片段1:

师:2017年建军节期间,主旋律电影主要有《建军大业》和《战狼2》。有同学走进电影院,是怎么选择的?

生:我爸爸、妈妈都选择看历史怀旧的《建军大业》,我看的是《战狼2》,这部电影,豆瓣上评分最高,我最看重是电影的品质。

生:我选看的也是《战狼2》,倒不是源于对吴京的崇拜,而是看到电影海报上显露的对战争题材的思想突破。

生:吴京搏命的演出、逼真的战争场景,值得我掏钱。看了小鲜肉云集的海报,

---

① 杜威.民主主义与教育,王承绪译[M].北京:人民教育出版社,2001:50.

我觉得电影导演的选人方向有问题,所以没看《建军大业》。

师:对于我们高中生而言,看电影是很私密、很个性的事,家长、老师很难左右我们的判断与选择。我们的独立人格显示得淋漓尽致。从这方面看,鲁迅和我们是至交,现在且来看他的杂文《导师》是怎样体现的。

生:"他们将永远寻不到",这个"永远"用得太好了,就是说真正的救世主只能是自己。

生:"寻不到倒是运气",就比如看电影,根据别人喜好推荐的,不一定适合自己,自己理性选择之后观影,往往是一种享受。这里的寻不到,并不是我们找不到老师,而是人生关键一站路,无法依靠老师,而是要靠自己走过。没有了凭借,则可以激发自己探索的勇气。

师:"知道自己之不甚可靠者,倒较为可靠",这里的矛盾说法怎样理解。

(小组研讨)

生:这个"可靠"我觉得是一种心境澄明,是一种脚踏实地。

生:这是一种自知之明,而不是狂妄自大。

找到学生灵魂独立的心灵起点,在此基础上,选择鲁迅杂文中具有思想独立性的代表作进行渐进阅读,学生便能挖掘出鲁迅杂文个性独立的见解,并能自然形成深度的思想共鸣,进而逐步形成灵魂独立的思想构建。

(二)赤诚的使命

鲁迅的杂文在对当时的社会现象进行评论时,并不是"逞一时之快",而是怀着对社会革新、民族改良强烈的历史使命感而进行重构式的批判。其杂文强烈的悲剧性表现为一种悲剧心态,这种悲剧的忧患和思考超越了个人的安危命运,在感性层面上表现为因中国现状和病态的国民而失望感伤的悲凉心态,在理性层面上表现为对民族深层历史文化的探究而引发的悲愤心态。感性和理性的汇聚,使鲁迅的杂文的悲剧性达到一定程度的深度和力度,最终表现为实践"救世"思想的理想主义精神的悲壮心态。悲壮的使命感是鲁迅杂文悲剧性的终极指向。在铺天盖地不负责任的网络评论背景下,我们更需要鲁迅式带有悲壮使命感的评论,而不是对社会现象的调侃,不是对人格尊严的恶意攻讦和诋毁,更不是对核心价值观的扭曲和共同社会价值的撕裂。这是一种负责任的忧怀。高中阶段,学生的世界观和人生观基本确立,并逐步完善,在特定背景下,使命感是可以被激发并唤醒的。

附教学片段2:

师:还记得那一幕,学业水平测试前,我们集体乘车前往县城,肖尧同学看到售票员为一位同学的奶奶占了座位而大发脾气的现象据理力争,更难能可贵的是,他主动让出位置。这是一种什么样的情怀?

生:是同学的友爱!

师:可是,其他同学没有这么做!

生:是一种责任感。

师：他考虑的是谁的利益？

生：弱势一方的利益。车上，我们的同学很多，只有他站出来了，并且用自己的语言和行动体现了一个男子汉的担当，而我们其他同学也在安慰这位女同学，这也是一种责任意识。

师：只不过还没有发展为使命感。走出"小我"，站在正义一方，站在弱势的角度，站在民族发展的立场上审视问题，这是一种社会担当的责任感与使命感。我们看看杂文《推》所体现的鲁迅的使命感。

在唤醒学生内心深处的使命感之后，再走进这篇杂文，学生对鲁迅思想的感悟可谓思如泉涌。

生：我们看到一个沧桑消瘦的老头在忧郁伤心中审视眼前的冷漠。

师：哪些冷漠？

生："洋大人"的冷漠，让我们痛恨，但国人的冷漠更让我们心寒。

生：更冷漠的，不是为富不仁者推倒孩子的残忍，而是众人冷漠的眼神和麻木的表情。

生（肖尧）：对无助的弱势群体的伤害是人性的卑劣写照，对他们的关爱则是人性责任感与使命感的见证。

师：你说得好，做得更好！

生：鲁迅的杂文是拿着的"匕首"和"投枪"，在"刺""掷"的过程中，他的内心也在滴血！

师：所以，先生在用杂文"呐喊"。

生：我觉得，这种使命感与杜甫"安得广厦千万间，大庇天下寒士俱欢颜"的忧怀一脉相承。

师：中华民族，历经磨难，但生生不息，因为总有仁人志士在掏出心脏作明灯，拆下肋骨当火把，指引着真、善、美的方向。

此刻，我仔细观察了学生们的表情，有对弱者的同情，有对残暴的愤恨，有对自己当时退缩的愧疚，特别是肖尧这位学生，他表情最为复杂，难以名状。也许下课，学生们会依然如故地嬉笑玩耍，但他们心底的使命感曾经被激发，今后的读写，乃至人生，就有被再次点燃的可能与希望。

（三）沉潜的幽思

深入是深刻的前提。没有对社会现象的深入观察，没有对时事热点的沉潜思考，而仅仅根据表面现象做出武断的结论，甚至施以不理智的谴责批判，这是一种不严肃的批评，甚至是对被批判者的伤害。鲁迅杂文，对社会现象、时事热点进行评论时，多会研习耐人寻味的关键细节，推究更广阔、更深层的背景，探寻背后实质的根源，从而对普遍现象进行深度评论。尽管梁实秋指出存在"个人攻讦"，但鲁迅即使指责某个人也是对事不对人。当下，高中生对一些生活小事往往并不是熟视无睹，而是常常会出现一掠而过的"闪念"，因此，教者可以通过多数学生过去都会经历过的小场景来引导他们沉潜到原初情境中,慢镜头呈现过程,将短暂的直觉升华为理性的知觉。通过深一步挖掘当时的潜意识,以此激发并培养学生沉潜幽思的思维品质。

附教学片段3:

师:我曾经看到班级清洁区有一张废纸,无数学生跨过,却没人拾起。同学们能深入分析一下其中的原因吗?

(引导学生去回忆、思考)

生:别的班级学生走过,可能认为这不是他们清洁区的。

师:什么问题?

生:缺少"大我"的责任感。

生:我就有过这样的经历。主要是从众心理在作怪,别人不拾,我就不好意思拾。

师:"不好意思",不仅仅是"从众"了。

生:怕丢脸。

生:怕丢脸,生怕拾起来被别人笑话"爱表现"。

师:怕落后,也怕做先进。这种心理在《最先与最后》这篇杂文中有精彩的呈现。

通过多数学生对熟知的生活场景的回忆与人性的逐层剖析,再回到《最先与最后》的文本阅读与思想的挖掘,可谓水到渠成。沉潜到事物或场景的重要细节与深度背景,自主感悟并探究鲁迅杂文语言深处的思想,透过现象看本质,特别是从心理深处、文化幽径去挖掘隐性根源的素质,久而久之,学生的思维层次、思想高度将会得到历练与升华。

### 三、提升心灵基点的习作演练

启迪学生与鲁迅杂文的精神相遇,不仅需要阅读的引入与深度交流,更需要以读促写、以写促读,实现读写贯通,使阅读、写作、思维训练三者融为一体,实现学生的思维发展与思想升华。当然,提升学生的心灵基点,不可"揠苗助长",而应该在"最近发展区"实现可能的突破。鲁迅杂文思想的学习与再构,通过写作能将思维过程与思想成果"可视化"。思想启迪的写作教学应该内置于学生的发展,成为其真实生活的一部分,写作教学不是将学生暂时从生活中隔离出来,教学完成再放回去,写作就是其生活与生长的过程。对鲁迅杂文的思想启迪的写作训练,我主要从人性审视的层面切入,以促进学生思想境界的提升。

人的因素始终是鲁迅杂文思想的关键因素,"横眉冷对千夫指,俯首甘为孺子牛",对敌"痛打落水狗",对百姓则"哀其不幸,怒其不争"。

1. 对"小我"的细节探微。鲁迅的杂文善于抓住个体"小我"的细节进行追挖,从而探析人性深处的善恶、美丑。如《推》一文中,某人的"用力一推",可见对"下等"生命的轻蔑至极。由"衣角会被踹住"判断"穿的是长衫",由此推测"即使不是'高等华人',总该是属于上等的"。鲁迅杂文中对"小我"的细节探微进行模仿创新,我布置以"躺着的一张废纸"为题进行议论文写作训练。有学生写道:"对躺着的这张废纸视而不见,虽大步向前,但我的灵魂却没有跟上。"如此,进行灵魂的深度反思,学生的思想境界得到了实实在在的提升。

2. 对"小众"的心灵批判。这里的"小众"即特定的群体。如《导师》一文中,"说佛法的和尚,卖仙药的道士",这些人"将来都与白骨是'一丘之貉'",然而"人们却向他听生西的大法,求上升的真传"。可谓一针见血,指出了所谓"导师"的愚民实质和一味迷信导师者的愚昧与盲从。针对"小众"的心理探秘,我布置了以"朋友"为题进行议论文写作训练。有学生写道:"激发自我灵魂上进的,也许是我们的对手,甚至是敌手,但他却是我们真正需要的朋友,若战场相逢也要先拜上三拜。"对朋友这一特殊群体的审视,学生的思辨能力在鲁迅杂文的阅读中得到了"润物细无声"的发展。

3. 对"大众"的灵魂审视。这里的"大众",即更大视域内的人群,甚至是整个种族。鲁迅杂文以"我以我血荐轩辕"的忧怀与"俯首甘为孺子牛"的赤诚,揭示了中华民族的劣根性。这不是对民族的背叛,而是从文化灵魂的深处去挖掘病根,从而警醒世人,以叩开民族发展的未来之门。在《论睁了眼看》一文中,"中国人不敢正视各方面,用瞒和骗,造出奇幻的逃路来,而自以为是正路",可谓字字珠玑,批判着"国民性的怯弱、懒惰,而又巧滑"。当然,国民劣根性的批判,不是信口开河,而是有的放矢;不是嗤之以鼻,而是忧怀疗救。我通过时事评论的征集与筛选活动,最终确定对"小偷落水溺亡,众人旁观"的社会热点进行评论写作。在写作中,有学生将视线聚焦到追捕的警察身上,从"不作为"的层面去挖掘执法者的失当,进而挖掘人性深处的自私与冷漠。如此,由点及面,由浅入深,学生的思想小宇宙得以迸发。

在人文学范围内,在百年人生问题的范围内,凡是值得思考的问题,"前人"都已经思考过。我们所要做的,更多的是重新加以思考而已。而鲁迅杂文的思想涵盖面广,挖掘深,对其学习与再构,乃语文读写教学的重要任务。通过触动心灵暖点的文本选择,激发了学生的阅读兴趣;通过找准心灵起点的思想,启发提升了学生的思维层次;通过提升心灵基点的习作,演练升华了学生的思想层次与精神境界,从而呈现了"可预约的精彩"。

## 第二节 激活,让情境思辨深度拓展

《普通高中语文课程标准(2017年版)》要求"促进深刻性、敏捷性、灵活性、批判性和独创性等思维品质的提升……能从多篇文本或一组信息材料中发现新的关联,推断、整合出新的信息或解决问题的策略、程序和方法。"高中生思维训练,重点是"批判性"。批判性思维，简称思辨。高中阶段，是学生思辨能力发展最重要的阶段。学生缺乏的往往不是思辨意识，而是独到的思辨策略。"语文学科的内容决定它往往是感性特质的，因此，在语文学科内强调批判性思维，主要就是让学生能够形成对于知识生成过程诸环节要素的敏感性和反思习惯。"[①]在实践中，我着眼于学生的思维基础与发展需求，引导学生在鲁迅经典杂文群文阅读中领悟思辨拓展的有效策略。我坚持以语文的方式进行阅读探究，即在文本情景中总结，而不是架空分析，并在言语实践中激活并提升学生的思辨素养，并为"思辨性阅读与表达"任务群的教学提供了有益的参考。

## 一、使思维于司空见惯处求异

鲁迅杂文思辨锐利，多体现在司空见惯处求异。从假设的层面看，惯性思维往往囿于"范式型假设"（构成世界观的假设）和"规范型假设"（与人对世界和人类行为的期望相关的假设）。僵化的思维往往在"范式"和"规范"下去思考做法的合理性，而不去思考"范式"和"规范"本身的合理性。突破僵化"范式"与"规范"，打破思维惯性，需要的是反思意识，更需要"脱俗"的思辨策略。在阅读中，我带领学生着重在这方面进行深度挖掘与思维训练。

一是借力生辉，即借用别人的说法来引出自己的观点。引用的目的，不是简单地印证自己的观点，而是用来引出自己更深刻的思考。用一个形象的比方，就是先登上别人的一节台阶，然后顺势登上更高一节自己的台阶，即借力生辉，而不是站在别人的观点上论述别人的观点。真理是不断发展的，别人相对完善的说法，往往还能进行再完善，再发展。如《论睁了眼看》一文开头引用虚先生"正眼看各方面的勇气"，作者先是肯定，然后结合现实，提出"睁了眼看"更为必要。

二是由表及里，即拨开事物或现象的迷障，进而探究其背后的本质，特别是向文化和心灵层面进行深度挖掘。如《论睁了眼看》一文中的才子佳人小说，其瞒和骗使得读者只关心才子能否中状元，而决不在婚姻制度的良否。一个"决"字，反映思想禁锢之深。再如"有时遇到彰明事实"，揭示历史事实与文化误导之间的矛盾。如岳飞和关羽之死，就用骗，"一是前世已造夙因""一是死后使他成神"。问题的原因是瞒和骗，而问题的实质却是封建鄙陋伦常的麻痹。

三是纠偏归正，即纠正偏向与片面的认识。如《中国人失掉自信力了吗？》一文就"中国人失掉自信力的说法，先从纵向的角度对这一观点进行批驳，所谓失掉的'自信力'"，其实是"信地""信物"，"信国联"是他信，而不是自信，这是"以偏向概全面"；再从纵横结合的角度看，中国历史上都不乏自信者，从而驳论"以片面概全面"的逻辑错误。

四是领域审视，即观点的相对性往往体现在不同领域背景下的相对成立。鲁

---

① 黄玉峰.如何看待经典及如何看待思辨[J].语文学习，2015(1):5.

迅在《最先与最后》一文中引用了《韩非子》赛马妙法中的"不为最先,不耻最后",这一相对真理用到处世上,便出现悖谬。在《作文秘诀》中,鲁迅认为许多行业中的秘诀到写作中未必应然。传统作文秘诀的迂腐、朦胧、难懂,其实不是有益的秘诀,而是骗人、愚人的老把式。

围绕上述四方面,我引导学生通过随笔对生活中司空见惯的现象进行深度思考。学生有了思考角度,参与积极性明显提高,而同学的独到发现,更能激发全班学生进行深度思辨。

## 二、让现象在多步影响中归谬

批判性,是杂文的显著特点。对某一现象的批判,从预测性"因果假设"(如果做了 A,就会发生 B)的角度考虑,有些现象具有一定的合理性,但鲁迅杂文多采用结合实际的延伸预测"因果假设"(如果做了 A,实际就会发生 C,进而发生 D),使得现实中可能发生的结果自我暴露,荒谬且不可信。这种多步延伸预测思辨,比想当然的简单预测更有说服力。归谬法与反证法相似,但归谬法不仅包括推理出矛盾结果,也包括推理出不符事实的结果或显然荒谬不可信的结果,其主要包括三种类型。

一是"收缩性归谬",即在某种压力增强下对其荒谬性做长远审视。如在《论睁了眼看》一文中,对新诗发表的打压。这样的做法基于的假设是"不让发表,就能压制新诗"。而鲁迅结合诗歌流传的实际指出,不让在报刊上发,就会在墙壁上写,这是媒体的演化。若墙壁一律刷成黑色,也还有"破磁可划,粉笔可书",这是书写工具的演化。结果,打不掉、压不绝,以此来论证对新诗打压的荒谬。

二是"扩张性归谬",即在某种压力减弱下对其荒谬性做长远审视。这种延时影响,有在点上呈现的,如在《捧与挖》一文中,给知县送"金鼠"。其隐含的假设是,"送金鼠,就能保平安或得到好处",而鲁迅结合官僚贪婪的实际指出,送"金鼠"发展到要送"金牛",进而可能给姨太太送"金象"。这种扩张性延伸,论证了捧者的愚蠢和被捧者的贪婪。有在面上扩展的,如在《推》一文中,写到"推倒孩子的人,却早已不知所往",隐含的假设是,"如果推倒的是弱势个体,那么无可厚非"。而鲁迅结合所谓"上等华人""推"的实际,联想到由推倒报童到各种灾难中的"推",再到推倒"一切下等华人",从而揭露其长久危害。

三是"反差性归谬",即用实质结果与当初的现象形成的强烈反差构成悖谬。在《导师》一文中,"说佛法的和尚、卖仙药的道士"有人信,隐含的假设是"如果信和尚的佛法、吃道士的仙药,就能益寿延年",而鲁迅则结合生命实际,从个体生命终结的角度指出,将来都与白骨是"一丘之貉",以此来反扣当初百姓向他们求得"生西""上升"的荒谬。延时影响,多一步思辨,比牵强肤浅的议论更具说服力。

课堂上,就鲁迅杂文中"多步影响"的论证示范,我设计了针对性思维训练。先投影呈现一幅漫画:一个男孩,站在远处,将吃剩的香蕉皮当作球扔向垃圾箱,没扔进。接着,结合这一幅漫画的图文,我启发学生结合鲁迅经典杂文做延伸思考。

附教学片段:

生:别人会跟着学。

师:再从具体情境考虑呢?

生:夏天,对环境造成的污染更严重。

师:可以突出具体处所。

生:若是在住宅小区,居民出行,得绕走。

生:这样会影响整个小区居民的生活,包括肇事者。

师:害人,终害己。

生:肇事者的家人也是逃不了。

生:有些人,埋怨别人,感叹社会公德的缺失,就是不反思自我。

上述交流中,最后一位学生的审察与感悟,是从民族心理层面进行的深度挖掘,尤为难得。多步预测,从问题原点向后一步步推演,直至让人怦然心动的结果水落石出。多步演进,不是海阔天空的猜测,而是基于现实,深入灵魂深处,或步入文化高处,进行持续叩问与审视,使得思维的广度在具体情境中拓展,思维的深度在步步追问中深入。当然,问题设计要符合学生的生活实际和他们已有的知识经验。

### 三、用退步在适度回撤中蓄势

从哲学的视角看,杂文的观点都是有倾向性的,且在论述中难免带有一些随性的话,为了使论证不失周密,鲁迅杂文常常会运用回撤退步论证,以防止逻辑漏洞的出现。但是回撤表述往往是一带而过,然后继续转到主体论述的方向上来。唐朝布袋和尚《插秧诗》曰:"手把青秧插满田,低头便见水中天。心地清净方为道,退步原来是向前。"看似退步,实则向前。这既是论证周严的需要,也是为后续论述蓄势的需要。退步回撤论证,主要策略有三。

一是后撤论述可能性。可能性论述,乃合理推想。如《捧与挖》一文中,由"鼠"延伸到"牛",都是在生肖上做文章,提到"象"之后,"不在十二生肖之内"的后撤显得非常必要,"但知县当然别有我们所莫测高深的妙法在"的论述,既化解了掉进逻辑错误的险境,又指出其现实的可能性。

二是后撤论述限制性。后撤不是无原则的后撤,驳论的观点同样也是倾向性的观点,其成立也是有条件的,需要后撤一步论述其相对成立的限制条件,进而顺势转到立论的观点上。假设不论对错,只论是否适宜,假设的合理性取决于假设所处的条件。如《导师》一文中,在"并非敢将这些人一切抹杀"的论述之后,鲁迅就进行限制条件的论述:"随便谈谈,是可以的。说话的也只不过是说话,弄笔的也不过能弄笔。"在此基础上,通过"别人如果希望他打拳,则是自己的错"的论述进行批驳。

三是后撤论述相对性。某种做法并非合适（或不合适），但在现实的背景中，相较于更不合适（或合适）的做法，就显现相对的适合性（或不合适性）。如《在未有天才之前》一文，在论述"不要怕做小事业"时举了"消闲"，严格地讲，这不是"小事业"，"说来似乎有些可笑"的回撤很有必要，但现实中，若能以此对待文艺创作的新星，以文艺来消闲，"终究胜于戕贼他"。这样的论述既不古板，又切合实际，同时也体现了逻辑的严密。

在学习了鲁迅杂文退步论证的思辨策略之后，我引导学生基于论证的周密与蓄势的考量，对已写议论框架进行修改。一学生对自我习作《忙，莫冷了身后的目光》进行修改。该文整体思路清晰，逻辑合理，但对倾向性观点的论述，缺少必要的退步论证。于是，我引导学生参照鲁迅杂文"退步论证"范例修改初稿。该生通过排查发现，在第六段后，有必要进行退步论述，于是做了必要的补充："当然，我不主张让家捆住手脚，而是希望我们能带着这份温暖上路，时不时回头望望，回家看看。"接着，我让该生再到文章的局部去寻找需要回撤论证的逻辑漏洞，并进行自然而适合的弥补。最后，我让该生将修改的过程与体验与全体同学交流分享。我通过生生互动、以点带面的组织形式，提升了学生回撤思辨的能力。

### 四、使分析在多维审视中深刻

论证离不开分析，分析论证的方法林林总总。那么，如何使分析变得深刻呢？

一是主体性一以贯之。鲁迅杂文善于抓住一个小细节或现象，顺藤摸瓜，结合实际进行合情合理的逐层剖析。论证中，事实论证是不可或缺的。在写议论文时，为了使得论据丰富，许多学生常常会多用事实论据。其实，选取的事例越多，缺点往往在所难免：不是显得庞杂而难以驾驭，就是容易陷入肤浅论证的误区。论证切忌肆意堆砌事例，若对大量的事实论据不加梳理，不加剖析，论证就会显得肤浅乏力。在《推》一文中，鲁迅通过层层追问，将思维引向深入。由身着长衣，推测是有一定身份的人，进而由点到面，分析在许多场合"推"的举动，继而延伸到推倒"一切下等华人"。围绕"推"这一主论据，一以贯之地进行贴近渐进的论述。这一思辨策略，对素材积累相对匮乏的学生来说，进行议论文写作是大有裨益的。

二是发展性文化烛照。这种烛照，既有对民族文化的扬弃，也有对世界文化的审视；既有民族情怀，更具世界胸怀。鲁迅在杂文中，更多的是对传统文化中的糟粕给以批判，但也不是一味棒杀，而是有选择的。对推动历史发展的英雄人物，对《红楼梦》等优秀的传统文学，还是给以积极评价的。因为有了到西方留学的经历，有了对国外先进哲学和优秀文学的学习，鲁迅在杂文中的审视与审美更具国际视野与情怀。如《拿来主义》一文中，对外来事物的处理则超越了狭隘的爱国主义与民粹思想，既壮大自己也不迷失自我。再如《最先与最后》一文中，"战具比我们精利的欧美人，战具未必比我们精利的匈奴蒙古满洲人，都如入无人之境"的表述，则是在宏大视野下进行高屋建瓴的论断。对这一思辨策略的学习带来的直接变化

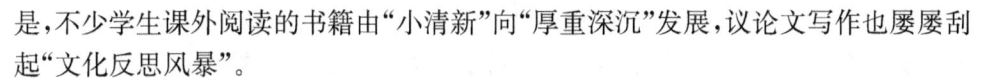

是，不少学生课外阅读的书籍由"小清新"向"厚重深沉"发展，议论文写作也屡屡刮起"文化反思风暴"。

三是劣根性灵魂剖析。鲁迅杂文对国人灵魂劣根性的批判常常是深入骨髓的。而灵魂批判多指向国人的自私、怠惰、苟安、盲从等心灵层面。如《论睁了眼看》一文中，"久蛰洞房的老太爷"和"不出闺门的千金小姐"。这里的"房"和"门"，喻指落后思想的禁锢与庸俗文化的封锁。与其说是人性的弱点，倒不如说是在长期封建统治与文化熏染下的人性的劣根，而鲁迅对国人灵魂劣根性的批判，是超越时空的，具有恒久的魅力。如今，旧的制度被推翻了，然而落后的思想文化烙印在人灵魂深处的创伤，多是生了茧的。对此，我利用热点素材"哄抢翻倒的橘子"，顺势引导学生进行劣根人性的批判。学生在体察鲁迅杂文灵魂批判之后，对人性进行分析，更能鞭辟入里。有学生这样写道："抢的是橘子，凉的是司机见到无数朴素善良的面孔曾经燃起希望的心，倾颓的是仁义的世风。让人感到一丝欣慰的是，一位老大爷看着司机渴求的眼神，最终报了警。"

四是复杂性矛盾呈现。小说刻画人物，反对"扁平"，倡导"圆型"，杂文的人物分析同样反对非此即彼、非黑即白的标签论述，而要立足于现实，呈现人性的复杂性，甚至是矛盾与反差。如《论睁了眼看》一文中列举的看客，围观坏了的汽车，看热闹，然而，他们也是苦难的受害者，"虽不正视，却要身受"。再看《推》一文中精彩的人物分析："这就是我们的同胞，然而'上等'的，他坐电车，要坐二等所改的三等车，他看报，要看专登黑幕的小报，他坐着看得咽唾沫，但一走动，又是推。"这一处分析，将这些人身份认同的矛盾，举止的反差，揭示得淋漓尽致，可谓逼真而深邃。据此，我引导学生进行反差审视。有学生在随笔中这样写道："其实，许多时候，魔鬼与天使只是一纸之隔，一捅即破。"

对鲁迅经典杂文群文阅读，我选取了思辨策略的专项阅读方式，在读中悟，在悟中思。经过多轮读写演练，学生的思维则实现了感性直觉向理性思辨的跃升。"一切思维都包含着冒险。"[①]学习鲁迅杂文的思辨策略，不是将其当作教条，而是通过"立""破"循环推进，逐步构建学生个性灵动而富有创新精神的思辨素养。

## 第三节 点亮，让语言表达饱满有力

无论是就文学性本身，还是现代文学革命而言，以杂文为代表的鲁迅文学，都是20世纪中国文学中最有深度、最为典型之所在。鲁迅经典杂文语言的呈现方式，对于学生进行议论文写作是具有积极的借鉴价值的。议论文在表达时，追求思想的深刻性和表达的独创性，讲究语言运用。对常态生活，采用非常态语言形式来表达，将会别开生面。读者无法直接看到内容，只能看到形式，形式所意味着的就

---

① 约翰·杜威，王承绪译. 民主主义与教育[M]. 北京：人民教育出版社，2001：162.

是内容。不同的形式意味着不同的内容,不同的形式感意味着不同的内容感。而形式是以语言为载体的,因此,语言形式对于阅读而言是至关重要的。而传统写作观认为只要有话想说,有感而发,就必定有文章可写。"于是在教学上,语文教师推崇以'手写吾心',更着重于内容的发掘,以一种直觉主义的方式来操作写作教学。其实,这是个错觉。"①高中议论文写作,具有思辨性和文学性的特点,离不开语言形式,又具有强烈的技术性。为了避免"平议浅论",我积极鼓励学生借鉴鲁迅经典杂文的语言呈现形式来创新议论文的表达形式。虽然高中议论文并不强求都写成杂文,但是鲁迅经典杂文的言语方式还是可以充分借鉴的。"语言习得是语文思维发展的中介。"②语文核心素养中的"审美鉴赏与创造""文化理解与传承"同样也是建立在语言习得基础上的。"语文是工具性和人文性的统一。一节又一节的语文课,除了蹈空凌虚的所谓'分析'之外,学生并没有真正学到阅读的技术与写作的技术。"③就议论文写作而言,学生在思想提升和思维拓展的基础上,迫切需求向鲁迅经典杂文的语言表达借鉴有益的呈现方式,以便形成自我语言风格。因此,对鲁迅经典杂文的语言表达的研读与演练就显得尤为必要了。

### 一、用"列辨"词语精准深入概念核心

辨析概念,包括辨析概念的外延和内涵,重点则是内涵。而概念的内涵主要包括事物的特性和所属范围两个方面。辨析概念的内涵,通常采用下定义或阐述的方法,这是议论文写作的必备素养。平常议论文写作教学,多数教师注重通过采用复杂单句或复句的语言方式呈现概念内涵,如此的定义或阐述,可能很严谨,却很容易落入俗套,显得无趣无味。毕竟高中生写的议论文,不是科学论文,而是具有杂文倾向的,其语言应该带有一定的文学性。这方面,鲁迅经典杂文对许多概念的辨析则采用了词语"列辨"(罗列思辨)来呈现,以此简化概念内涵的生成方式,同时,直击概念内涵的核心。其策略有三。

一是层进列辨,即将词语通过层层递进来罗列辨析。如《论睁了眼看》一文中,虚先生提出的"我们应该有正眼看各方面的勇气",所谓"正眼看",不仅包括看的角度正,还包括以正确的观点看,严肃对待,不躲避,不敷衍。而鲁迅则提出在圣贤"非礼勿视"的教诲下,在"礼"又非常之严下,不但"正视",连"平视""斜视"也不许。这"三视"的背后是封建伦常对不合礼制现象的禁控之严,并且这样的严是渐紧变化的。后生先是"不敢",后便"不能",再后,就自然"不视""不见"了,直至"低眉顺眼"。这"四不"的背后,是人恐惧的加深,直至于世苟活。其实,这里的"不视",更准确地说,是不想看;而"不见"就直接看不见了。这种,递增与递减的变化,鲁迅通

---

① 王尚文. 走进语文教学之门[M]. 上海:上海教育出版社,2007:350.
② 汪潮. 语文学理[M]. 杭州:浙江大学出版社,2013:196.
③ 沈国全. 语文本心论——基于心灵的高中语文课堂教学[M]. 上海:上海教育出版社,2015:101.

过层递词语的列举,将其层次切分得很细、很准。

二是显性列辨,即将模糊概念通过词语显性化罗列辨析。如《论睁了眼看》一文中,将欺骗的模糊概念用"瞒"和"骗"进行罗列切分。"瞒",有隐瞒之义,主要指心理层面;而"骗"则强调行骗,注重行为动作。当然,"瞒"也是"骗"的一种形式,是一种隐蔽的欺骗;而"骗"则是瞒的目的。因此,"瞒"和"骗"区别明显,关联清晰。本文关于"瞒"和"骗"的现象论述,层次清晰,区别明显,同时也有一定的关联。《中国人失掉自信力了吗》一文中,关于当时提出的"自信"的模糊概念的辨析则更为清晰深入。所谓的"自信",先是"信地""信物"再到"信国联"的"他信",而不是"自信"。从本质上看是"自欺"。鲁迅经典杂文对这一特定的模糊伪概念辨得清晰而无所遁形。

三是纵深列辨,即通过词语由表及里的罗列来辨析概念的内涵。鲁迅在《习惯与改革》一文中写道:"体质和精神都已硬化了的人民,对于极小的一点改革,也无不加以阻挠,表面上好像恐怕于自己不便,其实是恐怕于自己不利,但所设的口实,却往往见得极其公正而且堂皇。"其中,"不便"是表面的借口,实则"不利"。既有惯性的生活状态不愿被打破的考虑,更有既得利益不愿被损害的心理在作祟。

鲁迅在杂文中对概念的阐述和现象的思辨,擅用词语列辨,有单音节词的并列呈现,有一字之差的双音节词的铺排呈现。在此基础上,通过对罗列词语的辨析,实现对概念的准确深刻的阐释。如此表述,词语呈现准确而锐利的质感与磁性,句式长短结合、以短为主,读来掷地有声、朗朗上口,论证则显得犀利而深刻。

借鉴鲁迅经典杂文中词语列辨的语言方式,我设计了专项语言训练活动。通过多轮打磨,学生对概念内涵的理解能力和练字(练词)素养得到了明显提升。如关于"诚信"的语言表达训练,多数学生起初只能做肤浅啰唆的阐述,而通过对这一语言方式的深入阅读与多轮磨炼,语言表达便实现了脱胎换骨。如"无'诚'不'信','诚'不是'装扮'的,而是'装入'的,装入哪里?装入心中。'诚'美于'始',贵于'恒'。'桃李不言,下自成蹊','诚'终将换来'信'——信任、信服,直至信赖!"上述论述是原本讨厌写议论文的学生修改后的文段。这一段话,较好地仿用了鲁迅经典杂文中词语列辨呈现的语言特色。用到了"诚""信"和"始""恒"相关单音节词的对举;用到了一字之差的双音节词"装扮""装入"的并呈和"信任""信服""信赖"的铺排递进呈现。相较于用长句进行俗套的阐述,如此论证词语,表现力强,句式短促有力,思辨性强,语言形式令人耳目一新,论证效果可谓振聋发聩。虽是片段佳作,但对该生的鼓舞是巨大的,同时也促进了全体学生在议论文写作中活用词语列辨的方式。

## 二、用"曲变"句式渐进呈现论证的深度

"句式灵活"属于作文发展等级"有文采"中的一项重点要求。在论述中,若只是直线型的简单表述,其表达是乏力的,效果也难以达到理想状态。比如,关于"挫

折"的表述,直接讲"人是需要挫折的",这就成了平直而正确的废话,若采用体现曲折变化的关联词,表达的力度会明显增强。如采用条件关联词:人只有经历挫折才能实现真正的成长;采用递进关联词:挫折不但使人学会坚强,而且能使人成长;采用假设关联词:如果人生一直是顺风顺水,那么小小的挫折可能就是压死弱者的稻草。当然,通过一组关联词进行议论,其力度还是有限的,论证的深度也不够。因此,若进行厚重深刻的论证就需要选择多重关联词组合的复句形式进行立体呈现。这方面鲁迅经典杂文做了精彩的示范。

一是主体运用转折。如《论睁了眼看》中的表述:"诚然,必须敢于正视,这才可望敢想,敢说,敢作,敢当。倘使并正视而不敢,此外还能成什么气候。然而,不幸这一种勇气,是我们中国人所最缺乏的。但现在我所想到的是别一方面——"其中,"诚然"与"然而"照应,更为后文的"但"埋下转折伏笔。而"倘使"一词宕开一笔,从反面进行假设论证。这样的论证句式,主体运用转折,然后在前后局部融入其他复句形式,既跌宕起伏、富于变化,又紧密连缀、一气呵成。

二是主体运用假设。如《捧与挖》中的表述:"不但金老鼠,便是死老鼠也不给。那么,此辈也就连生日都未必做了。单是省却拜寿,已经是一件大快事。"其中"不但……便……"采用递进句式,而这一递进整体作为假设部分,与后面的"那么"对应。至于结果,也不是简单说完,作者还就一点"省却拜寿"进行补充论述。这样在假设的条件和相应结果中都采用复句呈现,该句式,主体结构清晰而内涵丰富,论证完备。

三是主体定向演进。如《未有天才之前》中的表述:"天才究竟有没有?也许有着罢,然而我们和别人都没有见。倘使据了见闻,就可以说没有;不但天才,还有使天才得以生长的民众。""也许"不把话说死,体现论证的严密,但也为后面"都没有见"蓄势,在此基础上,用"不但……还有……"递进阐述,指出问题关键。这样的句式,先确定论证方向,然后在曲折迂回中逐渐靠近目标,进而引出问题关键。

在学习了鲁迅经典杂文"曲变"渐进的句式之后,学生的兴致很浓,于是我便组织学生进行以句式为载体的针对性思维训练,通过"曲变"表述进行立体而周密的表述。例如"山涧的泉水经过一路曲折,才唱出一支美妙的歌"这句话,我首先引导学生对鲁迅经典杂文中的"曲变"的句式进行多轮阅读,这样既加深认知,又能增强语感。在此基础上,将学生分成两组,一组沿着原来的方向进行迂回演进表达;另一组与原来的立意方向相反而进行逆向迂回演进。然后,让两组学生进行交流展示。结果,选择顺向迂回的,整体质量较高,佳作较多;而选择逆向迂回的,学生的思维过程比较简单晦涩,放不开手脚。于是,我就选取优秀范例进行演示引领:"人生不可能不走弯路,但是人生总是弯路,那是一幕悲剧。纵然跌宕起伏的人生更有诗意,可青春几何?人生几何?有限的青春在曲径幽处,更在远方地平线上。"文段中"但是"为第一次转折,"纵然"是退步转折,"可"又拉了回来,但不是简单的回头,而是更深入地思考有限生命的宝贵及青春的易逝。接着,再回撤承认人生曲折之美,但更突出直行致远的美妙。通过典型示范,选择反向写作的学生都能激活自己的思考并进行反向迂回表述。

首轮展示结束后,我将两组互换,再来进行与原方向相逆的思辨。通过顺向迂回句式的演进,锻炼了学生进行顺向表达的能力,通过逆向迂回句式的演进,锻炼了学生反思的意识,通过角色互换,更锻炼了学生思维的灵活性与批判性。此举,能给学生以深深的心灵震撼——真理总是相对的,相对的一面一定有真理,这样,学生的视野打开了,思维也打开了。句式"曲变"渐进的灵活呈现,使得学生的思维在曲变中更理性、更锐利。每一次曲变,认识更进一层,多次转折,螺旋上升,思维的严密性得到了锤炼,认识也得以升华。

### 三、用"讽刺"手法亮化论证的效果

杂文的语言具有讽刺性,鲁迅经典杂文的讽刺性则更强,其主要方式有如下几种。

一是修辞呈现。鲁迅的杂文中运用的修辞格是多种多样的。其中很多修辞手法中含有一定的讽刺目的。恰当运用修辞格,往往会产生一种辛辣的讽刺作用,使其文章犀利而幽默,起到"匕首"与"投枪"的作用,鲁迅认为"'讽刺'的生命是真实;不必是曾有的实事,但必须是会有的实情。所以它不是'捏造',也不是'诬蔑';既不是'揭发隐私',又不是专记骇人听闻的所谓'奇闻'或'怪现状'。"是嬉笑怒骂,皆成文章。鲁迅的杂文以写实为基础,往往抓住现实生活中某一类人或集合并提炼某一集团论调的特点,或勾勒动物形象,或采集社会事件加以概括,进行讽刺。

1. 反语。如《论睁了眼看》一文中的"非礼勿视",所谓圣贤教诲的"非礼"都是不合封建礼制的现象,这里的引号,体现讽刺与否定。

2. 夸张。如《推》一文中,要推倒一切下等华人中的幼弱者,要踏倒一切下等华人。推的面越来越广,范围越来越大。文中的施动个体不再是特指的个体,而是泛化的个体,其实质是这样一类所谓"上等"华人的群体。因此,这样的夸张背后,不是与现实的背离,而是直接呈现人性的真实背景。

3. 比喻。如《推》一文中的表述:"一种就是弯上他两条臂膊,手掌向外,像蝎子的两个钳一样,一路推过去,不管被推的人是跌在泥塘或火坑里。""蝎子"的毒,"钳子"的狠,这样的比喻是精当的,不但形似,而且神似。除此以外,鲁迅经典杂文中还运用了其他多种修辞格来寄寓讽刺。在写作中,我采取先用单一修辞,后用复合修辞的渐进演练策略,逐步提高学生在对社会现象的批驳中进行适度讽刺的能力。

二是杂体嵌入。夹以不同的语体风格的词,造成讽刺的艺术效果。有嵌入文言词的,如《捧与挖》的"绿林大学",《最先与最后》中的"佯为跌倒"。"绿林""佯为"是文言词。有嵌入外来词的,如《拿来主义》一文中有这样的表述:"我在这里也并不想对于'送去'再说什么,否则太不'摩登'了。""摩登"是外来词。还有用方言

词,如《推》一文中的"阿唷,好白相来希呀!"上述示例,通过文言词、外来词和方言词的嵌入,造成突兀的效应,从而构成强烈的讽刺效果。恰当运用讽刺的语词,既体现了作者论证的情感倾向,更增强了批判的力度。当然,时过境迁,现实面对的问题,更多的是"人民内部矛盾"或者是"发展中的问题"。因此,在议论文中的讽刺,往往不是"投枪"和"匕首",而是警醒的"猛药"。如有学生在《求神,不如拜己》中进行这样的夸张讽刺:"一面求神拜佛,虔诚得五体投地;一面在现实竞争中沉沦,落魄得无一丝挣扎。神若保佑这样的弱者飞黄腾达,这个世道天理何在?"在议论文写作中,用"风轻云淡"的论证语言对待顽疾,往往收效甚微,而讽刺手法的运用,可以凸显的问题,往往使得久治不愈、抗药性强的顽疾在讽刺新药的猛攻下实现逆转,进而呈现向好的趋势。

当然,对于鲁迅经典杂文中不规范的语言,教者需要辩证审视。鲁迅的既规范又不规范,极富创造性和个性化的语言,对我们的语文教育是应该有启示的:中小学基础教育的性质,决定了语文教学必须对学生进行语言规范化的教育,这是语文教育的基本任务。但同时,又不能把规范绝对化,而是要鼓励新的创造,新的语言试验,即所谓的"文有定法,又无定法"[1]。从而,逐步形成学生自己的论证语言风格。

---

[1] 钱理群.经典阅读与语文教学[M].南宁:漓江出版社,2012:99.

# 第四章

# 慧心：以"积极体验"观培养整本书阅读智慧

整本书阅读,是新一轮语文课改的重头戏。在整本书的阅读中,学生并不是简单地获取知识,而是需要调动学生积极的心理体验,用他们已有的积极体验来与阅读的著作产生共鸣,与作者和作品人物进行对话,进而实现真正的内在的阅读互动,以此增强学生的阅读耐性,积极建构自我阅读认知。学生的阅读体验,包括相关的阅读经验的积累和生活的经历与体验,还包括对于学生的阅读建构有帮助的积极有效的阅读策略,以提高学生的阅读兴趣,提升阅读的效能。就整本书的阅读而言,体验阅读策略不一而足。其中,横向比较、纵向比较和详略处理是最基本、最有效的体验策略。

## 第一节　在心灵体验中走进

学生学习的动能,源于积极心理。人本主义心理学认为,学习的活动应由学生自己选择和决定的。[①] 学习是一种自我实现,所谓自我实现的需要也就是成为自己。所谓自己,就是一个人过去所有生命体验的总和。《普通高中语文课程标准》(2017年版)明确提出"丰富自己的精神世界、生活经历和情感体验"的要求。对于《平凡的世界》整本书的阅读而言,立足于学生阅读体验是有效阅读的核心。那么,如何逐步推进学生的体验,进而打通整本书渐进阅读的心路呢?

### 一、提供必要的阅读支架,激发阅读期待

学生进行整本书阅读,尤其是大部头的整本书阅读,教师必须进行一定的策略指导。其中,必备的阅读支架很重要。没有一定的阅读支架,对于内容庞杂、信息量大的整本书阅读,许多学生往往不是因为难情绪半途而废,就是坚持读下来也难以把握重点。长此以往,许多学生会渐渐失去整本书阅读的耐心与自信。因此,提供必要的支架,既是扫除阅读障碍的需要,也是引发学生阅读期待、提升阅读品质

---

[①] 张春兴.教育心理学[M].杭州:浙江教育出版社,2008:285.

的需要。

1. 给阅读以充分的理由。选择并持续阅读,需要心理支撑。大部头的整本书的阅读,需要坚实而持久的诱惑力激发学生的阅读期待。没有充分的理由,学生对大部头的著作是有畏惧感的,往往难以开启阅读,更难以做到持续深入阅读。因此,教师对于在班级推进整体阅读的著作要在阅读理由上做好充分蓄势。古今中外的书籍浩如烟海,就其中的经典来说,也是门类繁多的。为何读这一本?不考虑学生的阅读兴趣、阅读方式等具体学情,教师以自己的偏好加之于学生,这样的整本书阅读的效益是低微的,甚至费力不讨好。在实践中,我重点推荐两方面理由。

(1) 诞生过程。《平凡的世界》创作之诚体现在两个方面:一是对创作的态度诚恳。为准确掌握从 1975 到 1985 年 10 年间中国发生的事件,路遥找来《人民日报》《光明日报》《参考消息》及省报和地区报的 10 年间合订本,逐页翻阅并做笔记。除此之外,路遥还深入到乡村城镇、工矿企业、学校机关、集贸市场等各种场合,体验各种人物等等。二是对劳动的态度诚挚。路遥曾在《不丧失普通劳动者的感觉》中写道:"写小说,也是一种劳动,并不比农民在土地上耕作就高贵多少,它需要的仍然是劳动者的赤诚而质朴的品质和苦熬苦累的精神。和劳动者一并去热烈地拥抱大地和生活,作品和作品中的人物才有可能涌动起生命的血液,否则就可能制造出一些蜡像,尽管很漂亮,也终归是死的。"正因为此,他才能创作出辉煌的巨著《平凡的世界》。

(2) 前人评价。《平凡的世界》的阅读热潮经久不衰。其间,众多名家都给予了高度一致的赞许,他们的推荐具有权威性、说服力。比如,陈忠实说:"《平凡的世界》是茅盾文学奖皇冠上的明珠。"可见,其阅读价值非同一般。《平凡的世界》一直是畅销书,特别是高中生和大学生是主要阅读群体,与当下高中生年龄相近的学长的阅读志趣与评价很能激发学生的阅读期待。比如,浙江大学图书馆连续多年发布的"年借阅图书排行榜",《平凡的世界》均处于领先位次。《平凡的世界》故事发生的背景是 1975 年到 1985 年。而现在的中学生多为"00 后",时间相隔久远,社会背景差别很大,而主人公砥砺前行的精神永远不过时,而这一种精神鼓励着一代代年轻人砥砺前行。

2. 明了主要的人物关系。《平凡的世界》的人物关系相对复杂。学生在阅读之前要把握基本的人物关系以便于整体阅读,前后关联。而介绍人物关系时,切忌将故事梗概和结局和盘托出。小说的主要魅力在于情节,若是情节的面纱被解开,学生阅读就缺失必要的阅读期待了。因此,过分的剧透,是小说阅读教学的误区。

该小说是以双水村为主要环境背景的,主要人物关系也可以依托双水村来推介。

3. 选择适合阅读的版本。《平凡的世界》,完整版超过 100 万字,分上、中、下三部。高中生阅读,尤其是上学期间阅读,可读时间相对零碎,读程较长,对百万字鸿篇巨制难以形成整体的阅读印象。对于阅读耐性高的学生,教师可以引导其选

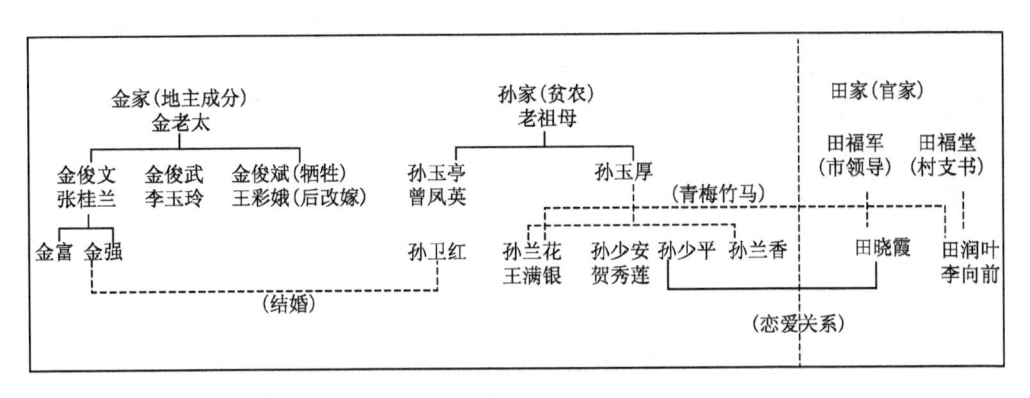

**图 1　双水村部分人物关系图**

择完整版的"三部"阅读,通过完整的阅读,充分拓展阅读视野,丰厚阅读积淀。对于阅读耐性缺乏的学生,教师可以推荐其阅读 40 万字的"精简版"。小说中,有作者大量的作为背景的政治环境和人事变动的描述,已经不再是当代高中生阅读的核心以及关注的重点。如果强行要求这些学生都阅读完整版,他们多会产生持续阅读的畏惧感与排斥感。加之,40 万字的普及版也具有相对完整性和艺术价值。再则,阅读完整版,他们关注的重心也有所改变。

## 二、齐探价值阅读专题,扫除阅读迷障

对于该著作的阅读教学引导,究竟探讨什么问题,又从什么角度进行切入呢?我认为,应当尊重学生阅读的原初感受,在学生阅读体验以及生成的问题上切入研讨,这是整本书阅读的基点,离开了这一基点,往往难以激发探究性阅读的热情,学生的阅读体验也难以深入。"真正成功的标志不是带着事先设计好的圈套让学生去钻,让学生去表演,而是真正把自己当作学生,和他们一起平等地研讨。"[1]为此,我在学生一轮阅读的基础上征集学生的阅读疑问,并针对共性的、有价值的问题与学生一起进行探究性阅读。我本以为主人公的励志与奋斗是学生提问的重点,但通过问卷调查得知,学生关注的重点有两个:一是主要人物的奋斗路径的差异;二是主要人物的爱情悲剧性。阅读教学,需要"关注学生本心的困惑,在解惑中传道、授业"。于是,我将以前的阅读引导教案搁置,而以此为切入口与学生一起进行集中研读。

1. 关于第一个问题。

结合当时的背景,学生比较能够接受孙少安的奋斗史,立足农村,艰苦创业,而对孙少平的奋斗历程较为疑惑。于是,我引导学生探究孙少平从农村"突围"之原因。孙少平最终走出了农村,走上了一条与孙少安不同的人生之路,这是偶然的还

---

[1] 李镇西.我的语文课堂(下)[M].杭州:光明日报出版社,2013:124.

是必然的？我组织学生对此问题进行了讨论，要求结合原著，讲理据，重论证，结果学生一致认可必然性。孙少平最终能从农村"突围"，是主客观原因作用的结果。从客观角度看：一是父亲的开明，能尊重儿子的想法并支持儿子的行为；二是得益于哥哥孙少安早在13岁时为了帮助父亲养家就放弃了自己的学业，孙少平可以暂时不需要像哥哥那样回家劳动挣工分来养家糊口，至少可以读完高中；三是社会背景，与政治解冻相伴随的是农村经济政策的放开，孙家守穷的日子一去不复返，这使得孙少平少了许多后顾之忧。从主观角度看：一是孙少平在初中最后一年时养成的爱读书的习惯。在原西县读高中时，他沉醉在书的海洋里，书籍开阔了他的眼界，增长了他的见识，丰富了他对现实人生的认识，阅读的诱惑使得孙少平不再囿于农村，他急着要到外面的世界闯荡，体验与祖祖辈辈不一样的人生，这是一种在阅读中培养的"叛逆"。二是结识了田晓霞。田晓霞建议孙少平看哲学方面的书籍并借《参考消息》给他看，把孙少平的思想和心灵引入到另一番天地，使得他能够辩证地、多角度地看待生活中的人和事，无形之中对生活也增加了自信，他的人生观和世界观都悄然发生了变化。三是孙少平身上体现出来的美好品质——忠厚淳朴、吃苦耐劳、见义勇为等，使得他赢得了别人的尊重，也为自己赢得了难得的人生发展机遇。当他从书中读出了自己想要的世界和想过的生活后，这种不安于在农村扎根的想法已植入他的血脉，时时激荡着他年轻的心脏。于是，在家境有所好转时，孙少平就毅然决然地踏上了追逐梦想之路，虽然这条路上会充满常人无法想象的艰辛，但年轻的心已经飞翔，是没有任何理由停歇的。所以说，孙少平走出农村是必然的。这段文字有理有据，论证严密，措辞严谨，体现出较好的文字水平和思维品质。当然，推崇孙少平的"背叛"并不是对孙少安的"留守"进行批判，孙少安的选择同样值得敬畏，而孙少平的理想主义的合理性还可以引导学生继续思辨。

2. 关于第二个问题。

孙少平的爱情具有现实悲剧性。他对郝红梅的初恋，因女方移情别恋而冷却，这是孙少平遭遇的现实挫折。但他并没有因为家境的贫困和个人境遇的落魄而自惭形秽，一蹶不振。他和田晓霞的爱情，在田晓霞未牺牲之前，是最美的。这份爱情寄寓了作者的美好理想，也寄寓了读者美好的期待。田晓霞由读书时的"假小子"到在事业闯荡的"女强人"，对孙少平的认识在一步步加深，两人的感情也在一步步加深。一个是省报大记者，一个是井下的小矿工，他们的结合看似天方夜谭，实则有现实基础。从精神层面上，两个人都在追求自我实现，有共同的价值愿景。孙少平虽然是个矿工，但是他在现实中一步步历练，可以推想情节往后发展，孙少平一定通过实践摸索和自学深造而成为煤矿建设的管理者或工程师，他和田晓霞的结合是有现实可能性的，但是作者狠心地将田晓霞的结局定位为牺牲，也是给这一份爱情涂上深深的悲剧色彩。这是变幻莫测的现实悲剧，是不以人的意志为转移的。孙少安的爱情具有幸福悲剧性。孙少安作为家里的长子，和长女孙兰花一样都肩负着维持家庭经济的重担。纵然品学兼优，他也无法读高中，但是他比姐姐孙兰花幸运的是接受了完整的义务教育。孙少安有理想,更有现实的奋斗精神。面对曾经青梅竹马的田润叶的苦苦追求,他最终还是选择面对现实,剪断在他认为不可能的婚姻。而与贺秀莲的结合,由不相识到相识、相知,再到相爱,他们的爱情幸福正反衬着不能解脱的田润叶爱情的不幸。当这份由勤劳作为底色的爱情正随着事业蒸蒸日上时,贺秀莲却查出了癌症。现实中人的生命是脆弱的,而建立在生命基础上的幸福也是脆弱的,这是幸福的悲剧性。普通人的幸福总是沉甸甸的。田润叶的爱情则具有理想悲剧性。田润叶和孙少安青梅竹马,而她的悲剧源于对理想化的唯美爱情执着。当孙少安已经和贺秀莲结婚之后,自己依然无法从失望中解脱。而更大的悲剧在于她对李向前的追求,特别是对婚姻的默认,而在婚后却极度地抗拒这一婚姻。这一悲剧又被李向前死心塌地爱着田润叶而决不离婚推向了高潮,这种婚姻的结局有两种可能:一是崩溃;二是和好。作者没有选择前者,但选择后者却一点没有减少田润叶理想爱情的悲剧性。李向前对有名无实的婚姻无法释然,而过量饮酒出车祸导致双腿截肢,换来田润叶的同情来重新维系这份婚姻。平心而论,田润叶再回到婚姻轨道上,更多的是对现实无奈的妥协,也是对现实理想婚姻的妥协,这妥协里,有温暖,更有悲凉。

当然,悲剧性与悲剧概念不能混淆。孙少平在同样失去心上人的惠英那里感受到了家的温馨,孙少安妻子得了癌症并不是没有生的希望,孙兰花最终还是换得王满银的浪子回头,田润叶最终还是感受到了为自己而致残的李向前的温暖。爱情婚姻的悲剧性,实质上是人生悲剧性的一部分。人的结局都是死亡,过程总伴随磨难,但总有希望。经历再大的挫折,生活总要继续,人生还得向前,这便是人生朴素深刻而无法回避的悲剧性哲理。

### 三、实现阅读角色换位,提升体验层次

"夫缀文者情动而辞发,观文者披辞以入情,沿波讨源,虽幽必显。"[①]而"沿波讨源"的最佳方式便是进行角色换位,将自己置换成故事人物,换位体验,换位思考。在我的启发下,多数学生选择与孙少平进行角色换位,并进行多角度的深入体验。

1. 生存之难。孙少平可以和哥哥一样在家创业,但多读几年书,特别是通过阅读,渐渐地对外面的世界产生了好奇,对自我生命的价值有了更深的思考。他不想一辈子窝在穷山沟里,但是也不想投机倒把,而是要通过自己的头脑和双手去创造价值。从背石头到组织干部子弟活动,再到下井挖煤,然后做矿工小组长,接着准备上矿业学校的自学考试,再到创新煤矿在农忙时的管理机制,这是一个草根励志成长的典型范例。我以此让学生谈对生涯规划的启发。有学生认识到"读书可以改变命运":我很难有上大学的机会,而时过境迁,现在只要努力,年轻人基本上

---

[①] 刘勰.文心雕龙,王志彬译注[M].杭州:浙江教育出版社,2012:555.

都能上大学。我若读高中,一定是学霸,心甘情愿做学霸,心无旁骛。可以说,高考是相对公平的舞台,真正付出汗水必有回报。就此而言,你们是幸运的,赶上了好时代,期待你们做时代的弄潮儿。还有学生认识到"创业天地广阔":中国改革开放正向广度和深度发展,为年轻人提供的创业平台越来越多,你们可以在广阔的天地大显身手。你们将来大多不会有像我那样做极度繁重而劳累的工作,我真的羡慕你们。

在此基础上,我引导学生进一步探究主人公读书创业经历背后的东西——坚持不懈的奋斗精神。他从最基层一步步脚踏实地的实干精神是鼓舞人的,是值得学习的。既有事业梦想,又不好高骛远。认准的,坚持做,决不轻言放弃。背石头是最累的活,但是为了能够生存,哪怕是脊背磨破也无怨无悔。下井挖煤是最脏的活,甚至有生命危险,但是孙少平依然任劳任怨。劳动之余,还不忘学习提升。这种坚持不是苟且偷生,而是进取,而是生命价值的不断发掘。

2. 爱情之重。面对郝红梅"另寻新欢",孙少平体会了现实爱情的痛苦。但是他并没有放弃对理想爱情的追求。于是,孙少平和具有同样特质的田晓霞从相知到相恋,再到相爱。在世俗者的眼里,他们的身份相差太远。但是,孙少平不甘平庸的心是高贵的,并且,他们能在现实中一步步地拉近两个人的世俗距离。孙少平在煤矿上不断学习发展自己,并且得到赏识重用就印证了这一点。

通过角色换位,有学生认识到"面对爱情,我以向上的姿态":现实中,人的生命是脆弱的,爱情也是脆弱的,爱情只能成为另一方美好与痛苦交杂的怀念。爱情,甚至婚姻,是美好的,同时也是易碎的。积极向上的姿态是爱情的资格,而没有了向上的姿态,爱情就会处处碰壁,甚至没有资格谈爱情,谈婚姻。我仰望爱情,但一直没有停下成长的脚步。

通过学生的阅读笔记,我明显感觉到学生对爱情婚姻观变得更加现实,更加理性,这是换位体验的收获,更是阅读濡染的影响。

3. 家庭之重。对家庭的责任是一个人的基本担当,也是人类繁衍传承的基本责任。个人的梦想再绚烂也不能抛弃家庭。

有学生认识了"家的牵绊":离家是为了闯荡追梦,为了在更广阔的天地实现自己的抱负。但是离家不是对家庭的背叛或抛弃,我总想着攒钱给父母箍新窑,每个月给妹妹寄生活费,我肩上担的是沉甸甸的责任。家,我的脚步"背叛"你,但牵挂未曾离开半步。

在此基础上,我引导学生对家文化进行深入感悟。于是,学生生成了多个维度的感悟:家是一个建筑,更是家人之间的信赖与关爱;家是一个人童年的笑声与泪水交织而成的;离家是为了建设家园,离家是为了担起家庭更大的责任;家是人生出发的地点,也是灵魂的栖息地……

阅读体验,还可以将电视剧与小说对比阅读。比如,推荐部分情节的电视剧,然后引导学生和原著阅读进行比较体验,并进一步引导学生围绕下列问题进行思考：电视剧是否百分百忠实于原著？与原著出入较大的情节有没有、多不多？主要体现在哪里？你如何评价这部同名电视剧？你认为电视剧哪些方面值得点赞？哪些方面与你阅读后的期待落差较大……将电视剧和小说对比起来读，这既是阅读整本《平凡的世界》的途径，也是重要的学习内容。电视剧的"看"与小说的"读"是不一样的，"看"是被动地接受，"读"是主动地摄取。电视剧中对小说原作的删改和增添是为了迎合观众"看"的需要，但这种改动是否符合人物的性格、有没有合理性，这些都是需要论证的。而这种论证的前提是，学生要熟读小说，对小说中的主要情节乃至重要的细节烂熟于心，如此，论证、评价、提出意见便使得原有的阅读体验进一步趋向深入。

对于整本书阅读而言，让学生产生渐进的阅读体验，需要给予符合学情的阅读支持，提供必要的、适切的帮助与引导。阅读帮扶，必不可少，但绝不是画蛇添足，更不能越俎代庖。而教师阅读指导的真正价值在于，通过启迪激发阅读期待，通过互研解决困惑，通过换位加深体验。真正的阅读关怀是呵护并培养学生的阅读体验，这是教师进行整本书导读的无量功德[①]。

## 第二节　在横向比较中深入

就小说而言，进行整本书的阅读，通过横向比较，尤其是对人物的横向比较，能够深入人物心灵，进而深入小说的立意深处，从而探究作者的深度用意。

以《红楼梦》的诗会为例，其诗会是大观园众人的精神生命场。在文韵与雅趣中，见得作者曹雪芹厚实的文学功底，更见得一众女子的才情与心思。通行本第37回和第38回海棠诗和菊花诗的比试，愉悦了众人的诗情，更透射了不同人的个性气质与灵魂风貌。通过诗的言语可以探知人物的心境，以便更深入地理解人物，即所谓的"貌其神韵，探得心源"[②]。从心灵美学层面看，心灵具有深切地感知疼痛的能力，为对方而疼痛，而痛苦，对方在自己心中才具有真正的、血肉相连的位置。所谓"同呼吸，共命运，心连心"，其实最重要的是能够为对方"心疼"[③]。以心契心，方能走进小说人物的灵魂。

### 一、白海棠里映宝钗

薛宝钗的七律《咏白海棠》，确实写得好。虽不及黛玉的同题诗灵动有才气，但诗文人花相映，含蓄蕴藉，自然得体。该诗明写海棠，实写自己，显得淡雅而耐人寻味。

---

[①] 张书军. 体验：整本书阅读心路——以《平凡的世界》阅读为例[J]. 语文教学通讯(A), 2019(6).
[②] 骆冬青. 心灵美学讲稿：情性人生[M]. 北京：中华书局, 2015：2.
[③] 陈日亮. 如是我读：语文教学文本解读个案[M]. 上海：华东师范大学出版社, 2010：16.

珍重芳姿昼掩门，自携手瓮灌苔盆。
胭脂洗出秋阶影，冰雪招来露砌魂。
淡极始知花更艳，愁多焉得玉无痕。
欲偿白帝宜清洁，不语婷婷日又昏。

该诗出语便道出诗眼"珍重"。虽有"芳姿"，但懂得矜持淡定，纵使"昼"时，也会"掩门"孤芳自赏，而不是轻佻地炫外。默默地"灌苔盆"，爱惜花儿，更是珍重自我的一种端庄。要知道，满枝芬芳，一园春色，宝钗是关注的，宝钗的心事也是关注的。想步元春的后尘，封妃而不得，退一步落脚贾府，将来修得金玉良缘，再劝进宝玉勤学出仕，也是不错的选择。但是，诗书濡染、从德教化，让她多一份含蓄与矜持，这不轻易外露的小心思刻画得丝丝入扣。宝钗的矜持不同于黛玉性格的"孤高自许，目下无尘"，相较于黛玉，要么不悦而逞口舌之快，要么愁思愤懑而淤积伤心，宝钗的心境要平和淡然了许多。

颔联突出"素洁"。海棠花没有牡丹、玫瑰妖艳，有的只是净淡素雅。这正是宝钗素爱雅淡，不爱艳装个性特质的自我写照。"露砌"和"秋阶"同指白海棠生长的环境，"冰雪魂"指白海棠精魂如冰雪般洁白，亦是宝钗的自写身份。素淡之美，与宝钗不多嘴、不多事的恪守妇道的个性相符，而这一份素淡的矜持，赢得了贾府上下的认可。装束素颜，言语得体，这就是薛宝钗的人格魅力。拥有美貌与才能，而无须做作，更无须锋芒毕露。丫鬟晴雯却是一个"反例"，她是金陵十二钗又副册之首，相貌应该是丫鬟中最出众的，但是尖刻的说话方式让她成为许多人的"眼中钉"。于是，她被撵出大观园，郁郁惨死，也是必然结局。后来，宝玉听小丫头说晴雯死后做了芙蓉花神，宝玉便作了篇长长的《芙蓉女儿诔》寄托哀思。与其说是芙蓉花神，倒不如说是带刺的"玫瑰花神"，而一曲《芙蓉女儿诔》"固鬼蜮之为灾，岂神灵而亦妒"的怨愤背后，岂不是自我的个性使然？

颈联紧承上联，突出"淡艳"。自然的"淡极"，是宝钗天然去雕饰的至美，更是一种生存的智慧。这一联并不是上联意思的简单重复，而是在审美与思辨上更近一层，因而呈现不俗的韵味与睿智。海棠的色白之淡与丰韵之美，正是宝钗天生丽质的写照，如果再去雕饰就成了画蛇添足，宝钗深谙中庸的简淡之美。从深一层看，淡极更艳，颇合艺术辩证法，实写自我身份：安分随时，藏愚守拙，而更显淑女之端庄凝重；同时，俗中脱俗、不与人同也是宝钗的一大特点。至于宝钗拥有很高的艺术修养及审美水平，那都是曹雪芹自己的影子。次句与前句形成对比，意指岂如多愁之玉，留下瘢痕。"愁多"，实则以宝黛之多愁善感反衬自己的宁静娴雅。所谓的"瑕不掩瑜"，在宝钗眼里，"瑕"已成了白玉上抹不去的泪痕，很明显，这里不是指宝钗自己的多愁善感。否则，这样理解与宝钗人物特质以及这首诗的整体意境是不协调的。合理的理解是，用黛玉的多愁善感反衬自己的淡雅内敛。这一句有"斗艳"之意，但显得浑然天成，毫无跳脱之感。

尾联的抒情方式前后有别。"欲偿"句表达了薛宝钗对淡洁的追求是恒久不可动摇的,同时,这一句也暗合黛玉《葬花吟》中的"质本洁来还洁去",实则暗示大观园中女子红颜薄命的悲剧结局。"不语婷婷日又昏"一句,则是以景结情,"不语"一词可见宝钗的稳重,突出宝钗对金玉良缘的默默守望。一个"又"字,不仅体现了她的耐性,而且透出有些许烦恼——贾府上下是赞同金玉良缘的,但宝哥哥却更属意黛玉。这一个"又"字的背后藏着点点嫉妒与不甘,这样的理解也能和颈联的后句对黛玉的隐贬相照应。"宜清洁"之语更可见宝钗自誉自信的心理状态,而"日又昏"则显示其心态的隐约而略微的变化,对于这样一个端庄文雅的女子,这样的变化,是不露声色的。王蒙评价薛宝钗"从不思春不悲秋",实则不够恰当。

此诗有意以白海棠关合自己,以花写人,反映出薛宝钗以稳重、端庄、淡雅、宁静、清洁自诩,又有一丝期待与隐忧的内心浮动。

### 二、咏秋菊中见黛玉

在海棠诗赛上,黛玉胜在文采却输了观照自我的生命体验。而在菊花诗赛中,黛玉的诗囊括了前三强,这里面不仅显示了她卓越的才气,而更以菊花抒写了自己真切而感人肺腑的灵魂体验。可以毫不夸张地说,写菊就是在写黛玉自己——从形到神,无不透射这一份寂寞的孤傲。且看夺魁的《咏菊》一诗。

> 无赖诗魔昏晓侵,绕篱欹石自沉音。
> 毫端蕴秀临霜写,口齿噙香对月吟。
> 满纸自怜题素怨,片言谁解诉秋心?
> 一从陶令评章后,千古高风说到今。

首联中,"诗魔"一语符合黛玉的气质,多愁善感,触景生情,诗性易发。和宝钗的《咏白海棠》诗一样,出语开门见山,直切主题。全句说的是为了想出新奇的诗句,站在篱笆前,靠在山石上,苦思冥想。诗歌创作,需要这一种魔性。正如白居易的《醉吟二首》"酒狂又引诗魔发,日午悲吟到日西"两句所写,诗歌是性情之作,没有情感的魔性,难以写出情韵俱佳的诗作。但黛玉的诗更多反映的是寄人篱下之苦和与思而不得之怨。这种愁怨化作深深的寒意,进而伤身,更寒心。正所谓高处不胜寒——原本家世显赫的黛玉,在双亲先后亡故之后,政治与经济地位一落千丈。在富贵而森严的贾家,得时时察言观色,处处留心。她生怕由于自己的一语不慎、一举不当而有辱斯文,进而无法再栖身此地。这个高处还指洁傲的高处,她才华横溢,悟性极强,渴望无束的自由与幸福的爱情,但也无法冲破世俗的层层壁障,这种对自由的向往和对情感的追求,少有人懂,就连宝玉有时也不解风情。因而,独处的惆怅时时袭来。

颔联,黛玉酝酿的诗情显得精巧别致,自然流淌。说诗兴来了,就信手挥毫,对月高吟。原诸多版本语为"运秀","运"的动作性更强,把写诗时的灵感勃发表现出来了。后程高本改成"蕴秀",这里的蕴秀更能突出黛玉丰厚的诗书积淀与才学濡染。"噙"字有一种品味的意思,既有品味花香也有品味诗句的意味,这确实是一种很美的意境。"临霜写"为近,"对月吟"为远,这两句将画面描绘得丰富而有层次。诗文至此,更多的是应题使然,还没能体现出黛玉愁怨化于意象、融于意境的主体风格。

颈联的文辞与意境体现了黛玉诗文的主体情思的特色,体验了她对命运深沉的悲叹与哀怨。名为怜花,实则是对自身命运的哀婉。"素怨",体现了黛玉长久地为情所困,为怨所缚,进而难以自拔。宝钗在《咏白海棠》中也写到"日有昏"的素情,但宝钗之情正如海棠的淡然与明朗,即使有愁情也是泰然处之。因此,诗境的反差背后是心境的反差,更是命运悲剧性的反差。"秋心"实为愁,而黛玉内心的愁闷与纠结鲜有人懂,于是愁的悲剧进一步淤积加深。"这种自主意识或曰个性意识的觉醒,才是林黛玉形象文化蕴涵的新质。不管如何微弱稚嫩,也弥足珍贵。那些传统的东西只有同新的素质相结合,才能获得新的生命,强化人物性格主体真正的独立性和独特性。""书中钗黛每每并提,若两峰对峙,双水分流,各极其妙,莫能相下。必如此方极情场之盛,必如此方尽文章之妙。"[①]当然,这满纸的怜怨,其实也是作者曹雪芹的"满纸荒唐言""一把辛酸泪"。

题为《咏菊》,因此,尾联紧承颈联继续抒发哀怨就跑题了。于是,黛玉暂时收拾好自己的愁情,拂去心底的阴霾,让一丝幽光照进心灵。"千古高风"体现了时间的开阔,与颔联空间的开阔相映成趣。虽然黛玉自谦说"我那首也不好,到底伤于纤巧些",但是这首诗有工笔,有写意;有方寸风景,更有天地气象,绵愁而不失坦然。这在黛玉创作的若干诗文中是意境与格调皆高的上乘之作。

### 三、两次评判看李纨

李纨先后两次对海棠诗和咏菊诗的评判都有一致的标准,用她自己的话说,乃是"含蓄浑厚"。从更深处看,含蓄即诗歌意在言外的蕴藉。就咏物诗而言,以物喻人、以物拟人,便显得更为含蓄;而以物喻己、以物拟己,刻画自己外在气质与内在神韵,更见浑厚。因海棠与宝钗的形神俱似,而宝钗的刻画也可谓丝丝入扣,因而,李纨认为宝钗的海棠诗排第一名,是有一定说服力的;而菊则极像黛玉,黛玉的"三菊"诗则将自己的个性特质与内心风貌自然而巧妙地融入菊花之中。因此,黛玉的三首菊诗夺魁,不仅胜在才情,更胜在将自我生命体验的巧妙融合。从写作体验的角度看,李纨欣赏的是真性情与真体验,这一点对于文学欣赏是具有借鉴价值的。

李纨欣赏宝钗的海棠诗,还有更深层次的原因。其实,她应该看到了自己的影子。丈夫早逝,一人独自带着"弱子",母子在贾家的生存是不易的。恪守妇道,矜持从事是最安全的选择。她若是选择改嫁,不仅前程未卜,而且儿子贾兰在贾家势

---

[①] 吕启祥.花的精魂·诗的化身—林黛玉形象的文化蕴含和造型特色[M].北京:蓝天出版社,2006:249.

必更没有地位。于是,做一个贞洁安分的寡母是最理性的选择。而宝钗的海棠诗中的珍重、淡雅何尝不是写的李纨自己呢?因此,读者就不难理解她力举宝钗的诗夺魁的内心想法了。当然,矜持只是其迫不得已的一面,表面"槁木死灰"的李纨,其实内心也燃烧着追求自由、放飞生命的熊熊烈火。这一方面,从她对诗社的热心可见一斑。李纨实为诗社最早的发起人,由于身份的特殊,后来她退于其次而让探春促成诗社,当探春响应她以前的提议之后,李纨也不再矜持,主动提供场地,主动担任评委。如此积极,其实源于她被压抑的春心与诗情再次荡漾。海棠的命题,出自李纨,而且是路上偶遇海棠而突发奇想。此举表明,李纨情思与审美还没有死。或者说,是这一帮年轻的丫头使她的春心死灰复燃。于是,读者便能理解:在宝玉的质疑下,在只有探春的附和下,李纨执意将宝钗的海棠诗定为第一,足见宝钗的海棠诗真是写到李纨的心里去了。

再谈,李纨对黛玉菊花诗的欣赏,可见她对黛玉的超群的诗文才华还是相当欣赏和推崇的。特别是将黛玉的三首诗都放到了"排头",足见她的内心诗情的炽热与率性。纵然此举弄得黛玉都觉得不好意思而谦虚起来。而李纨对黛玉《咏菊》的欣赏,其实也是自我内心诗情复活的体现。黛玉《咏菊》诗的前两联主要体现对诗境的沉浸,正体现李纨孀居孤独而对诗会、对诗境的渴望。与这帮丫头"混迹",暂时沉浸在优雅的诗境中,便能暂时摆脱内心的孤独与世俗的冷眼对自己的束缚。黛玉营造的诗境正是李纨所久久渴望的。黛玉《咏菊》诗的颈联有对愁情的肆意宣泄,这样的意境与情思与宝钗的海棠诗迥异,但这样的悲剧性愁怨何尝不是她最终的宿命,何尝不是贾家的宿命呢?虽然贾家还在盛极之时,而自己的儿子未来可期,但寡妇的孤独是她永远难以摆脱的。生活与情感的需要,自己无法大胆追求,眼前的诗会能延续多久也是未可知量。因此,黛玉的悲剧性的愁情同样映在了李纨的心里,形成了彼时彼地的唤醒与共鸣。

《红楼梦》里有很多诗词歌赋,通过这些诗文的比较,通过语言背后人性的揣摩,读者便能真正走向小说的人物,走进作者的内心。王国维先生曾说《红楼梦》乃"悲剧中之悲剧也"[①]。小说中盛大的诗会,是大观园众女子的梦。这两首诗的背后也藏着三个女人的梦。这样的梦,结局都以"撕毁"的悲剧收场,其背后,乃历史局限使然,个性命运使然。

## 第三节 在纵向比较中豁然

关于小说的整本书阅读,除了进行横向比较外,还可以沿着一条线索进行纵向比较。通过纵向比较,尤其是通过主要人物某一方面的纵向比较,可以探知小说人物的心路历程,更能把握小说的发展脉络,同时理解人物形象的深刻内涵。

---

① 王国维.红楼梦评论[M].北京:中华书局,2004:87.

以《三国演义》中叙写曹操六次落泪的纵向比较为例：一次哭亲人，两次哭对手，三次哭部下。读完《三国演义》，我们都有种感觉，那就是刘备的江山似乎是哭出来的，但仔细研读之下，其实他的老对手曹操落泪貌似更多。纵使被许多人称为奸雄，但是曹操这六次落泪，绝对都是真性情的流露。

## 一、哭父亲

虽然，曹嵩之死变成了曹操出兵徐州的借口，但是人非草木，孰能无情，何况是全家300多口人惨遭屠戮，而且曹嵩曾对曹操起兵给过巨大的资助，可见其父子情深，面对这样的局面，谁都会寸断肝肠吧！儒家对孝道提出了八点要求，首要的是"养亲"，孝道最重要的就是"养亲"，离开了"养亲"，孝便成了空谈。曹操为成就霸业而征战四方，因此无法陪伴父母左右，也不可能让父母随征。因此，从人性的角度审视，曹操是有愧疚的。曹嵩中年时期才得了曹操这个儿子，自然想把曹操培养成才。曹嵩曾花钱买来太尉的职位。太尉一职高于大将军，是东汉时期真正的一人之下万人之上的位置。可惜，曹嵩并没有在这个位置上坐太久，几个月后他就被罢免了。从那以后，曹嵩就回到了谯县老家。曹操的关键阶段的发展与自我的努力和能力有关，更离不开父亲为他奔走拉关系。曹嵩虽然没有多大的政治才能，但是他倾力培养儿子曹操，司马彪对他的评价很中肯，即"质性敦慎，所在忠孝"。对于一步步帮助自己的父亲，曹操在创业之时不能在父亲身边陪伴尽孝，已感愧疚。而父亲并不是生病而死，而是被人所杀，从孝道角度而言，自然情不能已。另一个很重要的原因是"光亲"。封建时代成功的一个重要标准便是衣锦还乡，光宗耀祖。曹操稳定下来之后，便想把他的父亲曹嵩接到兖州来享清福。而父亲竟被人所杀，自然从"光亲"的角度看，这样的打击是深重的。哭乃真哭，但曹操的父亲是被张闿杀死的，他为什么不去追杀张闿，反而要一味地按着徐州打，则是借替父报仇而谋个人大业。此举，是从战略层面考虑的。

## 二、哭典韦

《三国演义》第十六回写到"祭典韦，操亲自哭而奠之"，顾谓诸将曰："吾折长子、爱侄，俱无深痛；独号泣典韦也！"众皆感叹。在曹操一生的六大败仗中，宛城之战可能是他离死亡最近的一次了。这次却是被偷袭，可以说是典韦用自己的命来为曹操续命。最后连尸首都千疮百孔，怎么能不令人落泪，而且相比于单纯的伤心，曹操可能更多的是无尽的悔恨。据《三国志·典韦传》中记载，曹操曾恐吓张绣及其部下，张绣投降之后，在庆功宴上，曹操亲自为张绣及其部下行酒，却又命典韦手持大斧跟随其后，曹操每向一个人敬酒，典韦就举起大斧盯着那个人，自始至终都没有一个人敢仰视的。曹操这么做，摆明了就是在恐吓张绣，而且表现出一副小人得志的嘴脸，是以一个胜利者的姿态对失败者尊严的威慑和践踏。于是，在几十天之后，张绣就背叛了曹操，并将其打败。曹操的痛苦，有对典韦为自己续命的感激，更有自己对张绣迫降方式的悔恨。转投曹操，在曹操征讨吕布时被募为陷阵，表现英勇，被拜为校尉，宿卫曹操。因此，曹操对典韦的信赖，还来自典韦的誓死效忠，而对张绣的疏离，差点要了自己的命。所以，曹操更多的是悔恨，而后来张绣再降曹操，曹操则不计前嫌，实属不易。

### 三、哭陈宫

《三国演义》第十九回写到"操有留恋之意。宫径步下楼，左右牵之不住。操起身泣而送之。宫并不回顾。"操谓从者曰："即送公台老母妻子回许都养老。怠慢者斩。"宫闻言，亦不开口，伸颈就刑。众皆下泪。杀身成仁，也许是陈公台最好的归宿。只能说造化弄人，让这两位曾经一起披荆斩棘、亡命天涯的英雄最终走到了对立面，怎么能不令人心痛！

192年，兖州刺史刘岱在讨伐青州黄巾时战死，陈宫等人主张曹操接任兖州牧，因而被曹操视为心腹，陈宫对曹操也有救命之恩，但此后陈宫因曹操杀害吕伯奢一家人而与其分道扬镳。历史上，陈曹翻脸实为曹操杀害边让等汉末名士。陈宫与曹操反目，并游说张邈背叛曹操迎吕布入兖州，辅助吕布攻打曹操并先后取得兖州与徐州。下邳城中，吕布不听陈宫两面互补之计，以致失败。吕布战败后，随吕布等一同被曹操所擒，曹操一再规劝，但陈宫决意赴死。曹操实不忍杀救命恩人但也绝不能放陈宫到敌方阵营而成为死敌。曹操这痛苦，不但有感恩，也有无法劝降的遗憾，更有对陈宫宁死不从的愤懑。

### 四、哭袁绍

《三国演义》三十三回写到"操既定冀州，亲往袁绍墓下设祭，再拜而哭甚哀"，顾谓众官曰："昔日吾与本初共起兵时，本初问吾曰：'若事不辑，方面何所可据？'吾问之曰：'足下意欲若何？'本初曰：'吾南据河，北阻燕代，兼沙漠之众，南向以争天下，庶可以济乎？'吾答曰：'吾任天下之智力，以道御之，无所不可。'此言如昨，而今本初已丧，吾不能不为流涕也！"众皆叹息。当黯淡了刀光剑影，远去了鼓角争鸣之后，站在袁绍的墓前，曹操可能不是对仇人的蔑视而是对朋友的惋惜吧，毕竟天下又少了一个知己。如果在太平盛世，他们也许能做一辈子的好友，然而却适逢乱世，此时曹操之哭，一是因为，生逢乱世，曾经的同窗、兄弟、盟友，不得不在战场上兵戎相见，于曹操和袁绍，只能说时也命也！还有一层原因就是，曹操的寂寞，一个个对手的倒下，而站着的英雄就会越来越孤独，而这种孤独感是复杂的。既希望灭掉对手，又因对手的消失而渐渐孤独，而曹操内心的苦楚是少有知音能体会的，因此更加郁闷。

## 五、哭郭嘉

《三国演义》突出叙写了曹操哭郭嘉两次。一次是在第三十三回：操到易州时，郭嘉已死数日，停柩在公廨。操往祭之，大哭曰："奉孝死，乃天丧吾也！"回顾众官曰："诸君年齿，皆孤等辈，惟奉孝最少，吾欲托以后事。不期中年夭折，使吾心肠崩裂矣！"悲伤，莫过于功成断膀臂。郭嘉料事如神，但是未能见证曹操定辽东，而从此以后曹操再也得不到郭嘉的辅佐了。于是，曹操的痛苦为失去智囊与亲信的心痛。

郭嘉忠心耿耿，在平定北方的后期，郭嘉由于身体问题，可以说连走路都不能走了，但是为了让曹操在前方打仗能够有一个谋士为他出谋划策，他还是不顾身体，毅然决然地跟在曹操的身边，这也是他后期那么快死亡的一个间接原因。而且他的这种忠心耿耿也是贾诩和其他的谋士所比不上的。不仅如此，郭嘉能够敏锐地洞察到一场战争的先机，或者说能够让已经处于劣势的战争起死回生。这也是为什么曹操每次打仗之前，都要跑过去向郭嘉请教的原因。并且郭嘉对于曹操大后方的事情管理得也是井井有条，他能够让曹操放心地去前线打仗，这是非常难办到的一件事情。因为曹操本身就是一个生性多疑的人，他是不可能把自己的大后方交在一个不信任的人手中，但是郭嘉就在其信任之列。

第五十回"诸葛亮智算华容，关云长义释曹操"写到二哭郭嘉："吾哭郭奉孝耳！若奉孝在，决不使吾有此大失也！"遂捶胸大哭曰："哀哉，奉孝！痛哉，奉孝！惜哉！奉孝！"众谋士皆默然自惭。定袁绍、破乌桓。在曹操的诸多谋士中，郭嘉对时局的分析可以说是最为透彻的了，几乎算无遗策。从偶然性上说，要是郭嘉出谋划策，赤壁之战的结果可能会改变，历史也可能改写。这就是关键人物的作用。奈何英年早逝，如果真如曹操所言，能托孤于郭嘉，而不是鹰视狼顾的司马懿，曹魏天下怎会落于他人之手，真的是惜哉！痛哉！

当站在铜雀台上，俯瞰芸芸众生，纵使走上了权力的巅峰，但对曹操来说可能更加觉得孤单吧，毕竟天下再难有知音！助自己一步步走向权力巅峰的父亲被杀，舍身报恩的典韦死于自己的疏忽，曾经是知己的陈宫与自己分道扬镳，与自己并起的诸雄一个个没落败退，最衷心的谋臣的早逝，对一个热血男儿而言，哭既是真性情的表现，也是笼络人心的需要。但若是以奸臣来定位，则认为曹操的哭都是奸诈的做作，是将曹操认知的脸谱化。"兽性与神性，合起来便是人性"，[①]曹操也有七情六欲，我们阅读需要还一个鲜活的、真实的曹操，而不是固守僵化的认知。

---

① 祁志强.中国文学美学史[M].太原:山西教育出版社,2004:388.

## 第四节　在详略处理中提效

　　整本书阅读,尤其是大部头的整本书阅读,不但考验阅读耐性,而且还需要高效阅读的智慧。整本书阅读,一般不需要从头至尾的精读。在阅读实践中,语文教师需要根据自己的阅读体验和对阅读重点的把握向学生提出可操作性的阅读策略,尤其是详略处理的策略。下面以《堂吉诃德》的阅读为例做具体阐述,该著作是一篇反骑士小说。骑士是欧洲中世纪时受过正式军事训练的骑兵,后来演变为一种荣誉称号,用于表示一个社会阶层。骑士的身份往往并不是继承而来的,中世纪时,骑士在领主军队中服役并获得封地。骑士在战争时自备武器与马匹。

　　在骑士文学中,骑士往往是勇敢、忠诚的象征,每一位骑士都以骑士精神作为守则,是英雄的化身。每当骑士遇到自己无法匹敌的敌人时,往往会带领着自己的队友,喊起:"忠诚——信仰——荣耀——勇气",最后,这些骑士会用自己的生命来保护自己的家园,骑士们永远不会背弃自己的家园,即使代价是死亡。

　　堂吉诃德是一个小乡绅,衣食无忧。由于整天读骑士小说而入了迷,自己也模仿成古代骑士,穿着一套生了锈的破盔甲,骑着一匹瘦马,出外游侠冒险,干了许多荒唐可笑的事情。堂吉诃德干的事虽然荒唐可笑,但我们绝不能简单地把堂吉诃德理解为可笑的丑角,在他荒唐可笑的行动中,有着高尚的动机和崇高的理想。堂吉诃德痛恨专横残暴,反对压迫,同情弱者,维护正义。堂吉诃德和周围世界的冲突实质上是崇高的理想和黑暗现实的冲突。

　　该小说是分为上下两部的鸿篇巨制,那么如何引导学生阅读呢?其中阅读的详略处理问题是无法回避的问题。

　　先谈人物关系阅读详略的问题。该著作大大小小塑造了700多个人物,主角是堂吉诃德(自称是骑士),桑乔·潘萨是他的侍从。堂吉诃德家里有一个女管家和一个外甥女。堂吉诃德村里有两个朋友,一个是神父,一个是理发师。他还有一匹马,叫罗西南多。而在诸多的人物关系中,他和侍从桑乔·潘萨的关系是最为重要的,其他的关系可以从略处理。桑乔·潘萨身上有堂吉诃德的影子,他能主持公道,同情弱者,并仇视与嫉恨不平世道。这集中体现在他当"总督"时所实行的仁政上面。作者在这里告诉人们,一个农民远比那些达富贵人更能治理好国家。如他在一个叫"布拉它留"的"海岛",坐堂审案,对三件案子(一件是裁缝为雇主的纠纷、一件是借钱还没还的纠纷、一件是诬告强奸案)的处理,简直是高明极了。这在昭示了西班牙人民渴望一个良好社会的理想,这只有在人民自己的努力下才能实现。桑乔·潘萨离任时两袖清风,说明他是一个例外的"总督"。堂吉诃德的侍从朴实善良、目光短浅、自私狭隘、胆小怕事,而他这样的个性品质正是堂吉诃德个性品质的体现。但是桑乔也是堂吉诃德的缩影,他重实际,不论堂吉诃德有怎样的臆想,把事情说得怎样玄,他都有自己的判断,一切从切身利益出发,明白客店不是城堡,风车也不是巨人。但他是主人的随从,他不能有拂主人的意志。桑乔既有堂吉诃德渴望良好世风的愿望与善良美好的品性,也有堂吉诃德所不具备的立足实际的精神。可以说,桑乔是作者笔下重要的"次要"人物,这样的人物更能够适应社会,而他也是社会良民的大多数。而堂吉诃德最后醒悟的回归也是对桑乔特质的一种回归。桑乔先生的形象从反面烘托了信仰主义的衰落这一主题。堂吉诃德充满幻想,桑乔则事事从实际出发;堂吉诃德是禁欲主义的苦行僧,而桑乔则是伊壁鸠鲁式的享乐派;堂吉诃德有丰富的学识,而桑乔是文盲;堂吉诃德瘦而高,桑乔胖而矮。桑乔是一个农民,有小私有者的缺点,然而真正把他放在治理海岛(实际上是一个村)的位置上时,他又能够秉公办事,不徇私情,不贪污受贿。后来由于受不了贵族们的捉弄而离了职。他说:"我赤条条来,又赤条条去,既没有吃亏,也没有占便宜,这是我同其他总督不同的地方。"

就一般小说的情节而言,小说的发展阶段是阅读的重头戏,而开头和结尾则显得相对次要。但在这部小说中,开头和结尾同样居于举足轻重的地位。因此,应该详加阅读。而中间部分则是小说的核心,都体现了堂吉诃德的可笑而又可敬的形象,相似的内容倒可以进行选择性略读。

作者开篇给我们介绍的堂吉诃德是一个老天真、老糊涂,50多岁了,竟看骑士小说入了迷,"不仅变卖了好几亩耕地去买书看,还要去做个游侠骑士,披上盔甲,拿起兵器,骑马游世界,到各处去猎奇冒险,把书里那些游侠的行事一一照办"。他刚一活动,就展示出他性格的一个基本层面:单纯无知,天真幼稚。他单纯在缺乏头脑,对书上的东西不加鉴别,一概当真;他幼稚在处理事情像孩子,只注重事物表象而无视其实质。他把一切都看得简单,想得简单,对自己估量得简单,对现实的认识也简单,以为凭他匹马单枪就可扫尽世间的丑恶与不平,他总是沉浸在天真的幻想当中,现实生活里出现的一切人为的假象,都能哄得他当真,即使这些假象被当场戳破,他也不愿正视,就像小孩对自己编织的想象毫不怀疑一样。

后面故事情节的发展都是他这一特点的具体演绎,而这种演绎有的可以略读,有的可以详读。这样的详略处理并不影响小说的阅读质量与效果。

小说的结尾,写堂吉诃德返回乡里,刚一进村便突然病倒,等他醒过来的时候,神智也清醒了,恢复了正常人的意识,承认自己不是堂吉诃德而是善人吉哈诺,痛骂了一顿骑士小说,并且立下三条遗嘱:一是过去付给桑乔的一笔钱,都不用算了,花剩下的都给他用,因为这个人心地纯良,做事忠实;二是遗产全部归甥女,但如果嫁人时,那个人要是读过骑士文学,就不要嫁给这样的人,遗产全部收回,拨给宗教充做宣传费用;三是向以他为题材的作者致歉,令其写出了这部荒唐的书,自己为此有良心负担。立完遗嘱,堂吉诃德又昏昏醒醒了三天三夜,最后,这位骑士便安心地死去了。所谓的反骑士,不断显示过程骑士的荒唐,也反映在结尾的醒悟后与骑士划清界限的决绝上。由于当时资产阶级刚刚萌芽,在西班牙的出路还很模糊,因此作者能看出旧的怎样死去,却不知新的怎样出生。因此,在他看到游侠骑士不能丝毫解决社会问题,社会还是照样不合理时,他的人文主义不禁也感到迷惘而怅然了。因此,堂吉诃德的行侠仗义越接近尾声时,作者对他的行为就越同情,使人觉得这位骑士的一生,虽然没有足以不朽的业绩,却有一种伟大的精神。所以,堂吉诃德的死,从宣判了骑士文学的死刑方面说,是人文主义的欢欣;而从作者与堂吉诃德一起经历的用骑士精神去反对封建阶级和市民阶层的庸碌自私而终无出路来说,又是一种悲剧的收场。堂吉诃德的死是旧的无路,并不是新的诞生,身后的世界向何处去还是一个真正的问号。

再谈谈小说主体部分的阅读着力点的问题。《堂吉诃德》是一部现实主义题材的小说。小说主体部分写主人公的体验用了大量的玄幻的夸张和想象的笔触,但本书并不是非现实主义的作品。因为小说描写的社会现实还是具有当时西班牙社会普遍存在的真实现象的。而在此以前的骑士小说多是编造的奇幻的故事,脱离了真实的生活。堂吉诃德纵马江湖的奇幻想象,实际上是主人公的理想主义在现实中的处处碰壁,最后的醒悟,既是主人公对现实的妥协,也是作者在黑暗中迷茫求索而不得的妥协。就如同小说"呐喊"过后的"彷徨",是英雄的悲剧,更是时代的悲剧。因此,阅读的重点还是要放在现实层面。如小说塑造的700多个人物,以及他们所代表的不同的社会阶层与呈现的社会状态。如小说的第五章"我们这位骑士的灾殃",其中用大量的笔墨写了主人公的幻想世界,实则是对现实世界的无视和否定。阅读时既要看到虚幻,更要看到现实,那就是现实的黑暗与了无生气。而农夫的表现以及主人公家人和曾经的友人,又构成了现实世界的一部分。因此,阅读的重心还是落脚在现实上,落脚在作者与主人公对沧桑现实的忧患与痛恨上,而不是主人公虚幻想象表面的有趣上,这也是这篇现实主义题材小说真正有价值的地方。

阅读的语感,往往在略读中形成"直觉的把握"[①],而在细读中慢慢形成的深度的领悟。在重点的地方详读,在特别与变化之处研读;在一般的地方略读,在相似的地方跳读。在教师引导下,学生对整本书阅读的详略处理会逐步形成适合而富有个性的处理方式,并逐步形成良好的阅读习惯。如此,整本书阅读的效益必然会得到提升。

---

① 董蓓菲.语文学习心理学[M].北京:北京大学出版社,2015:168.

# 第五章

# 会心：以"最近发展区"观实现课内阅读提升

维果斯基的"最近发展区理论"认为，学生的发展有两种水平：一种是学生的现有水平，指独立活动时所能达到的解决问题的水平；另一种是学生可能的发展水平，也就是通过教学所获得的潜力。两者之间的差异就是最近发展区。教学应着眼于学生的最近发展区，为学生提供带有一定难度的内容，调动学生的积极性，发挥其潜能，超越其最近发展区而达到下一发展阶段的水平，然后在此基础上进行下一个发展区的发展。用积极心理学视野去审视心理最近发展区，正是激发学生有效学习的最佳的心灵临界点。把握这个点，阅读教学就是有效的。在贴近现有语言能力基础上审视文本语言，尝试用改读法搭建从现有认知到文本见识的桥梁，通过"陌生化"语言提升文本的表达层次，依靠阅读层层推进最近发展区的最远点，采用还原诗境的方式拉近读者与诗歌人物的情思距离，还可以让文言文以更亲和的姿态走近学生。阅读的最近发展区可提供阅读素养发展的方向与可能，而实现这一"可能"便是阅读教学功德无量的启蒙。

## 第一节 基于现有能力基础审视文本语言

语感的培养需要咬文嚼字，而咬文嚼字的背后，则需要细腻敏锐的语感支撑。阅读中的咬文嚼字是语文教学中"语文味"最基础、最重要的体现。对经典文本的咬文嚼字，需要建立在学生已有的语言基础上，若文本语言超出了学生的语言基础，或者教师对咬文嚼字的理解超出了学生语言及理解的基础，学生便难以形成语言的建构与发展。

对课文文本的咬文嚼字，更多的是学习语言的规范与修辞的效果，进而优化发展自我表达的语言体系。当然，能像啄木鸟一样啄出问题，则能有效激发学生咬文嚼字的意识，极大地发展已有语言能力。现以《咬文嚼字》一文中的"咬文嚼字"为例，该文是现代著名学者朱光潜的代表作。在教学中，我带领学生通过对文本的"咬文嚼字"，发现本文在措辞用语上有几处值得商榷。

1. 关于"你这"的句式。

文中,通过郭沫若先生受一位演员的提醒,将剧本《屈原》里婵娟骂宋玉的话"你是没有骨气的文人"中的"是"改为"这"。对于这一修改,作者表示赞同,但将"你有革命家的风度"中的"有"也改为"这",作者不予认同,除了语法上的问题,作者还总结出"'你这'句式,大半表示深恶痛绝,在赞美时便不适宜"。对此就有学生提出"你这机灵鬼,主意想得不错呀"中的"这"就有赞赏的意味。后来,我引导学生将"你这"后面的词语继续改写,看能不能再找到句中的"这"仍含有赞赏之意的。结果发现,"你这"之后还可以跟"小家伙""小淘气""小冤家"等等,其中都带有"似厌实喜"的意味。细细研究,与"你这"后面跟的词语的感情色彩有关,若是贬义,那么"你这"的句式便表示厌恶甚至深恶痛绝;若是出现"小""鬼"等暗含喜爱之情的字眼,那么,"你这"的句式便带有"厌"中含"喜"的味道。

2. 关于"石"字的增删。

文章论证"在文学,无论阅读或写,我们都必须有一字不肯放松的严谨"这一论点时,作者列举了《史记》中李广射虎一段:"广出猎,见草中石头,以为虎而射之,中石没镞,既知其为石,因更射之,终不能复入石矣。"作者认为王若虚在《史记辨惑》中说它"凡多三石"不妥,并通过逐一的分析品味提出这"三石"若少,思想感情均发生了微妙的变化。我认为,王若虚第一个"石"的删除,从文学的角度看还是改得成功的。"以为虎而射之"或"尝见草中有虎"均不带"石",读来富有"小说"的悬念之感,若一开始便知是石,李广不会射,读来,也会觉得平淡无奇,索然无味。而《史记》被鲁迅誉为"史家之绝唱,无韵之离骚",若删去第一个"石",确实增加了文学的悬念,可读性也会增强。因此,从悬念感的想法来看,王若虚对第一个"石"的删改不无道理。

3. 关于"联想"的意义。

在肯定了文学中联想的积极意义之后,作者便指出了"联想"的"流弊",也就是所谓的"套板效应",如美人都是"柳腰桃面""王嫱、西施",才子都是"学富五车,才高八斗"。关于"联想"《现代汉语词典》(第六版)的解释是"由于某人或某事物而联想起其他相关的人或事物;由于某概念而想起其他相关的概念"。常见的有如下几种:(1)相类联想,指同类事物间的质同联想;(2)相似联想,指两种不同的事物,因在某一点上有所相似而展开的联想;(3)相反联想,由事物间具有的相反的特点而引起的联想,也叫对比联想;(4)连锁联想,从已知的信息,联想到某一观点,然后由此及彼地联想下去,思维流向随之一层一层向纵深发展下去,就是连锁联想;(5)变形联想,从原信息点出发,合理地增加一些与它有关的信息材料,来诱发思维、拓展思维的又一种心理过程。"都是"强调的是"套路"思维,呈现的是"刻板"的表述。而"联想"则因人而异,因境有别。若都是人、事、物、意"一对一"的思维链接,最多可成为简单的、粗浅的、直接的"联系",而不是较自由的"联想"。因此,我认为,这里将"套板"的问题归结为"联想"的"流弊"显得欠妥。

还要补充的是,作者由"你是个好小子,出来动一动你茗大爷!"这一句总结"你是"可能含有假定语气,也带一点"你不是"的讥刺意味。我认为这一句除此以外还有"挑衅"的味道。

附:部分教学实录

关于"你这"句式

生:我对文中"你这"句式的总结有不同看法。

师:说说你的看法。

生:作者总结出"'你这'句式,大半表示深恶痛绝,在赞美时便不适宜"。这样的总结有失偏颇。比如,我常对我的小表弟说:"你这小淘气,又要什么鬼点子?"这里称"你这",我的心里感觉应该是又爱又气的。

师:有理有据,有说服力。谁再补充?有别的例证吗?

生:"你这机灵鬼,主意想得不错呀!"这句话则是对面前孩子亲和的称赞。

师:这句话包含讨厌的意味吗?

生:完全没有。

师:谁来针对刚才的两个例子进行总结?

生:当"你这"使用的对象是孩子时候,有可能包含爱意。

师:"有可能"说得准确。有没有其他情境也包含爱意的。

生:一个年轻女子爱上了单位的男同事,女的常常暗示,可男的就是不解风情。于是女的轻声自言自语:"你这'呆子'!"

(师生情不自禁地笑了起来)

师:你的情商很高啊!前面举了孩子和年轻人的例子,能不能举个老年人的例子?

生:爷爷常会到河边钓鱼。有时,下雨天也去。每每此时,奶奶总会微笑着对爷爷说:"你这死老头子,就是闲不下来!"

师:"微笑着",其实已经透出了奶奶的情感。这个例子有生活感,很好!同学们再回看课文,作者围绕这个问题举的例子错了吗?

生:不错。

师:文中,通过郭沫若先生受一位演员的提醒,将剧本《屈原》里婵娟骂宋玉的话"你是没有骨气的文人"中的"是"改为"这"。对于这一修改,作者表示赞同;将"你有革命家的风度"中的"有"也改为"这",作者不予认同。这里作者的判断是没有问题的,关键是总结还不够全面,没有考虑到我们刚才遇到的情况。谁来总结一下?

生:与"你这"后面跟的词语的感情色彩有关,若是完全是贬义的,那么"你这"的句式便表示厌恶甚至深恶痛绝;若是出现"小""鬼""呆子""老头子"等暗含喜爱之情的字眼,那么,"你这"的句式便带有"爱"的味道。

生:与"你这"相关的"你是"句式,我要补充。作者由"你是个好小子,出来动一动你茗大爷!"这一句总结"你是"可能含有假定语气,也带一点"你不是"的讥刺意味。我认为这一句除此以外还有"挑衅"的味道。

师:这个补充符合生活情境人物心情,有道理。

关于"联想"的意义

生:在肯定了文学中联想的积极意义之后,作者便指出了"联想"的"流弊",也就是所谓的"套板效应",如美人都是"柳腰桃面""王嫱、西施",才子都是"学富五车,才高八斗"。我认为这不是"联想"的流弊,而是思维"定势"的流弊。

师:能说说"联想"包括哪些类型吗?

生:关于"联想",我进行百度搜索,查到联想的不同类型,包括相类联想、相似联想、相反联想、连锁联想、变形联想等多种类型。上述问题归罪于联想,我觉得不妥。其实这些问题往往是由低端层级的联想导致的。

师:这个问题,用四个字概括一下。

生:以偏概全。

师:前面关于"你这"句式的判断,也存在这样的问题。这便是实实在在的批判性阅读。当然,不能因为这样的细节争议,我们就完全否定朱老的这篇文章,否则又犯了"以偏概全"的错误。当然,朱老已经过世,无法和他商榷,但我们希望教材编者能听到同学们的声音。老师更希望同学们将"咬文嚼字"继续下去,不管是谁的文章。"要读出别人,亦不能迷失自我",当然,还得有理有据。

课文《咬文嚼字》通过实例来说明咬文嚼字的道理,从而展现了汉语博大精深的魅力。然而,正因为汉语的博大精深,措辞用语难免会出现偏差。因此,郭沫若与王若虚在语言实践中的问题也情有可原。朱光潜在我国现代美学与文艺理论领域的建树不容置疑,其作品中的疏漏也是瑕不掩瑜,此作中表达的疏漏本不值得大惊小怪,但作为高中必修教材的文本就得"咬文嚼字"了。教学中,这样的"咬文嚼字"是基于学生原有语言能力的咀嚼与玩味。在语言能力最近发展区的实践,学生力所能及,并且使得语言素养在建构的基础上提升到一个新的发展区。当然,这样的阅读引导应适可而止,若超出了学生的语言能力范围,强求学生质疑经典文本的语言表达,就使阅读教学陷入了"死胡同"。

## 第二节　搭建现有认知到文本见识的桥梁

阅读见识的增长,需要在现有认知与文本见识之间搭建沟通的桥梁。在阅读操作中,这个桥梁是多种多样的,而其中有一种"改读法"极具实用价值。俗话说"好文章是改出来的",而经典的课文通过"试改"的方式进行阅读是一种颇为有效的阅读方法。教学中,我尝试对《皇帝的新装》一文采用"试改—比照—品析"的改读法,通过"删""简""移""换"等试改,进行"改文"与"原文"的比较阅读,注重"发展意识""文本意识""整体意识",贴近童趣,发展童真,涵养童心;以童话为文本,提高学生的阅读素养;以童话为镜子,增强对社会现实的对照反思,有效地引领了深度阅读。改读法从本质上看,就是尝试用改读法搭建从现有认知到文本见识的桥梁,以此来发展学生的阅读认知。

### 一、注重整体,巧妙切入

课堂上,教者没有耗费大量的时间进行零散肢解式的泛读,而是彰显整体阅读教学的基本理念,而这堂课,在初读文章的基础上,教者以"改读"为切入点,从"删""简""移""换"四个角度来品味童话文本的语言、人物、情节、主题等要素,从整体上把握文章的特色与内涵。这种手法新颖、主题鲜明、线索清晰的阅读教学不但便于操作,而且学生参与的目的性更加明确,收获与体验也更加具体实在。

### 二、紧扣文本,多重品读

阅读教学实质上就是文本教学,童话教学也是如此。"扩写、续写"是阅读教学的一种辅助手段,情境表演是对人物品性、主题情感加深理解的一种形象措施。片段表演可以穿插在阅读教学中进行,完整剧情的表演可以在课文阅读教学之后。初中童话课堂教学的大部分时间和主要精力还是应该放在对文本的分层阅读上。这堂课主体部分便着眼于文本,循序渐进地实施探究性阅读,如品味意韵丰富的词句、理解奇幻绝妙的夸张和想象、揣摩极富创意的构思布局,等等。课堂上,教者紧扣文本,通过改写与原文进行对照,充分有效地引领学生走进内涵丰富、余味无穷的童话文本,去品读,去揣摩,去领悟。

### 三、提升素养,促进发展

一些童话教学的课堂往往让人感到表面的热热闹闹,而课堂讨论的问题几乎没有什么思维的跨度和深度,甚至有的问题老师还没说完,许多学生便能脱口而出。对精彩语句的欣赏往往也都浮于表面,文本教学草草收场。下面这堂课,教者带着学生走进童话,通过改读、比照、辨析、领悟,深入挖掘童话的丰富意蕴语言和精妙的创意。最后启发学生走出童话,形成文本与现实社会进行对照反思的意识,促进阅读素养的内涵发展。

"改读法"不仅仅适用于童话阅读教学,而且对于其他文学类文本的阅读教学也颇具有效和有益的借鉴意义。长此以往坚持演练,学生对文本蕴藉隽永语言的感悟能力、对精巧高妙构思的分析能力、对精彩深刻立意的理解能力便会逐步发展,阅读素养便能实现质的提升。

附:教学实录

#### 一、背景导读

人们上当受骗,往往开始时总是蒙在鼓里,到最后才恍然大悟。可我们相信有些人一开始就清楚被骗,却情愿装作蒙在鼓里吗?(部分学生点头,部分学生摇头)

让我们一同走进安徒生的《皇帝的新装》结识一下这些人!

(学生交流课文与作者的相关背景资料,教者做必要的补充。)

生:(结合课本注释和课外信息搜集,介绍作者的主要背景资料。)

师(补充课文背景):这篇童话写于1837年,当时,处于北欧的丹麦还是君主立宪制国家。丹麦被英国战败后成了附庸国,丹麦人民深受本国封建阶级和英国资产阶级的双重剥削,过着饥寒交迫的贫苦生活,而封建统治阶级则穷奢极欲,挥霍无度……

就在这样的社会土壤里,一出闹剧上演了。

**二、整体通读**

(一)请学生用简洁的语言概括这则童话的主要内容

生:(复述童话,耗时较长。)

生(点评):刚才的概括语言流畅,但是太具体,不够简洁。

生:这则童话讲述了皇帝、官员和百姓因愚蠢、虚荣而被骗的全过程,展现了一位孩童的纯真、直爽。

师:一句话,简洁准确;"一位",充满褒扬,用得好!

(二)理清文章的线索

生:以新装为线索(皇帝爱新装—骗子做新装—群臣看新装—皇帝穿新装—小孩揭新装)

师:这是一条物线,能否换个角度用一个字来表述呢?

生:骗(骗子行骗—众人情愿受骗—小孩揭穿骗局)

**三、共同改读**

师:今天,老师和同学们共同研究是一种全新的阅读方法——"改读法",即在粗读课文的基础上,通过对部分内容及构思尝试改动,然后去比较、体味,从而对人物、主题等形成准确、细腻、深刻的理解。(学生兴致大增)

(一)删

师(示范):骗子宣扬新装的奇怪特性怎样?

生:任何不称职的或愚蠢得不可救药的人,都看不见这衣服。

师:"或愚蠢得不可救药的"这一部分能否去掉?为什么?

(同桌讨论—集体交流)

生:不能,这一部分特性可以检测人们的愚蠢度。

生:更重要的是,称职与否是针对皇帝和官员的,愚蠢与否可以考验皇帝、官员和百姓等。这充分显示了骗子骗术的高明。

师:骗子骗术的作战范围真广。(生笑)同学们这样删除可行吗?(众人齐声道:不可行。)不过这一删改却让我们领会了关键语句的深刻内涵。(请学生齐声朗读)咱们试着删一删,然后体味一下差别,好吗?

(学生独立思考,然后分组讨论。)

生：我们小组尝试把第一段中的第二句进行删除。

师：这一句采用的是什么手法？

生：对比。

师：删除之后，开头还完整吗？

生：完整。

师：这样好吗？

生：不好，缺少了对比，就不能很好地突出皇帝对新装的酷爱了。

（二）简

师：皇帝派诚实的老大臣之前，心理经历了几次变化？

生：很想知道—不大自然—相信自己—先派人去看比较妥当。

师：这一段心理描写简述成"皇帝决定先派诚实的老大臣去看衣料"，效果如何？

生：这样简化处理不能形象细腻地突出皇帝虚伪狡诈的本性。

师：谁来揣摩一下皇帝的心理并进行朗读？（生1朗读—师点拨"相信自己"要读出皇帝给自己打气的感觉—生2再读）再来尝试简化处理吧！

生："那些托后裙的内臣都把手在地上东摸西摸……"如果改成"群臣在皇帝的后面装模作样"群臣的愚蠢和丑陋形象就不够具体鲜明了。

师：原文采用什么手法？

生：夸张。

师：夸张都是通过想象展现的。现实生活中可能出现这样的场景吗？（学生齐声说：不可能。）这完全是虚构的吗？

生：这让我联想到现在一些耀武扬威的官员出行，后面总跟着一大群巴结奉承的人。

师：是的，这篇文章之所以历久弥新，因为它不但幽默地揭露了当时社会，而且它能跨越时空，诙谐地影射世界，观照当代。（生3揣摩朗读—学生齐读）

（三）移

师：把看新装时第二位大臣的具体表现移到第一位大臣那里，行吗？（学生在安静地独立思考）可以从两人性格的细微差别上考虑。

生：不行，"愿上帝可怜我吧""眼睛越睁越大"都表现出第一位老大臣本性确实具有善良、诚实的一面，但是最终败给了自私、虚伪、愚蠢的另一面。而第二位大臣的诚实度要低一些，他思想斗争的时间较短，程度不够激烈。

生：第二位无须两个骗子"辅导"便能在皇帝面前大肆吹嘘。他相对狡猾一些。（生笑）

师：老师想请同学们演读这两位大臣心理活动的语句，注意揣摩人物的神情动作。

（四名学生演读，第一位揣摩朗读很准确，后三位朗读时神情动作一个比一个到位、精彩。）

（四）换

师：如果不让两位诚实的大臣先去，而是让其他的官员先去，妥当吗？

生：（思虑片刻，跃跃欲试）：不妥，虽然让其他的官员先去，他们在皇帝面前肯定也是谎报实情，而且会将莫须有的布料夸得天花乱坠。但是皇帝肯定以为那神奇的布料是确实存在的，而且他非常想知道布料的色彩和花纹究竟如何精美，可又怕自己和其他的大臣看不到，于是才先让两位诚实的大臣去。（掌声）

生（高高举手）：文章结局，如果小孩也跟着撒谎，我感觉很有意思。这种改法虽然能够突出丹麦当时整个社会的虚伪欺诈之风，但这样却不合情理。因为孩子受恶浊社会的影响不深，纯真的天性应该会使他直言不讳。

生：我认为孩子说真话也寄予了作者对光明未来的一点希望。

师：另外，这也是作者对我们读者的殷切期望，诚信的天空需要我们青少年勇敢撑起。

生：老师，前面的改动都比原文逊色，我改动一处可能比原文精彩。

师：我们洗耳恭听！

（学生的目光都聚焦到了发言的同学身上。）

生：文章第二段骗子说"他们能织出人类所想到的最美丽的布"改成"所想不到的最美丽的布"会更具有欺骗性。

师：谁来评价？

生：因为他们的布根本不存在，所以这样说更夸张，更有诱惑力，更具欺骗性。我认为改得很好。（掌声如潮）

师：老师事先也没有想到，你真的很棒！

**四、尝试改读**

师：前面，我们共同进行了"删""简""移""换"等形式的改读训练。接下来，请同学们放开手进行改读训练，然后，我们再作交流。

（学生进行改读思考、讨论，教师巡视释疑。）

生：假如文章结尾将小孩的直言不讳的部分删去，皇帝的丑态刻画就不太鲜明了。

师：除了皇帝的丑态刻画不太鲜明，还有谁的形象刻画不太鲜明？

生：围观的大人们。

师：这里采用了什么手法？

生：对比。

师：如此一来，真假、美丑展露无遗。同时，这里的"童真"也是童话的重要特点。

生：假如文中的新装不是空无一物，而是一套劣质衣服。这样写文章的主题就不深刻了。

师：原文用了什么修辞手法？

生：夸张。

师：是的，这也是童话重要的写作特点，看似荒唐的设计里面寄予了作者辛辣的讽刺。

**五、拓展延读**

师：课外，同学们还可以继续对其他文章进行"改读法"阅读尝试。妙手偶得的成功会让我们品尝激动，通过一点点"改动—比照—品析"更会加深我们对文本语言、主题和构思的深入理解。

改读，主要是通过对经典作品的关键细节部分的改动，通过改动前后细节的比较，从而发现经典作品关键细节的妙处。当然，也可能出现学生改动较成功的例子，这样会进一步激发学生运用改读法进行经典阅读的兴趣。鲁迅小说《祝福》是一篇经典小说，传统的教学更多的是敬畏式的膜拜解读，似乎小说中每一处细节都是不可测的"深渊"。如此教学，学生往往对鲁迅的作品也是敬而远之，心理距离始终难以拉近。课堂上，我采用改读法。通过对部分细节的改读尝试，可谓一石激起千层浪，学生对改读尝试欲罢不能。

示范：……"你放着吧，祥林嫂！"四婶慌忙大声说。她像是受了炮烙似的缩手，脸色同时变作灰黑，也不再去取烛台，只是失神地站着。（节选自鲁迅小说《祝福》）

"变换"示例——"炮烙"：若是换成"被烫"，意思相近，都形容快速缩手的情态，但是，内涵相差甚远。被烫仅仅会有本能反应，而"炮烙"则有通过最后的努力——捐门槛都换不来宽恕，感觉被宣判死刑，心灵绝望崩溃之意……

"调序"示例——"缩手"与脸色"变灰"，顺序不能调换，作为观察者，感觉上先见动作然后看到脸色的变化……

"省略"示例——"失神地站着"，若省去，就不能突出祥林嫂手足无措、无处容身的内心感受了，进无路，退亦无路……

通过改读尝试，学生慢慢走近人物的内心，走进文本的内核。渐渐地，学生对看似晦涩的鲁迅小说慢慢尝试着走进，慢慢亲近，阅读见识也在不知不觉中成长了。当然，拓展学生阅读见识的阅读方法有很多，而改读法可以成为学生进行经典阅读时的常用读法。

## 第三节　以陌生化语言品味实现阅读掘进

文学创作中的"陌生化"，就是对常规的偏离，造成语言理解与感受上的陌生感。这一概念是俄国形式主义批评家什克洛夫斯基提出的，这个理论强调的是内容与形式上违反人们习见的常情、常理、常事，同时在艺术上超越常境。陌生化的基本原则是表面互不相关而内里存在联系的诸种对立和冲突造成了陌生化的表象，给人以感官的刺激或情感的震动。这一陌生化，既是此文本语言与彼文本语言特质的陌生化,也包括文本语言与学生习惯的言语认知体验的陌生化。这一陌生化便是学生已有言语习惯与文本陌生化语言的发展区,而阅读教学要做的重要工作就是尽可能提升学生读写的表达层次,至少是加强对这一陌生化表达的理解。

以汪曾祺先生小说《鉴赏家》为例,从小说的三要素角度审视,文章没有跌宕起伏的故事情节,环境描写也相对简略,最突出的就是人物描写,而对人物的特质的描写则采用了陌生化的手法。说全县第一个"鉴赏家"是叶三。这个"鉴赏家"的头衔,初读时,读者一定觉得言过其实,很夸张。

且看课堂教学片段。

师:觉得这个"皇冠"太重了吧!我们来试着减轻他的重量。"鉴赏家"再轻一点,该怎么表达?

生:"鉴赏家"降一个层级是"鉴赏者"。

师:如果不常做呢,可以去掉——

生:去掉"者",变成鉴赏。

师:对。

生:鉴赏,对于没有专业知识的普通人而言,难度依然不小。

师:再降。

生:欣赏。

师:对于一个没什么文化水平的果贩子,一般连欣赏都做不到。

生:可以改为"看看",从"欣赏"到"看看"则又是更低的层级了。

对一个果贩子如此拔高,显得很"陌生"。再说哪个"鉴赏家"叫"叶三"的,就好像是"张三""李四"之类的称呼。由此可见,文章首段就将"陌生化"的表现手法在平静的叙述中掀起波澜。

再看这个果贩子卖果子的方式也呈现与众不同的"陌生化"。他"不是开铺子的""不是摆摊的""也不是挑着担子走街串巷的",这就奇怪了,卖果子挣钱,这不是常规的途径吗?但是,按照预约送果上门,这样的果贩子很是独特。不仅如此,叶三也不像别的果贩子主要为了挣钱。儿子勤快能干,家庭生活富足,可见这个老头应该是衣食无忧的,但他却还要吃辛受苦贩卖果子,而且坚持"三不":不短秤、不掺假、不过时。他究竟还有什么情怀?他究竟图什么?

这样一个特立独行的果贩子和同样特立独行的画家季陶民可谓惺惺相惜,叶三情愿送水果给季四太爷一个人。而全县也只有叶三一人真正懂季陶民的画,这似乎不可思议。果贩子不务正业,迷上了高雅之士作画。大画家竟然将不入流的果贩子视为知己,这不但呈现的是"陌生化",而且让人难得其解。"凡是叶三吸气、惊呼的地方,也正是季陶民的得意之笔。"叶三说出"紫藤里有风""红花莲子白花藕",这就是很专业的鉴赏,但其背后是叶三真实而鲜活的生活体验,而艺术源于生活。与其说季陶民对叶三的欣赏,倒不如说他是选择对自然生活的回归。

再看,叶三对季陶民赐画的态度,也绝非一般势利苟且之人所为。"一张也不卖""不卖""不卖",叶三对季陶民的画是如此珍惜,与其说叶三是对季陶民画的珍惜,还不如说是对自我人格的敬畏。果贩子叶三真正的人文价值在季陶民那里实现并得到极度的尊重,这是对他平凡人生最大的肯定,或者说这是叶三生命真正的意义所在,这是用卖果子得来的微薄收入所无法衡量的,这是江淮水土孕育的百姓淳朴特质之外的可爱的人文气息。结尾写到其儿子把所有的画都放进了棺材,这一举动,在世俗人的眼里是愚蠢的,价值连城的画就这样被永远掩埋到棺材里了。在教学这一课时,课上也有学生提出会有人盗墓的问题。我看还是不被盗的结局更符合汪曾祺乡土小说的文化气韵,就如同汪曾祺的老师沈从文小说《边城》里当兵的并不是那个时代"兵匪"样子,故乡在汪曾祺的笔下已经被抹上了一层看不清但确实存在的人文薄纱。

汪老想展现人性世界和理想世界的温暖。鲁迅写作更多的是向恶而善,汪曾祺写作则向善而善。我们需要拿着投枪匕首的鲁迅,也需要抒写温暖人性世界与理想世界的汪曾祺。不仅仅是温暖,还有文雅,哪怕是最底层的小人物,都有对文雅的追求。叶三赏画、藏画,侯银匠孤独时吟两句似是而非的小诗,这是另一种温暖,这是"最后一个纯粹文人"的温暖。这样"陌生化"的人文表达在汪曾祺的作品中俯拾皆是:《受戒》中小明子,当和尚受戒,但却和小英子谈恋爱;小英子,在"荸荠庵"这一庄严肃穆的地方,她却大喊大叫;《异秉》中王二,是个卖熏烧的,常常听书;《鸡鸭名家》中的陆长庚,通鸭性,能把散了的300多只鸭子轻松地聚在一起,望一眼就能估算鸭子数量,望一眼就能辨认出鸭群中有一只被裹来的老鸭。

经典课文,具有相对的恒定性,于是,许多教师便用恒定的教案去教老课文,一年又一年,一遍又一遍。如此教师的教学缺少了鲜活的因子,课堂教学更多的是程式化——走完过程而已。教师这样的教学状态是极易传染学生的,加之缺少与时俱进的新鲜解读,学生对经典课文的学习往往也是"近而远之",难以产生真正的阅读冲动与深度阅读的欲望。可以这样说,用一成不变古板的老法进行阅读教学,对教与学而言都是一场灾难。文本教学不但要注重累的教法,还要注重特定作家"这一种""这一个"的陌生写法,老课文也要教出新意,让学生学得鲜活。

我们再来看萧红的一篇散文《春意挂上了树梢》,其描写的"陌生化"用得非常突出,其主要表现为反差呈现。刚读到这篇文章的题目,读者会感觉有一种轻松之美,暖暖诗意,我们立刻想到学过的朱自清的散文《春》。但随着阅读的深入,会感觉和预料的恰恰相反,这是完全陌生化的春意。三月花还没有开,人们嗅不到花香,只是马路上融化了积雪的泥泞干起来。春末了,关外的人们才知道春来。

春是来了,街头的白杨树蹿着芽。"蹿",为刚出芽,怎能说"挂"这样茂盛呢?文章还有一处写到树芽"夜的街,树枝上嫩绿的芽子看不见",这里就有反差。为什么不直接反复一下,而将芽的背景改在夜里?这都是用暗色调来写春意。

我们再看看对人描写的反差,文章刻画笔墨最多的是写汪林。

且看以下相关教学片段。

生:"有人撞了我一下",一个小姑娘在那个年代用"撞"表示亲密,这是反差。

师:再找。

生:再如"世界上这一些不幸的人,存在着也等于不存在,倒不如赶早把他们消灭掉,免得在春天他们会唱这样难听的歌。"这句话可以认为是汪林的潜意识。

生:"吸着一支烟卷",这个举动太前卫了。

师:那一带的不少女性就有抽烟的习惯,但一个小女子这样,确实让人一时难以接受。

生:"她又换一套衣裳""夹着一封信",这些,完全不是我们想象中的儒雅姑娘的形象,同时也超出了东北姑娘大方的一般范畴。

生:"用俄国话和他们笑了一阵",如此小资情调的年轻人,没有丝毫亡国奴的激奋,有的只是个人的小生活。

课堂上,我再引导学生看看社会底层的普通人:"吃着个烂梨""一条腿和一只脚肿得把另一只显得好像不存在似的""瞎人他摸不到春天""坏了腿的人,他走不到春天""他有腿也等于无腿"。"老头子,孩子,母亲们"这三类人都是弱势者。写母亲,后面还加上"们",这跟作者自幼缺失母爱有极大的关系,这样的称呼也体现对女性的悲悯。而孩子应该是最让作者痛心的,孩子是未来的希望,但如此境况下,如此家庭的孩子,很难看到希望——看不到春天。

"快乐的人们,不问四季总是快乐;哀哭的人们,不问四季也总是哀哭!"强烈的陌生化的反差也体现了作者面对此情此景的愤懑与迷茫。

文学作品中的陌生化的手法,主要是通过反差性的"陌生"语言来呈现人物或环境的独特性。使得"这一个"在社会与人群中显示出与众不同的特质,同时在众多文学作品同类题材中也能呈现出类拔萃的特质。在阅读教学中,教师需要抓住这一特质,引导学生从语言陌生化的外壳入手,一步步切入语言的内核和文章的内蕴,进而提升自我理解与言语表达的层次。

## 第四节　让递进设计延伸阅读体验的远点

阅读教学,由"参本"(以宣讲教参为本)到"师本"(以教师阅读理解为本)的转向,是教的进步;由"师本"向"生本"的转向,则是学的进步。而在"生本"阅读教学中,着眼于"本心"(以学生的心灵体验为本),则是阅读教学核心价值的体现。关于阅读教学的"生本"实践,语文教师关注的多是学生显性"表现"——回答老师提问是否积极?小组讨论是否热烈?导学案做得是否正确?而对于学生内在的心理体验与需求、心灵涵养与发展,则普遍比较忽视。陆九渊提出了"发明本心"的概念,借用在语文阅读教学上,"发明本心",即以学生的心灵为本,努力唤醒、点亮学生语文阅读的"本心"。"祖国语文是学生和国民的精神家园",关乎灵魂修养的阅读教学，若忽视学生心灵的成长，则与阅读教学的课程目标背道而驰。而形式化的"一问一答""小组讨论""学案导学"，学生是"行动"了，但"心动"如何？现实中，浮于表面、隔靴搔痒的阅读教学，掩饰不了学生内心的无奈与茫然。阅读教学的"生本"理念必须落实到"本心"的层面，方能实现学生自主的阅读建构与素养发展。我在《前方》（苏教版必修一"月是故乡明"专题课文）的教学中尝试基于"本心"的教学实践。

所谓"本心"，其中非常关键的做法就是基于学生认知的最近发展区进行教学，而这个最近发展区并不是静态固定的，更不是一蹴而就的，在现实阅读教学中，需要进行层递化设计，既不陵节而施，也要通过小步走，使学生的阅读体验与认知步向最近发展区的最远点。下面以曹文轩《前方》一文为例谈谈层递化设计。

预读：唤醒情感记忆，蓄积阅读能量

引导学生预读课文《前方》，首先要解决的问题是怎样让学生接受这篇文章，进而产生阅读的欲望并尝试阅读。阅读教学，多是以教材为本，这个"本"带有一定的强制性，而学生对某一文本的初始阅读情绪，往往是茫然的，抑或无动于衷。在如此情绪状态中开始教学，即使随着教学的推进学生有可能逐渐产生兴趣，这样的阅读教学的效率也是不高的。据此，我认为，阅读教学需要选择能与学生产生心灵感应的文本，就是选出这样的文本，也要试图唤醒学生的心灵共鸣。阅读，需要给学生一个理由。教师需"提醒自己要怀着一颗童心和爱心，理解孩子，尊重孩子，为他们提供需要的服务"[1]。阅读推介导入，我从学生经历与体验的视角尝试唤醒其情感记忆。且看以下相关教学实录。

师：同学们，儿时，我们最喜爱读什么样的文学类型？

生：童话。

师：老师相信有不少同学读过曹文轩的童话作品，谁来说说？

生：我读过他的《山羊不吃天堂草》和《根鸟》。

生：我读过《青铜葵花》。

生：我还读过《野风车》。

师：老师读过他的《草房子》，并且去过他的草房子。童话是童年时代的美好记忆。今天，我们将要学习的《前方》也是一篇童话，它不是孩子的童话，而是成人的童话，带着美妙忧伤的童话。

教学本文，我并没有直接让学生先行预读，而是尝试唤醒学生的集体童话记忆。课堂上，说到童话，多数学生的面部表情流露出了喜悦。这是我期待的阅读准备状态。如此导入，唤醒了学生的记忆，更激活了他们的情感。在此基础上，再将这种情感迁移到课堂所学文本上来，这是非常重要的环节。如果光有情感记忆的共鸣，没有将这样的情感热度迁移到所学文本上来，而是强行进入文本学习，就很

---

[1] 李镇西.我的语文课堂[M].北京：光明日报出版社，2013：5.

难激发学生走近文本的热情。而一旦这样的热度迁移自然到位,学生对文章的后续阅读势必得到逐步蓄积,从而便于阅读教学的开展与目标的生成。

在此基础上,我还引导学生进行两轮阅读(整体阅读和重点再读),以便为课堂研读交流蓄积足够的能量。

第一轮整体阅读,我要求学生结合注释进行整体阅读,了解文章的内容和思路并作标注。第二轮重点阅读,侧重文章议论深刻的语句,并作批注。这是为课堂教学难点突破做的必要铺垫。阅读教学,在预习时可将学习目标(尤其是重点、难点)做前置介绍,让学生有所准备,做有向阅读。在没有充分深度预读基础上的阅读教学,其效率往往是低下的,教学生成也很困难,即便有所生成,往往也是很生涩的。而将目标前置,提出限量的动笔要求并及时检查,能够有效落实二轮预读,为主体研读交流充分蓄能。

研读:引领情思发展,着力阅读玩味

阅读教学,关键是主体研读,主体研读绝不能回到传统的串讲的老路,也不能任由学生他一言你一语地求得表面热闹,而是要切实做好"美点玩味",并以此引领学生的情思发展。我的做法如下。

1. 以小组引擎延续情感。课堂上,我通过语文学习小组的有效活动带动个人阅读,策动全程参与。课前,我将前7个自然段的解读交给了6个学习小组,让组长组织全组学生做好阅读展示的准备。且看以下相关实录。

(1—2组竞答)

师:从联系发展的角度看,文章由当下人的离家联系到了什么?

生:动物的迁徙。

生:还有人类祖先的迁徙。

师:作者这样写有何用意?

生:现代人,有离家基因。

生:这样写,为人的离家找到了"物性"与"人性"的源头,而不是个人的一时冲动。

生:有一种历史与文化的厚重感。

(3—4组竞答)

师:从发展的角度看,离家的原因也是不断发展的,找一找。

生:寻找食物——外面世界丰富多彩,富有刺激。

师:客观看,外面丰富多彩的世界有何意义呢?

生:开阔视野,发展和壮大自己。

师:从主观角度看呢?

生:获得生命的快感或满足按捺不住的虚荣心。

师:都是美妙的感受吗?

生:身心受压迫,出于无奈。

师:是的,但是这种不确定的诱惑助长了人们对前方的幻想。

(5—6组竞答)

引导学生在3—7自然段中寻找,阅读品味,并从"联系发展"的角度进行体会。

师:找找离家的方式。

生:徒步。

师:于是,有了路,再后来呢?

生:农耕时代出现了车马。

生:工业时代出现机动车船、飞机等。

生:速度越来越快,工具越来越先进,但都是"苦旅"。

指定小组竞答,可以激发小组的组内合作与组间竞争的意识。组内,全体学生在课堂主体研读前带着问题进行定向阅读与相互交流。组间,在小组竞答的基础上,其他小组也可以补充。这样,能激发多数小组、多数学生参与主体研读。此举充分调动了多数学生参与研读,而不至于出现一人回答,其他学生等闲以及两组竞答,其他小组观望的冷场。当然,还可以采用个人随机竞答、男女生竞答、教室左右(或左中右)大组竞答等灵活多变的形式。组内合作与组间竞争,自然激活了小组引擎,能充分激发并延续学生持续阅读、深入阅读的热情,有效推进阅读教学向深度发展。

2. 以方法阅读发展阅读思维。课堂阅读主体研读,不仅要渐进解读,还要尝试并巩固有效的阅读方法,并通过有效的阅读方法发展学生的阅读思维,特别是理性思维。"教育并不能立刻、直接地引起个体心理的发展,它必须以个体对知识的领会和掌握为中间环节。"[①]课堂上,让学生有法可依,便于学生深度认知与形成能力。本堂课,我主要通过唯物辩证法来引导学生进行思辨阅读。其中的"联系发展观",较容易理解,文本集中体现在前7段。我主要通过小组竞答自主领悟,而理解难度较大的"对立统一观"主要体现在文中精彩的议论语段上。所谓"对立统一观",指矛盾是事物发展的动力,包括矛盾的同一性和斗争性及其在事物发展过程中的作用。它是唯物辩证法的实质和核心,这个观点比较抽象,联系课文相关语句,进行深入玩味,学生就会"茅塞渐开"。阅读教学不但要研读文本,还要交给学生阅读的方法,让学生在读懂文本的同时掌握有效的阅读方法,收获阅读体验,更收获实实在在的阅读技能。

且看以下相关课堂实录。

附:三处议论语句

(1)即便有许多人终身未出家门,或未远出家门,但在他们的内心深处,仍然有无家可归的感觉,他们也在漫无尽头的路上。

(2)人的悲剧性实质,还不完全在于总想到达目的地却总不能到达目的地,而

---

① 沈德立.发展与教育心理学育[M].沈阳:辽宁大学出版社,1999:72.

在于走向前方、到处流浪时，又时时刻刻地惦念着正在远去和久已不见的家、家园和家乡。

（3）悲剧的不可避免，在于人无法还家，更在于即便是还了家，依然还在无家的感觉之中。

师：这三句都用一种艺术手法。

生：对比。

师：对比即对立比较。这对立里有名堂，有的是天壤之别的，有的是一纸之隔的，还有的就是一体两面。这三句中都有怎样的体现？

生：天壤之别的：总想到达目的地，却总不能到达目的地。

师：天壤之别，强调彼与此的距离遥不可及。就在这三句中还有吗？

（生默然）

师：我们看"人无法还家"，它的前提什么？

生：人想还家，但无法还家。

师：这样的表达和前面交流中什么样的表述是相似的。

生：总想到达目的地，却总不能到达目的地。

师：对！同学们看，这个家，是我们的出生地，还是一个建筑，抑或是另外什么地方？

生：这个家应该是灵魂的归宿，幸福的源泉。

师：是的，这个家已经不是一个具体的建筑，而是一种心灵的皈依。人的一生都在朝着这样的前方去奔命，但很可能永远无法抵达，而这一寻找的过程就是人生，而人生的意义很可能就是在路上。一旦遇到路边的风景而暂时停歇，他（她）往往还是选择出发，因为前面可能有更美的风景在等着。

生：一体两面，即便有许多人终身未出家门，或未远出家门，但在他们的内心深处，仍然有无家可归的感觉，他们也在漫无尽头的路上。

师：还有。

生：向前方、到处流浪时，又时时刻刻地惦念着正在远去和久已不见的家、家园和家乡。

生：即便是还了家，依然还在无家的感觉之中。

师："一体两面"型对立统一的议论，在这几个议论句当中呈现得最多，它更能突出矛盾的复杂性，直击人的灵魂深处的悲剧。老师补充一个"一纸之隔"的，举一个例子。

待在家里务农10多年的小伙，日出而作，日落而息，整日面朝黄土背朝天，看似本色农民，可能就是儿时玩伴的一句诱惑"我们到南方打工去"，他很可能头也不回地上路了。（投影呈现）

这样的对立又有什么特点？

生：它们之间的距离就像一张纸的厚度一样，很薄，一捅就破。

师：甚至轻轻地一碰就破了。

  课堂上，采用"对立统一观"研读这三句时，我没有生搬硬套，而是从学生心灵的起点出发，实现向最近发展区的认知建构。范例中，"对立性"的魅力在于矛盾多姿多彩的复杂性，而"统一性"体现在统一于活生生的人。这样的人是个性独特、复杂情感的"圆形人物"，而不是个性脸谱化、内心空洞的"扁平人物"。课堂上，我对第三种"对立统一"情形的补充让学生兴趣高涨。这样的阅读链接，是对阅读方法所做的完善建构，其主旨源于课本，而内容却不拘泥于课本。"对立统一"观的三种姿态中的摇曳情态使其既有哲学的思辨，又有艺术的魅力。在文本"美点"的玩味上，学生的收获感不仅体现在对阅读内容的理解上，而且体现在阅读思辨能力的提高上。扣住一点，突破一点，一堂课的有限建构正是阅读教学的真实价值所在。

  拓读：推进读写贯通，实现成长阅读。

  拓读，即拓展阅读。"语文教材无非是个例子"，阅读教学，更多的应该是"用教材教"，而不是"教教材"。因此，在主体研读教学之后，要跳出传统教学"题海战术"的误区。当然，有助于巩固知识与能力提升的适量练习，还是必要的。而在基础年级，将大量的阅读教学时间耗费在阅读题海当中，教学便进了死胡同。因为，大量的练习无法延续学生在预读和研读部分积蓄的阅读热情与学习能量。一旦遇到题海阅读，学生的阅读情感便严重受挫。久而久之，愿意阅读的学生会越来越少。"用教材教"意在将学生的阅读热情延伸到其他相关文本的阅读，将阅读方法进行有效迁移，实现阅读素养的有效成长。因此，本堂课，我做了两项迁移设计。

  一是自编短文将推荐的阅读方法"一网打尽"。且看以下相关内容。

  阅读下列短文，并用"对立统一"观的三种呈现方式进行选择填空。

  一个普通的农家，有两个男娃，老大初中毕业，家里实在供不起他上学，于是到山外的城市打工，他没有一技之长，又想着挣大钱，于是走上了诈骗的道路，最终锒铛入狱。老二是老师同学眼里的优秀学生，乐于助人，成绩优秀。（魔鬼与天使，天壤之别）

  有一天，教室没有其他人，老二无意间看到同学的50元钱露出了桌膛，他犹豫片刻，还是将罪恶的手伸了过去。（魔鬼与天使，一纸之隔）

  他在人前还是原来的"优秀状"，可一人独处时，总会瞪大眼"搜寻着猎物"。

  （魔鬼与天使，一体两面）

  这一项拓展阅读，实际上是对课内主体研读方法的一个反馈检测。通过课堂互改反馈，我发现只有两名学生做错了第三道填空，将答案写成了"一纸之隔"。由于该问题多数同学没有出错，不具普遍性，因此，我没有在课内进行集中讲解。而对两名学生还存在的思维模糊与认识盲区，我安排小组课后通过"兵教兵"帮扶解决。对问题解决的反馈形式是，让两名学生在课堂作业本后写上自己对该问题的新认识。结果，两名学生都能把这两个短语的联系与区别表述出来。"普及生活教

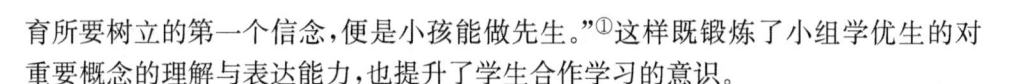

育所要树立的第一个信念,便是小孩能做先生。"①这样既锻炼了小组学优生的对重要概念的理解与表达能力,也提升了学生合作学习的意识。

二是相关经典阅读的课外拓展延伸。"如果教育是生长,这种教育必须循序渐进地实现现在的可能性,从而使个人更适合于应付后来的要求。"②阅读教学的真正的价值就是由课内向课外迁移,让学生爱阅读,会阅读。课后,我要求学生用本堂课学到的唯物辩证法深入阅读曹文轩随笔《水边的文字屋》中的《天堂之门》或《手感》,并围绕唯物辩证法写一点阅读感悟,字数不限。唯物辩证法在这两篇文章中有充分体现。因此,较适合学生进行课外阅读。对于课外阅读,我无法做到全面直接的了解,但是通过对阅读笔记的批阅,可以推断学生阅读的专注度与深刻度。对于写得明显欠缺的,我通过个别交流了解情况,并提出改进要求;对于写得精彩的,则在班级进行展示表扬。有一名学生将《手感》的读书笔记写成了一篇1 000多字的文章,其中关于"对立统一"观的体验可谓睿智深刻:"我若是站在那个店员身旁,或许不会在意那一幕,因为习惯了粗糙,也习惯了粗心……一样的黄种人,甚至一样的手,但是手感的差距却是灵魂的差距……还好,有鲁迅,有冯骥才,有曹文轩,有无数慧眼惠心的作家用美文让我们的内心由盲目的民族自豪感变得冷静理智……"后来,有的学生主动买来曹文轩的《水边的文字屋》全册来读,还有的学生则选择一些思辨性强的文学作品来读。

阅读教学,以学生心灵成长为目标进行全程优化,不但能深度体现生本理念,而且能有效提升教学效益。通过长期坚持,学生自主阅读的能力渐进提高,自主阅读的习惯也逐步养成,这是学生终身受益的阅读品质,更是语文教师的无量功德。

## 第五节　用还原法拉近诗境

古代诗歌赏析,教学方法不一而足。学生对诗歌赏析题多具有畏惧感,高考诗歌赏析得分率低,一直是长期存在且无法回避的事实。而改变考试诗歌赏析窘境的关键,还是在于平时的诗歌教学要突破瓶颈。学生对诗歌的障碍第一个层面是还原其境的困难,仅靠背景资料的介绍,学生只能感知当时大概的背景知识,而对彼时、彼地、彼人、彼事特定的情境中的准确把握,还需要还原诗歌当时的情境。当然,时过境迁,彼时的情境是很难还原的,但是读者可以做合理的推测,感知当时具有真实性的状况,从而较合理地理解诗歌。读者若能充分感知诗歌情境,进而体验诗歌中人物的心境,甚至进行主体换位,便找到了诗歌阅读的最近发展区,这个最近发展区便是学生心境与诗歌情境及诗歌人物有可能拉近的最短距离。

以《春江花月夜》一诗的教学为例。比如,"春江潮水连海平"中的"海"的情境

---

① 陶行知.陶行知教育箴言[M].黑龙江:哈尔滨出版社,2011:44.
② 约翰·杜威.民主主义与教育,王承绪译[M].北京:人民教育出版社,1990:64.

是与作者写作该诗时所处的地理位置相矛盾的。距史料记载,该诗是作者临江有感而作的。作者有可能是在扬州、镇江一代,当时与大海还有很远的距离。而后世诗人一般认为"海上生明月""海日生残夜"中的"海"是实指。而在诗歌教学中,多数教师往往将这里的"海"也作为实指来处理,或者就是以有争议为由做模糊处理。还有为实写"海"找到证据的,在下文的诗歌情境中,丈夫所在的碣石靠近渤海,最后又写到"斜月沉沉藏海雾"中的"海",写游子的真实所见是有道理的。就是这种解释有一定真实性的根据,但是在"海雾"之"海"之前写到"江水""江潭",之后写到"潇湘""满江树",丝毫不见海的影子,这样实写对"海"的理解就显得突兀了。其实,眼前的"海雾"既是诗中抒情主人公游子的感受,也是临江的诗人张若虚的感受,而开头的"海"更是作者的个人感受,实写之"海"更是无从谈起。而根据诗歌写作的背景资料,还原其境就显得尤为重要。开头的"海"应该是作者面对江天一色时产生了阔江似海的错觉,这也是虚写,更增添了全诗阔大的诗境。结尾部分的"海"应是江上雾起,更觉江面的浩渺,于是称为"海雾",同时,将月置身于虚写的海天背景中更能增添月之孤独,而月之孤独更能衬托出人的孤独。因此,通过还原其境,可以判断诗中之海乃是错觉、幻觉的虚写,而非实写之海。

还原诗歌情境,需要身临其境。学生对诗歌理解的粗浅乃至缺漏,往往是源于自身诗外,不能融入诗歌的情境造成的。身临其境,将诗歌情境还原,然后置身其间,诗歌情境便如在周身。例如,"白云一片去悠悠",中的"白云"有资料认为是运用比喻,乍一看,是有道理的,这样的理解也符合比喻的基本要求——不同类的食物具有相似性,但是身临其境就会产生不一样的理解。若引导学生将自己置换为诗歌中的思妇,站在清枫浦上目送着心上人的扁舟远去,知道"孤帆远影"消失在视野中,抑或常站在清枫浦上临江远眺,"过尽千帆皆不是"唯见"白云一片去悠悠",白云之去,是思妇实所见之景,这是第一层意思。同时白云悠悠而去也指心上人的离去,这就是典型的"双关"手法的运用,而不是只有一个意思、一种情境的比喻修辞了。这里若是比喻,就显得单薄、浅疏了,诗义煞风景,诗韵也顿失浓郁。

还原诗歌情境需要身临其境,更需要心临其境。如"捣衣砧上拂还来"中的"拂"字,学生仅仅读出是一个动词还不够。通过临其情境,也只能读出"赶"的意思,这样的理解还是没有进入诗歌内核。只有走进诗歌人物的内心,才能读懂"拂"背后的"惹人烦"与"实无奈",以及对月的情感背后对心上人无时无刻不再牵挂。

附:课堂实录

**导入阅读**

师:同学们,从广义角度看,文题"春江花月夜"有几个意象呀?

生:五个,即春、江、花、月、夜。

师:很遗憾,我们山西这独缺一个意象。

生:江。

师:我来自江苏盐城,长江也没有流经我们那里。不过,同学们,我们可以从我

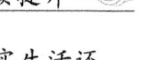

们见到的水,联想开去,可以从我们旅游路过的江回忆起来。我们除了现实生活还有一种生活叫作阅读生活,可以用我们的阅读体验来丰富我们的体验。同学们,"江"这一意象会成为我们的"拦路虎"吗?

生:不会(生齐说)。

**预学检查**

师:下面,我们就来走进《春江花月夜》。先检查一下大家的预习情况。

分组检测:

A组:

1. 给下列加点字注音:(1)芳甸(diàn);(2)霰(xiàn);(3)纤尘(xiān)。

2. 根据诗文脉络填空:(1)该诗前八句主要描写了江水之(宽阔),月色之(皎洁);(2)该诗的第九句到第十六句主要写了诗人面对江月的(联想)。

B组:

1. 给下列加点字注音:(1)汀上(tīng);(2)捣衣砧(zhēn);(3)碣石(jié)。

2. 根据诗文脉络填空:(1)该诗前八句主要描写了江水之(宽阔),月色之(皎洁);(2)该诗的第九句到第十六句主要写了诗人面对江月的(联想);第十七句到最后,分别写了(思妇)与(游子)的离愁(分组竞答)。

**自由阅读**

师:同学们,预习得不错。现在我们再走进课文,来感受一下这首诗究竟是浪得虚名,还是货真价实!

师:预习批注的耐人寻味的字词,与大家做一个分享。

生:"海上明月共潮生"的"生",将明月写活了。

师:写活的除了明月,还有什么?

生:潮水。

师:对,涌动的潮水就像即将诞生婴儿的母亲。按照常规的用法,该用"上升"的"升",然而,诗人却用"出生"的"生"。这是一种什么样的修辞手法?

生:比拟。

**相机导读**

师:同学们记一下——比拟,一般指用他人或他物所属的动词或形容词。还能回忆同样用这个"生"字的其他诗句吗?

众:海日生残夜,江春入旧年。

众:海上生明月,天涯共此时。

生:"皎皎空中孤月轮"的"孤",有孤独之义。用月的孤独衬托出人的孤独。

师:月亮孤独又是怎样感受到的?同学们讨论一下!

生:从环境的角度看,江天一色的背景下,月亮就显得孤独了。

师:江天一色的背景,是开阔的,而越是开阔,就越显得月亮——

众:孤独。

师:这里描写月亮的还有一个重要细节,是缺月,还是满月?

生:满月。因为有一个"轮"字。

师:月圆,人圆吗?

生:下面写到思妇和游子的离愁,用月圆来衬托人不团圆。

师:是衬托中的哪一种?

生:反衬。

师:甚至,此时的张若虚也是孤独的,因此在离人的眼里,圆月让人感觉到更加孤独。

这句话能不能这样讲——用孤月来反衬人的孤独?

生:不能,这是侧面衬托。

师:对,月圆衬托人的不能团圆,是反衬,但月之孤衬托人之孤,是侧面衬托。有什么不同?

众:问法不一样。

师:抓住细节,置身诗中,还原诗歌场景,甚至是诗人创作场景,一些问题便迎刃而解了。

生:"江月年年望相似"中的"相似",突出自然的永恒。

师:类似的句子还有"年年岁岁花相似"——

众:岁岁年年人不同。

师:用一个成语来概括,物是——

众:人非。

师:用"物是人非"来概括"人生代代无穷已,江月年年望相似",准确吗?同学们讨论一下!

生:"物是人非"往往是感慨时光易逝,生命短暂。

生:心上人已远走。

师:从情感上看,显得比较——

众:悲伤。

师:而这一句呢?

生:"无穷已",突出人类的延续。

师:个体生命是有限的,但人的生命,人的价值可以在下一代乃至一代代延续。时空扩大,但没有陷入绝望的悲苦。"前不见古人,又不见来者",所以,后世评价"孤篇盖全唐",真实,名副其实!

生:"悠悠"一词,既刻画了白云轻飘的样子,也突出了游子此去的路途遥远。

师:从思妇的角度看,能感知她的内心吗?

生:思念的程度更深。

师:采用了什么手法?

生:叠词。

师：叠词有程度加深的效果。

生："徘徊"一词采用拟人的手法，突出了月亮不肯离去。

师：拟人属于比拟，前面哪个词也用了比拟？

生："生"字。

师："徘徊"，月亮为何不肯离去？

生：为了照离人梳妆台。

师：这里的"应照"改成"什么照"更能与后面两句契合呀？

（生讨论。）

生：偏照。月光惹人愁。此时，思妇是讨厌月光的。下面写到"卷"与"拂"的动作，都驱不走月光。于是，用个"偏"字。

师：这个"偏"字，能读出思妇内心对月光的怨恨，这是诗歌中常用的"曲笔"。如苏轼《水调歌头》中"不应有恨，何事长向别时圆"两句，表达的效果是一样的。

生："不渡"，突出空间距离遥远，大雁飞不出月光之外。

师：还有？

生：思妇无法与远在千里之外的丈夫相见。

生：一个"摇"字，写出月光透过树林洒在地上的样子。

师："摇"是动态的，怎么理解？

生：有风吹拂。

师：此时有千般离愁、万般感慨，都寄托在满江树影上。满江突出范围之——

众：广。

师：落月，突出江天的背景渐渐变——

众：暗。

师：落月之暗，再加上什么暗？到前面三句找一找线索？

生：海雾。

师：对！空间的"广"和"暗"正好衬托离愁的"广"和"重"。谁来读一下？读出环境别后的"深广的愁情"。

（生读，声情并茂。）

师：前面有同学谈到"卷"和"拂"，请你说说这两个词，哪一个更能透射人物的内心？

生：是"拂"字！这一个字，表达了女主人公对月的怨愤。

师：谁来演示一下这个动作？

（一生演示。）

师：谁来点评一下？

生：动作太快了！

师：那你来试一下！

（评价的学生演示一下，动作较慢。）

师：一个动作之后怎样？

生：还是没有拂走。

师：接下来怎样？

生：再拂。

师：我们一起来做动作，可以还原诗歌情境，走进人物内心，想象这个女子连续做过这个动作之后该怎样？

生：呆呆地坐在那里。

生：落下眼泪。

师：落在了哪里？

生：眼前洗衣石凹槽的水面上？

师：又会怎样？

生：月影碎了！

师：月影碎了，这个女子的心也碎了！由此，我们还能读出哪些情感？

生：对心上人的思念。

生：还有思而不及的怨愤。

生：还有强烈的孤独感。

师：抓住细节，还原人物心境，便能进行心灵对话。

**提炼巩固**

师：我们已经把这首诗读得比较透了。回过头来，我们总结一下，景、理、情中都包含一个什么字？同学们讨论一下？

生：美。

师：景美，没问题；情美，是一种悲剧美，也没问题。但，理美，就牵强了。再想想！

生：阔。

师：对了！江月之阔，"无穷已"思考的视野之阔，愁思绵延寥廓。这些意象、意境、意旨，都可以用"阔"字来概括。一扫隋唐以前宫体诗的浓艳与颓废，但他的诗直到明朝才逐步被认可。可惜，只留下两首，而仅这一首就能确立了他在唐诗中的地位。人生出一精品不易。

师：一个"阔"字，自然让我们联想起什么派诗歌？

众：豪放派。

师：豪放派的诗歌的意象与意境多有一个"阔"字，如苏轼的"大江东去，浪淘尽，千古风流人物"这样的诗词，大气磅礴，但往往比较粗犷，不够细腻。而清新细腻，我们自然联想到哪一派诗歌？

众：婉约派。

师：如李清照的"梧桐更兼细雨，到黄昏、点点滴滴"，细腻，但多是闺阁小院的愁思，不够开阔，而张若虚的《春江花月夜》开阔而细腻，甚为难得。老师认为是整个古诗词的一座丰碑。

师:(小结)抓住细节,还原诗境(场景—身临—心临)。

师:诗歌是讲究炼字的,《春江花月夜》中有一个字是承上启下的,找找看!

生:"孤"。

师:下面我们就从考试的角度来炼一炼。

出示投影:炼字题要点:(1)解释意思;(2)入境阐述;(3)艺术效果;(4)情思特点。

试题:"皎皎空中孤月轮"中的"孤",耐人寻味,请作赏析。(4分)

(参考:①孤单、孤独;②在寥廓的江天背景下,月亮显得孤单,渲染了孤寂的氛围;③"孤"字承上启下,上文写江天背景开阔,突出月亮的孤单,为下文写思妇和游子的孤苦作铺垫;④表达诗人临江赏月内心的孤独与雅趣的孤高。)

生做——投影——交流

师:带着这份孤高的意趣,我们将这一首诗齐读一下。(生动情齐读。)

## 第六节　让文言文走近学生

文言文教学,是中学语文教学的重要组成部分。这既是汉语言传承的需要,也是汉文化延续的需要。当下,高中生对文言文学习的兴趣远不及对现代文。就考试而言,多年来,文言文阅读翻译的得分率一直较低。语文教师教学文言文,不可谓不辛苦;学生学习文言文,不可谓不劳累,而整体教学效益一直难有突破。究其原因,是多方面的,其中文言文教学形式的死板是一项主要原因,传统文言文教学正襟危坐,很少去优化呈现方式,主动走近学生。就本质而言,这忽视了学生的心灵成长。

德国教育家雅斯贝尔斯在《什么是教育》中提到三种不同的教育方式:第一种是训练;第二种是纪律;第三种则是"存在"的教育方式。在这种教育方式中,师生双方都投入了他们的真情实感,因而也就进入了"存在论"意义上的教育互动之世界。前两种均受到工具理性主义的桎梏,因而缺乏心灵的交流与成长,而第三种则是一种真正实现心灵对话与精神沟通的教育。传统的文言文教学,文山堆积,题海无边,冷落了学生的心灵参与,这一条路走到黑,终究难以迎来曙光。怎么办?其实,语文教师是可以带着文言文走进学生的。

### 一、用专项语法突破关键瓶颈

文言文教学,教师往往在实词、虚词以及特殊的文言现象上投入较多的精力,但事倍功半的无奈现实背后是多数学生语法知识的严重缺失。文言现象推断有语法和语境两个基本途径,语境推断主要依赖现代文阅读的基本素养,教学中稍加点拨即可,而语法障碍不突破,文言文学习就难以深入。新授教学中,文言现象疏通,多是疏而未通。而对于语法问题,语文教师更多的是埋怨:高三语文教师埋怨高中基础年级没有专项语法教学;高中基础年级语文教师埋怨初中没有打好基础;而初中语文教师也会埋怨《义务教育语文课程标准》上有语法要求,但课本上却没有明确,中考试卷通常也不会涉及。于是,文言文教学重点多是对文言现象的"零打碎敲",教学赶进度,语法问题不是被忽视,就是零星补漏。缺失专项的语法教学,不少学生面对文言现象的心塞,也就不足为奇了。《学记》早就指出了"呻其占毕,多其讯言,及于数进而不顾其安"的教学弊病。文言文教学零碎的现象解读,教师多是重复昨天的故事——就题讲题;遇到困难的语法现象,许多学生也多是重复昨天的故事——麻木屡错。其实,文言现象困惑的"解药"在语法上。语法教学途径有三。

一是夯实现代汉语语法基础。现代汉语脱胎于古代汉语,其语法现象主体一致,加之学生生活在现代汉语语境中,因此,语法教学应首先从现代汉语切入。高中语文起始课,我总是进行现代汉语语法教学。这既是高中文言文学习的基础工作,也是后续现代文阅读与写作学习的重要铺垫,可谓"磨刀不误砍柴工"。现代汉语语法教学路径,按照词性、短语类型、单句成分、复句种类的顺序进行教学。其中,单句成分是教学重点。为避免题海战术与低效重复,我精选典型性强、覆盖面广的10道习题进行巩固训练,然后让学生进行仿写变形,再进行过关检测。不过关的,通过个别辅导,排除症结,确保现代汉语基础语法"人人过关"。

二是补充古代汉语语法变化。古代汉语的语法教学,在现代汉语语法教学基础上补充相关变化的现象即可。如特殊句式中的倒装、词类活用等。有了现代汉语的语法基础,对这些特殊文言现象的准确推断,可以通过"先发散""后筛选"的思维路径实现。

就倒装而言,最常见的类型是状语后置。如《师说》中的"生乎吾前",若加大难度,可将其中的介词省略,变成"生吾前"。其中,"生"与"吾前",词性不同、类属不同,因而,它们不是并列短语;"吾前",不是"生"的对象,因而,它们不是动宾短语;"吾前"不是对"生"的补充说明,因而,它们也不是动补短语。可见,这两个词语间不能构成直接搭配关系,由此判断它们之间省略了"乎(即'于')",构成状语后置。

再看词类活用,如《鸿门宴》"楚左尹项伯者,项羽季父也,素善留侯张良"一句中的"善",本作形容词,如不存在词类活用现象,就变成"善良的留侯张良",但前面的"素"为"向来"的意思,后面该接动词。再则,"善"作形容词看待时,"项伯"与"张良"就没有关联,前后便不成句。因此,"素"临时活用为动词。如此,在语法基础上的推断,是理解词类活用的关键。若撇开语法,死记硬背,不会奏效;靠感性认识,很难做到随机应变。

三是分散在课文教学中巩固。语法现象,比较抽象,随着语境的变化,更需要对语法灵活把握。加之学生对文言文的学习障碍,透过有障碍、多变化的语言理解

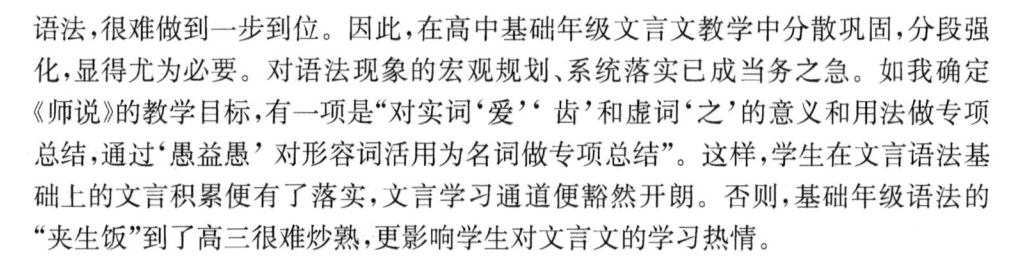

语法,很难做到一步到位。因此,在高中基础年级文言文教学中分散巩固,分段强化,显得尤为必要。对语法现象的宏观规划、系统落实已成当务之急。如我确定《师说》的教学目标,有一项是"对实词'爱''齿'和虚词'之'的意义和用法做专项总结,通过'愚益愚'对形容词活用为名词做专项总结"。这样,学生在文言语法基础上的文言积累便有了落实,文言学习通道便豁然开朗。否则,基础年级语法的"夹生饭"到了高三很难炒熟,更影响学生对文言文的学习热情。

## 二、用创意整合取代碎片教学

平常,多数教师对文言现象教学主要采用"串讲"的方式。不少教师将教材标注得密密麻麻,课堂上照本宣科。同时,用课本上的标注来衡量学生学习的认真程度。而零碎文言现象教学与大量标注,增加了学生的学习负担,使学生疲于应付,备受煎熬,也很难真正提升阅读素养。当然,文言疏通是有必要,但这不是文言教学的全部,更不是重点,重点应该在语法和语境基础的系统总结上。当然,系统总结也要避免碎片化,完全可以引导学生做创意整合的尝试。

（一）关于特殊句式

如由《石钟山记》中的"古之人不余欺也"总结动宾短语宾语前置的三种情况,我先让学生仿写,然后进行创意整合。

【教学片段1】

生:古之人不利图也。

师:古之人都是这样吗?

生:古贤者不利图也。

师:这是否定句宾语前置,谁来改成疑问句? 变化可以大一些,符合文言语法习惯即可。

生:孰利图耶?

师:将"是"作为宾语前置的标志语,怎么改?

生:唯利是图。

（二）关于基本虚词。

如《劝学》教学中,系统突破"焉"这一虚词的创意整合。以往列举不同文本示例的零碎义项整理,不利于学生深刻理解与长时记忆。教学中,我要求学生编写微型剧本,将这一虚词的用法"一网打尽"。这一尝试,要求学生独立完成,有难度。我采用分组研讨的形式引导学生集体编写微型剧本。有一个小组是这样编的:"古隶民之苦俟观人风者知焉(代词,代'隶民之苦'),然焉(疑问代词,哪里)有哉? 因如常奔命焉(兼词'于之',在这里)! 焉(疑问副词,怎么)知心火已灭? 顾时未到焉(句末语气词,表陈述语气)。待民不聊生,则何忍焉(句末语气词,表反问语气)? 一呼百应,揭竿而起,绝非危耸听。于是焉(用于句中,表示语气舒缓、停顿)平静中有暗流汩汩焉(词缀),水则载舟,水则覆舟,民不可欺焉(句末语气词,表感叹语气)!"

### （三）关于重要实词。

如在《赤壁赋》教学时，我抓住"哀吾生之须臾，羡长江之无穷"的"穷"一字，引导学生编剧本，将"穷"的主要义项全覆盖。有小组是这样编写的："一书生，迷失深林，袋中干粮已穷（动词，用尽），复前行，欲穷（形容词活用为动词，走到……的尽头）其林，怎奈又转回，欲穷（形容词活用为动词，爬到……的顶部）山之高而寻路，而攀援不得，穷（副词，彻底）思无绪。穷（形容词，走投无路，处境困窘）困无聊之际，一白发老者自远而至，定睛视之，乃一僧人。老僧道：'贫僧乃慈隐寺方丈，因香客渐少，寺日穷（形容词，贫困、贫乏），今乃化缘而归，君定迷路于此，现有斋饭少许，与尔充饥。'"

基于文言语法基础的创意整合实践活动，不仅能激发学生研究文言语法现象的热情，而且能开拓文言文学习的新视野。在我的引导下，学生的创意整合比直接灌输形式更加活泼自由，效果显著。自由对于人生的可贵之处不仅在于它作为人存在的必要条件，而且也是人作为一种智慧生物存在的必要条件，是人的智慧或真理得以生成和发展的必要条件[①]。

### （四）关于文本筛选

到了高三复习阶段，面对文言文"文山题海"，教师辛苦，学生疲劳，最后收效甚微。为了避免低效重复现象，我在高三文言文一轮复习时进行重点筛选，课内、课外文言文各选10篇。（以苏教版为例）课内10篇，其中，必修教材选择3篇：《陈情表》《烛之武退秦师》《报任安书》；《〈史记〉选读》选择4篇：《项羽本纪》《魏公子列传》《淮阴侯列传》《李将军列传》（《报任安书》存目）；唐诗宋词选读》选择3篇：《进学解》《柳子厚墓志铭》《游褒禅山记》。课外10篇包括《乌有先生历险记》《赠御医何承云序》《答严厚舆秀才论为师道书》《仲氏文集序》《子贡论》《燕将录》《古弼传》《昭惠班》《琅嬛福地记》《治学》。

上述文本，以人物传记为主，兼顾不同地域特点与人物身份，兼顾不同文体。一轮复习，不在面上走过场，而在这些筛选的文本上大做文章。首先让学生对这20篇文言"母本"词句翻译做到全部过关。在此基础上，通过早读分散朗读、课堂语句翻译练习、文言现象推断竞赛加深对文言的理解。由于积累扎实、研究深入，多数学生参与训练的兴致很高。而在阶段强化之后，学生对文言"母本"以外的阅读答题正确率显著提高。

## 三、用深度读写搭建心灵桥梁

文言文教学，把重点放在"言"的练习上，无可厚非，但有"言"无"文"，是对文言文学习价值的窄化偏废。教材选编的文言文，一般是经过时光淘洗的文质兼美的典文，教师需要搭建学生与文本之间的心灵桥梁，从而引导深度读写。苏霍姆林斯

---

① 石中英.教育哲学[M].北京师范大学出版社,2014:198.

基说过:"只有当知识变成精神生活的因素,吸引人的思想,激发人的兴趣和热情的时候,才能称之为真正的知识。①"以《陈情表》为例,我认为,"心灵桥梁"两端的基点是学生与作者朴素真挚的"孝"。据此,沿情入文,顺文理言,自然水到渠成。文中"是以区区不能废远"中的"区区",以前只从文言知识角度进行教学时,多数学生都翻译成"小小的心愿"。而在建立阅读情感,挖掘文字、文章背后的文学、文化内涵基础上对于该词的翻译,正确率显著提高。

【教学片段2】

(课堂练习,有三个学生翻译成了"小小的心愿")

生:我觉得"小小的心愿"有道理,后一段有"听臣微志","小"与"微"照应。

师:有理有据,谁来反驳?

生:我认为应该是拳拳真心,分量很重。这与前文的陈情的基调一致。

生:这里是陈情,很重,而后文"听臣微志"是申请,当然要谨小慎微,所以用"微"。

生:该语境中,情不重,是难以打动晋武帝的。

文言现象在古代散文中比较突出,但在诗词等韵文中的存量也不小,而传统的文言文知识教学往往一头扎在相对枯燥的散文中,长此以往,学生容易疲劳。据调查统计,学生对通过诗词学习文言知识更感兴趣,而当下诗词教学往往只是囿于鉴赏层面做文章。其实,通过诗词的深度读写能潜移默化地增强学生的文言语感,提升对文言现象的把握能力。

1. 关于读。

一是朗读。朗读,源于西方。音律美是诗词的显著特色,朗读是欣赏的可行途径,通过朗读,能感知诗文的情思之美、语言之妙,同时,通过有声语言可以判断学生对诗文的感悟程度。然而,现在的诗词教学,往往以语言的视觉分析为主,在朗读上,多是"蜻蜓点水",抑或简单重复。当然,在读出声的基础上还要读准确,包括字音与节奏。再有就是初步读出情感与理解。

二是吟咏。吟咏,主要指有节奏地诵读诗文,它是古诗文传统的诵读方式,但在当下教学中往往被朗读所替代。在实践操作中,教师可以通过名家示范来引导学生吟咏诗文,还可以通过配乐铺垫来引导学生注意音韵节奏。诗词大部分是使用吟咏的方式创作的,所以也只有通过吟咏的方式,才能深刻体会其精神内涵和审美韵味。因而,吟咏也是诗词的活态还原。吟咏一般有音阶曲调,在理解的基础上,对音高、音强、音长都有基本的要求,但在关键处可以夸张呈现。且看我在执教《雨霖铃》时的局部吟咏设计:对"暮霭沉沉楚天阔"中"阔"的拖音拉长达5秒,"杨柳岸晓风残月"中"晓风"与"残月"的停顿间隔达3秒,"月"字吟咏得更低,更轻,更细。吟诵示范时,我的身体、头部的姿态随着诗文的内容情感,有节奏地摇摆,摇头

---

① 苏霍姆林斯基.给教师的建议[M].杜殿坤译.北京:教育科学出版社,2013:143.

摆身。通过学生、教师的多轮吟咏,逐步打磨,渐入佳境。

三是吟唱。吟唱是诗词最富魅力的诵读方式。如教学《水调歌头·明月几时有》时,我用邓丽君的演唱作为示范引导学生吟唱。此后,还启发学生用喜欢的曲调来演唱。有学生用汪苏泷原唱《晴》的曲调来吟唱这首词,一曲唱罢,赢得全班学生雷鸣般的掌声。我在课堂上突发奇想的创意,引导学生找到了经典与流行之间很好的平衡点。虽然,邓丽君演唱的曲调更有古韵,但学生的流行唱法也没有破坏词文的情韵之美,因此,这种迁就更是一种教学智慧,更能激发学生对诗词的浓厚阅读兴趣。

2. 关于写。

一是仿写。对诗词进行仿写,在训练语法的同时又训练了学生凝练表达、诗意呈现的能力,可谓一举多得。我主要训练学生对词的仿写,重点要求突出意境的渲染与营造,字数、韵律的限制放宽要求。有研究的学生可以加强音律限制。经过一段时间的训练,多数学生对文言语法现象由巩固到内化,而表达则实现由粗糙到细腻、由烦琐到简练的蜕变。

二是扩写。主要是从描写的价值角度去发掘。引导学生将诗词中刻画环境和人物的耐人寻味的词句选出来,用细腻生动的散文语言扩展演绎。我要求学生尽量用第一人称走进作者的内心,进行仿真情境的描写。有学生对李煜的《浪淘沙令·帘外雨潺潺》中"梦里不知身是客,一晌贪欢"进行散文化扩写。其中,有一句:"被寒意刺醒的那一刻,我的嘴角还是上扬的。"这样沉潜到作者内心的表达背后是对词文的深入研读。

三是赏写。我强调的赏写不同于诗歌赏析的答题,而是就某一点进行深入探究,并将其写成一篇800字以上的大作文。在进行《唐诗宋词选读》教学时,我安排两次大作文训练,要求围绕诗词写评论。这样既训练了学生论证的能力,也训练学生对课文素材的运用,同时也能锤炼学生对诗文的深入理解。如我要求学生从《浪淘沙令·帘外雨潺潺》这首词出发,以"李煜的不幸与幸运"为话题,写一篇评论。通过课堂观察发现,学生写作热情更高,而班级整体习作层次也有显著提升。

在文言文教学中,教师在知识总结、技术运用层面上已经走得很远,但这条路上缺少了魅力风景,或者是许多学生并未看到,更谈不上欣赏。其根本原因是许多教师疏忽了学生,冷落了学生的内心,而不论是文言现象的学习,还是文章内涵的研读,教师都需要让文言文以亲和的面孔走近学生。如此,学生才能与文言文亲近。

# 第六章

# 悦心：以"友谊学习"观掀起课外阅读风暴

友谊学习，即同伴学习、互助学习。友谊式学习源于犹太民族的教育智慧和教学方式。课本文章阅读，在课堂教学中进行，往往是师生共同研读学习。友谊课堂激发每个孩子的学习潜力，而课外阅读常常各自为政，各行其是，整体阅读的效益往往很低，其主要原因之一便是缺少"友谊学习"。其实，课外阅读完全可以尝试进行"友谊学习"。在教师引导的基础上，学生进行自主阅读，查阅相关资料，深入思考，写标注，做勾画，发现问题，整理问题，然后可以让学生组织课外阅读的交流，互相提问，互相讨论，互相质疑，最后经过老师的启发、引领、点拨，小组内先达成共识，全班同学再进行交流分享。在此基础上，教师进行补充引申，以此来加深学生的理解与运用能力，让每个学生在课堂上都处于动静交换的"友谊学习"中。久而久之，学生不仅收获阅读知识，增长阅读智慧，还锻炼了其发现问题、提出问题、勇于讨论、敢于质疑、总结表达和善于分享的能力。

## 第一节 细节的生动深刻

【美文呈现】

炫　车
盐　夫

我曾在4S店做过汽车销售员。

草原上老牧民巴音的越野车就是那时买的。从前草原上沙尘暴多，现在退耕还林、以经济林拉动治沙工程后，生态与植被得到好转，出现了大片沙柳、沙棘林与草场，沙尘暴已不多见了。即便这样，①老牧民巴音还是要选择一个阳光更灿烂，风儿像丝绸一样轻柔的好日子，与老伴高娃坐上马车一起来到城里。

那一日，天气的确很好，但老牧民巴音的运气一点也不好，进了城就被警察罚了款，内心很窝火。巴音不是心痛罚金，而是对警察的处罚很不服气，一路上嘀咕不休——啥时闯红灯了？红灯在电杆顶上，跳起来还差好几米远呢！有人听到巴音的嘀咕就噗噗笑，巴音就更生气了，啪，甩了一响鞭，马儿"得得"跑开了。巴音与马车到达4S店时,已是后晌的事了。他把马儿系在店旗杆上,从车厢里甩下一只旧麻袋。②巴音的马儿不习惯城里的生活方式,笼头套子还没卸下,尿液就哗啦啦湿了一片地。保安哈尔巴拉挥着电棍上来了,吼叫着把马儿牵走,还指着巴音威胁说,若巴音嘴巴再硬上一句,电棍就打马屁股了。草原上牧民都是硬汉子,狼群都不怕,还怕什么电棍,巴音与哈尔巴拉就他一言你一语斗起嘴来了。

我从没见过胡须花白的巴音,但一眼就知道巴音不同一般的牧民,巴音的麻袋里一定不是地瓜或者收来的旧酒瓶……我出来了,我先给保安哈尔巴拉敬烟,谎称巴音是远房表叔,然后把水泥地面拖洗得干干净净。这样,我就取得了巴音的信任,巴音指指麻袋说,就买你推销的车子了——③麻袋里,果然是一袋人民币。老牧民巴音的生意可是个大生意,他一次就买下两辆越野车。巴音买车也不讲究,就是要动力强,前后驱动,适合在草原上开的那种车就行,但有一个附加条件,4S店得有人把车送到草原上骑马、打猎、放牧,巴音是好把式,种沙柳、沙棘也是能手,但不懂驾驶,他的两个儿子会开车却又都不在草原。

巴音的家在草原深处。草原上的落日很迟,到了巴音蒙古包时,天边一丝晚霞也没有了,我与司机忙着要回鄂尔多斯,但好客的巴音与他老伴高娃死活不让走,杀了羊,还请来三个好邻居一起喝酒,酒一直喝到月亮西斜,次日太阳升老高了,这才摇晃着离开巴音的蒙古包。之后,巴音一直没再与我联系。但我还是与巴音通了一次电话,询问一些车况方面的问题。巴音似乎对两辆车相当满意,在电话那一头,一个劲夸说,好着呢,好着呢!

三个月后车辆保养期到了,我又去了一趟草原。

在草原上,远远的,看到有两匹马拉着一辆越野车在慢慢行进。赶到前面一看,牵马的正是老牧民巴音。我停下车与巴音打招呼,故障了?巴音摇摇头。没故障咋用马拉啊?我又问。巴音不吭声,依然牵马前行。一个看热闹的大孩子笑开了,他说出了巴音的一个秘密。越野车买回来之后,老牧民巴音从没有把车开出去一次,早晨太阳出来时,他会把车从车库里推出来,晚上太阳落山时,他与老伴又会把车推进车库,天天如此,一天不落。就在前半晌,从来没发生过的事情发生了,越野车被巴音推着火启动了,呼地冲出了车库,在草地上飞驰而去,巴音忙跨上马背,在后面紧紧追赶,手里甩着套马绳,套了好几次也没套中,最后车胎被陷在沙坑里,这才熄火停下来……听到这里,我笑了,巴音也不好意思地笑了。

有车为什么不开呢?我问巴音。

巴音没有直接回答问题。在蒙古包里,他一边喝着马奶茶,一边讲述草原上的故事。从前的草原没有现在这样翠绿、富裕,草地沙化,风暴三天两头刮,治沙、恶化、再治沙、再恶化,最多一年沙尘暴就刮了70多次,死了大批牲畜。就是那一年,很多牧民都离开草原出外谋生了。老牧民巴音不走,他坚定地留下来了,但他的两个儿子却都离开草原了,这一去就是6年多。临走时,父子还吵了一架,两个儿子发誓再也不回草原上了。巴音喝一口马奶茶继续说,草原是有灵性的,你对她好,她也会对你好的,草原其实满地都是黄金。他的两个儿子至今没回来,但巴音十分相信,他们一定会回来的,越来越美丽的大草原还引不回这两只小雏鹰?

蒙古包外,有摩托车的马达声,由远及近。不一会工夫,蒙古包里进来了两条汉子——巴音大儿子博日格德与二儿子哈日查盖。

④巴音向门外瞟了一眼破旧的摩托车,回来了?回来了!不走了?不走了!这么多年你们过得还好吗?

两个蒙古汉子不吭声了。

巴音沉默了一刻,突然又哈哈大笑起来,好了,不提从前的事了,但一定要记住,草原的天,才是雄鹰飞翔的天!

老牧民巴音走出蒙古包。外面的阳光很灿烂,蓝天很开阔。博日格德与哈日查盖各驾驶一辆越野车,载着阿爸巴音与阿妈高娃向着他们的牧场深处驶去。巴音要让这两只小雏鹰再看看现在的大草原——他们美丽的家。

【推荐者语】

### 细节之妙

小说的"细节之妙"往往不仅仅体现在细节的形象、细腻、生动的刻画上,更主要的是起着推进情节发展和透射深刻内涵方面的重要作用。如何发现并挖掘小说的细节之妙呢?一般的思维路径有二:一是在初读时就靠敏锐的触觉发现生动的细节。此时主要依据语感和直觉的灵感,能感觉到某个细节比较有意思或者耐人寻味即可,此时不必深究也无须在乎其是否真的有内涵。二是在此基础上,对初读基础上发现的生动细节进行思维的深加工,努力探究其深刻之处。可以从"人物""事物""环境""情节""主旨"等要素进行多重探究。其中,着力的重点是在主旨的丰富性上大做文章,而民族心理、人文精神是其根本的着力点。一篇好的小说,其精妙的细节肯定很多,我们可以挑出其中最精彩的细节进行赏析。这样,由感性的直觉上升到理性的感悟,由生动层面下深刻层面纵深挖掘,这样的阅读很有趣,也很有效。一起来吧!

【学生互动】

生:在①中,灿烂的阳光、像丝绸一样轻柔的风儿,这正是老人高兴心情的写照。治沙成功,自己由贫而富,心里美滋滋的。

主持人:文章还有哪里写到了好天气?

生:最后,"外面的阳光很灿烂,蓝天很开阔"。

主持人:这样的好天气,以前多见吗?

生:从前"草地沙化,风暴三天两头刮,治沙、恶化、再治沙、再恶化,最多一年沙尘暴就刮了70多次"。过去与现在形成鲜明对比。

主持人:环境的变化带来的深远影响呢?

生:蒙古人民的家园得以保全。

生:种族得以延续。

生：②巴音的马儿，尿液就哗啦啦湿了一片地。这里不仅仅是在写马对城市生活方式的不适应，更写的是蒙古老人对城市生活方式的不适应。

主持人：文章相先关叙写吗？

生：前文写道："有人听到巴音的嘀咕就噗噗笑，巴音就更生气了，啪，甩了一响鞭，马儿得跑开了。""噗噗笑"与"甩了一响鞭"，这种强烈的反差写出了老人对城市生活方式的不适应。

主持人：还有何深刻内涵？

生："噗噗笑"和保安的举动体现城里人对蒙古老人的不接纳。

主持人：再挖一挖！

生：是所谓"城市文明"与"农牧文明"的碰撞。

生：③中写到老人用麻袋装钱，到城里买车。可见老人的淳朴与可爱！

主持人：还有一个细节，同样"可爱"。

生：巴音用套马杆去套突然发动的汽车，是长期生活习惯使然，是草原生活造就了他的淳朴与可爱。也许在有些人眼里，他已经落伍了，但是在世事纷繁、人心巨测的时代背景下，这种人性的坚守不是难能可贵吗？

主持人：此时，我们自然要想到汉民族，中华民族是一家。少数民族对民族家园、民族文化、民族性格的坚守，的确值得我们汉民族的子孙学习。在文化交流中，我们的民族文化是在不断发展，但有多少好的民俗在渐渐淡漠，甚至丧失，曾经激荡的血性在慢慢冷却。没有了鲜明的民族个性，我们何以在世界民族之林立足？

生：④中，一个"瞟"字，可见老人对当初选择留下坚守家园的自豪。

主持人：还有呢？

生：对儿子这些年选择离他而去的一点不满。

主持人：是在计较吗？

生：老人很大度，最终还是原谅了迷途知返的儿子。

主持人：两个孩子当初的离去，是对老人坚守家园的反衬；当老人治沙成功后，两个儿子又回到他身边，则是对老人事业有成的侧面衬托。我们感到的是家业的传承的欣慰，更应当看到的是一个民族的繁衍生息得以延续的希望。从这一点来看，巴音老人是另一个战场上的"民族英雄"。

【小组归纳】

美文的精彩细节成于自然，胜在余味无穷。

1. 写景细节，不仅是景物描写，更主要的是为表现人物和深化主旨服务。
2. 人物细节，一个动作，个性毕现；一个眼神，心门微启。
3. 习惯细节，个人习惯，民族特质，人文的坚守。
4. 对比细节，个性的碰撞，文化的对弈。有时，与世俯仰，是一种遗忘；岿然不动，是一种坚守。

【教师引申】

## 小说中的细节描写"有名堂"

细节描写是指抓住生活中的细微而又具体的典型情节,加以生动细致的描绘,它具体渗透在对人物、景物或场面的描写之中。细节,指人物、景物、事件等表现对象的富有特色的细枝末节,它是小说、记叙文情节的基本构成单位。没有细节就没有艺术,同样,没有细节描写,就没有活生生的、有血有肉、有个性的人物形象。成功的细节描写会让读者印象深刻,提高文章的可传读性。它对塑造人物形象、推进情节发展、表现生活环境有重要的作用。下面我们结合小说《祝福》,对细节描写在小说中的作用进行具体讲解。

### 一、塑造人物形象

1. 语言细节透射人物个性。

当得知祥林嫂的死讯后,四叔且走且高声地说:"不早不迟……可见是一个谬种(坏东西)。"四叔对祥林嫂的死,不仅没有一丝同情,反而还狠狠地骂她。从这个语言的细节描写中,深刻地暴露出封建绅士维护旧礼教的反动立场和丑恶灵魂,体现出四叔性格中冷酷和麻木的一面,而四叔只是封建礼教的代言人,他只是"为富不仁"群体的一个代表而已。

2. 动作细节隐含悲剧命运。

当祥林嫂捐了门槛,坦然地去拿酒杯和筷子的时候,没想到四婶慌忙大声说:"你放着吧,祥林嫂。"祥林嫂的反应竟是:像是受了炮烙似的缩手,脸色同时变作灰黑,也不再去取烛台,只是失神地站着。从"受了炮烙似的缩手"这一动作的细节描写中,可见祥林嫂受到的打击之重,祥林嫂本以为捐了门槛,赎了罪过,就可以坦然地活下去,就可以改变周围人对她的态度。可四婶的一句话彻底毁灭了祥林嫂的希望,宣告了祥林嫂的死刑:她仍然是罪孽深重的人!她的虔诚,她的心血,白费了,她的希望最终破灭,她的悲剧命运无法逆转。最后一点希望的破灭,将祥林嫂送上了绝路——已无生路。

3. 神态细节寄寓精神状态。

《祝福》中写沦为乞丐而不忘魂灵有无的祥林嫂的神态细节:"脸上瘦削不堪,黄中带黑,而且消尽了先前悲哀的神色,仿佛木刻似的;只有那眼珠间或一轮,还可以表示她是一个活物"。"全白"的头发写出未老先衰;"木刻"的神色写出她精神上的麻木;"间或一轮"写出她思绪的凝聚,凝聚在思索灵魂的有无上。十来个字的细节描写就把祥林嫂那种呆滞、麻木的"活死人"的神情刻画得淋漓尽致。这是一次次抗争之后的无奈,更是一次次期望之后的绝望。

### 二、推动情节发展

当祥林嫂再次回到鲁镇做女工时,柳妈诡秘地对她说:"你想,你将来到阴司去,那两个死鬼的男人还要争,你给了谁好呢?阎罗王只好把你锯开,分给他们……"祥林嫂听到这未曾知道的事之后,内心非常的恐惧,以致第二天早上起来,两眼围着大黑圈。于是,打算捐门槛,可捐完门槛之后,人们对她的态度没有任何的改变,活着遭人唾弃,死了还有分尸的恐惧,在这样巨大的精神压力下,她的精神崩溃了。正是柳妈的那段话,推动着情节向高潮发展。祥林嫂已经到了求生不得、求死不能的境地,这是最让读者无法释怀的"冰到极点"的悲剧。柳妈的话,读者看来是玩笑,但是她一本正经"诡秘"的提醒,是祥林嫂一次次不公平遭遇之后的更深遭遇,更将祥林嫂送上生死煎熬的绝路。

### 三、刻画生活环境

在《祝福》一文的前两段中,从"四叔大骂新党但骂的不是我"这一细节描写中,可以了解到鲁镇是一个很封闭、很落后的地方,因为辛亥革命都已结束,而四叔眼中的新党还是维新变法时的康有为。从"女人们准备福礼,女人的胳膊都在水里浸得通红,而祭祀的只限于男人"这一细节描写中,可以了解到这里是一个"男尊女卑"的社会,等级意识非常强。通过对文本中细节描写的分析,我们可以概括出鲁镇的社会背景——这是一个封闭的、落后的、封建的、等级意识很强的小镇。鲁镇的环境就是当时中国闭塞村镇的缩影。

### 四、增强艺术魅力

如在《祝福》这篇小说中,作者鲁迅先生对鲁四老爷书房的描写就是这一类,鲁迅先生在这里给读者描绘了鲁四老爷书房的情景,这是一个很典型的假道学先生的书房:"我回到四叔的书房里时,瓦楞上已经雪白,房里也映得较光明,极分明地显出壁上挂着的朱拓的大'寿'字,陈抟老祖写的;一边的对联已经脱落,松松的卷了放在长桌上,一边的还在,道是'事理通达心气和平'。我又百无聊赖地到窗下的案头去一翻,只见是一堆似乎未必完全的《康熙字典》,一部《近思录集注》和一部《四书衬》"。这段具体可感的细节描写,给读者刻画了一个散发着腐朽气息的书房环境,为塑造生活在这书房中间的鲁四老爷这一人物服务。这一段描写,可以让读者想象在这个环境中生活的人物会是一个什么样的形象。同时,作者对鲁四老爷书房的描写,相对于整个鲁镇上的大的环境而言,又是属于点上的具体刻画。正是有了这个细节的具体描写,才使得读者对祥林嫂生活的环境既有宏观的认识,又有具体的感受,给人一种身临其境的效果,有助于文章主题的表达。这些细节,极具真实感,同时增强了小说的真实性,使小说呈现出真实与艺术兼容的魅力。

小说,有趣的是情节,但打动人心的往往是细节。细节描写对塑造人物形象、推进情节发展、表现生活环境、增强艺术魅力有重要的作用,好的细节描写可以增强作品的真实性,深化文章的主题。当然,不是说每一个细节描写都具有上述作用,但对于小说的细节描写要具有多元发散的意识。这里的多元性,是小说细节描写的魅力,也是小说的价值灵魂。

## 第二节 地气的韵味生成

【美文呈现】

### 麦 天
#### 雷抒雁

　　一过清明,绿油油的麦苗就像睡醒吃饱喝足了的孩子,噌噌地往上蹿。只几番风摇雨洗,麦子便扬花了,又几日暴晒,先前绿毡一般的田地,就显出些杏黄色了。

　　说到杏黄色,那些藏在叶底的青绿色酸杏,也比着劲,从绿叶上露出些艳红和淡黄的脸庞来。一整夜一整夜,"算黄算割"的鸟唱,吵扰着农人的甜梦,让人弄不清是梦是醒。

　　麦天,真的要到了。

　　关中人把收麦的日子叫麦天。麦天,是农人的苦日子,却也是大节日。许多年许多代以前,有一位叫白居易的诗人,有一天便是站在关中大地这金黄的麦田边,看着农人挥镰割麦,写下一些诗句:"农家少闲月,五月人倍忙。夜来南风起,小麦覆陇黄。"这首《观刈麦》的诗被叫作悯农诗,看着农人忙碌辛苦的劳作,想着他们艰难的日月,诗人难免不生出些感慨。这诗句于是便和麦子一同在田地里生根,一代一代生长着,收割着,被吟唱着。

　　从麦子泛出杏黄色开始,农家的节日也就开始了。和着端午节的临近,路上走亲戚的人也便多了起来。"麦梢黄,女看娘"。穿得光洁鲜亮的女子,先前有步行的、骑驴的;如今,有骑自行车、摩托车的;村子通了公路,也有一招手上了公共汽车的。出嫁的女儿,每每这时候,赶在忙前这段空闲,要走走娘家。走亲戚不能空手,胳膊上挎着篮子,拎着袋子,提着盒子,装的无非是些鲜果吃食之类。母女们,别管多见面,少见面,一聚了头,就有说不完的话。说思念,叙家常,夸丈夫,聊孩子;自然也少不了说些打工挣钱的难处,孩子上学的忧心,新农村建设的信息。到了饭时,女儿又随娘入厨,像先前未嫁时,熟盆熟碗地做一顿好饭,孝顺父母。

　　女去看娘,男人守在家里忙麦收前的杂事。开镰前最后一集是"忙农会",各类夏收物资一应俱全挤满市场,镰刀扫把,筛子簸箕,应有尽有。县里剧团也到集市凑热闹,急锣紧鼓要唱《喜开镰》。树荫下,男人们三个一堆,五个一团,聚在一起聊天。<u>无非是说,今年麦子长得厚,费镰费胳膊,吃苦的日子到了。脸上却是掩不住心里的喜悦。</u>先前,从甘肃上来的麦客,早早就往关中赶。一路上,蚂蚁般从西往东赶,跟着麦熟先后,次第向西割过来,叫赶麦场。那种人头攒动,此呼彼应,熙熙攘攘,煞是热闹,构成关中麦天一景。如今,麦客们少了,一路上都是鲜红的收割机,突突突,吼个不停,进了麦田,就如机船下了海,所过之处,留下的只是一地黄亮亮金灿灿的麦茬,散发着湿润的草香。收麦的时间由此大大缩短,种田人此刻只需跟了机器,张开口袋,把哗哗装满麦粒的粮袋运回家就是。

毕竟还是五黄六月，头顶一团火球，身上汗珠子擦了又出。早晨起个大早，白天累一天，晚上一碰枕头就跌进梦乡，摇不醒叫不应。麦天的日子，累人的日子。妻子心疼丈夫，这些天，得把饭食做可口，得上"硬料"。先是锅盔、面，只两顿，男人说：吃不进去，有些汤水便好。女人另想法子，买些精肉，配上黄花、木耳、菠菜、豆腐，做成酸酸辣辣的臊子；然后，使出看家的本领，把面和硬揉匀擀薄切细，如同俗语说的："薄如纸细如线，下到锅里莲花转"。一碗香喷喷的臊子面端给男人，看着他三口五口一碗，吸得滋滋溜溜响，女人心里别提多舒坦。改日，又变了花样，割一鲜鲜嫩嫩的水芹菜，在瓷盆里泡成酸菜酸汤。再将那芹菜切碎，配了油、葱花在锅里一炒，酸汤一并倒了进去，烧滚放凉，细白的面条浇上这酸菜汤，叫浆水面，热天吃了，落汗下火。看那碗里，汪汪地飘着葱花、辣油，面前放一头园子里新拔出的嫩蒜，紫紫的皮包着白胖胖的身子，再有几条顶花带刺的黄瓜，你就吃吧！男人吃完一老碗又一老碗，嘴里吱哑有声，身上却硬是不出汗，你说怪不！

"算黄算割"，鸟还在彻夜地叫。老人们说，那鸟是人变的。说是从前，有个农人总以为麦子全黄了熟了再割，结果，一场暴雨，麦子全泡在田里了，颗粒无收。气死了的农人，变成了鸟，一到麦天，就白天彻夜地叫，提醒农人麦子一边黄，就得一边割。虽说，这道理农人都懂，不用提醒，鸟儿们仍要坚持着叫到忙罢，直到嗓子滴出血。到那时，你听吧，叫声又改成"布谷""布谷"了。收完麦子，该是种苞谷的时候了。

一场龙口夺食的麦天总算过去了。新麦入囤，满屋子都是麦香、馒头香、锅盔香。忙了一季子的男人，长刺刺躺在炕上，望着麦囤，嘴里哼着秦腔。想啥？啥都不想，忙活了一年，身子脑子都该歇歇了。偶一抬头，望见窗外，黑云朦朦，淅淅沥沥落下雨点来，睡意便水一般弥漫上来。

孩子们坐在门廊里，看着雨水从房檐一条线地流下来，口里唱着："忙罢了，雨下了，棉花疙瘩长大了。"妻子会在炕头做些针线活，猛然，推一把懒洋洋躺着的丈夫："去，割二斤肉来，妈妈这两天该来追节了。"

"追节"，什么节？"看忙罢"。回应忙前女看娘，这回该来娘看女了。麦天，一年一度，忙碌着、喜悦着，把农家的日子濡染得鲜鲜亮亮，有滋有味。

**【推荐者语】**

### 底气源自接地气

这是一篇"接地气"的散文。《辞海》中是这样解释的，地气：大地之气，从大地底下向地面反上来的气。"接地气"是指挨着地面才能接收大地之气。龙应台评价诺贝尔文学奖获得者莫言的作品，就是"接地气"。正是"接地气"使得莫言的作品登上了顶峰。接得地气，需要我们亲近土地，感受大地的忧怀，触摸她的脉动。而在黄土地苦苦挣扎数千年的农人更值得我们投以关注的目光。从"坎坎伐檀兮"的悲愤，到"猿鸣三声泪沾裳"的哀叹；从"锄禾日当午"的辛劳，到"听取蛙声一片"的喜悦。他们用刀刻的皱纹书写岁月的沧桑，他们用佝偻的脊背展现人生的坚强，他们用憨厚的微笑演绎人性的朴质,他们用昏花的老眼守望着人文的归宿。接了地气,灵气便如泥土湿润而芬芳的气息一般生生不息,让人品咂良久。

【学生互动】

生:首段,喻体"睡醒吃饱喝足了的孩子",让我联想到胖乎乎的农村娃,很逼真。

主持人:我还联想到一篇高考满分作文中的"鸡吃饱了蹲在架子上打盹,猪挺着滚圆的肚子窝在一角直哼哼。"韵味十足。开头还用到了什么修辞?

生:比拟,"风摇雨洗"中的"摇"和"洗",真切而朴实,简练而生动。

主持人:对,首段的比喻和比拟修辞的运用,自然而富有泥土气息,味道很纯。

生:第六段划线句很有意思,既说"费镰费胳膊,吃苦的日子到了",又说"脸上却是掩不住心里的喜悦"。这很矛盾。

主持人:用一句时髦的用语——"累并快乐着"!在农人眼里,丰收时的劳累是一种享受。如同嗜酒者饮一杯醇香的烈酒,辣中定有回味挥镰的瞬间,荷担的刹那,那种劳累与喜悦掺杂的感受其实就是农人的幸福时光。累成了一种习惯,丰收的劳累成了一种享受,这种累真美。

生:文中写到男人"睡意便水一般弥漫上来",与环境非常切合。

主持人:这时还想到什么?

生:男人的劳累。

生:丰收了,麦粒归仓的踏实与悠闲。

主持人:准确深刻,前文还有类似的文字吗?

生:文章写男人"跌"进梦乡,用语有异曲同工之妙。

生:文章多出写到农村妻子对丈夫的体贴,这显得温馨而感人。

主持人:这是一种小说的笔调。富有人情味的描写还有,再找找!

生:写农忙时闺女回娘家"熟盆熟碗"地忙乎。

主持人:与后文哪里照应?

生:娘到女儿家回访。

主持人:这叫"追节"。听说过这个节日吗?

生:没有。

主持人:农村有好多有意思的节日,但却日渐衰落。我们最重要的节日是什么?

生:春节。

主持人:更温馨的说法叫"过年",然而年味在一年年变淡;清明、中秋、端午这些重要的传统节日气氛也在一年年变淡。这已成不争的事实。西方有狂欢节,我们的精神狂欢节便是内涵丰富的传统节日,然而,随着农耕文明的衰落,这些传统也面临着极为尴尬的境地。除了传统节日的萧条,还有呢?

生:传统戏曲。

主持人：对！我们不是要求全面复古，而是从淳朴的民风乡俗中找到中国人传承数千年的精神慰藉。如果面向前方的是信仰的危机，身后是灵魂无处扎根。谁还知道我们从哪里来，又往何处去！

生：地气，与泥土有关，而土地文明是关于泥土的。因此，可以说，中国的传统文化是倡导接地气的。

生：我们的阅读需要"阳春白雪"，更需要"下里巴人"，两者不可偏废，而远离生活的所谓"高雅"，实为"失血的矫饰"。

生：当然，接地气并不意味着粗俗，这个"俗"里面也有生活原味的细腻与深刻。

主持人：比如？

生：比如，这篇散文里围绕麦收刻画的爱情与亲情，还有相关的民俗的描写，可以说非常接地气，极富生活的韵味。

主持人：与泥土的近，不仅仅是与自然的接近，而且还包括对真实生活的接近。从这个意义上说，接地气便是更接近生活的真实。这样的"俗"，更接近生活的本质、生命的本真。

**【小组归纳】**

接地气，便生了根。有本之木才能枝繁叶茂，才能荫蔽众生。

1. 接地气，就是要走进乡野，贴近泥土，品味湿润清新的气息。
2. 接地气，就是要走进农人，感怀沧桑，体察默默承受的坚韧。
3. 接地气，就是要走进农俗，感受祥和，守望传承千年的温暖。
4. 信仰在前，灵魂在后；志在云端，根在脚下。勇闯天涯的脚步切莫迷失了回家的路。诗意不在鳞次栉比的高楼大厦那拥挤的缝隙里，而在灵魂老家依然贫瘠的土地那纵横的裂纹间。

**【教师引申】**

### 好文章要"接地气"

阅读，我们往往过多地重视立意的高远。写作时，一些同学常常惯性地想着要表现什么宏大的主题，想着惊天动地的大事，而忽视了跟生活的贴近。遍览我们的习作，生活简化了，情感荒芜了，泥土味淡了。

为什么不去接自己生活的"地气"呢？树接地气才繁茂，花接地气才能盛开，人接地气才能健康，文章接地气才可能厚重起来。

你完全可以到自己的生活仓库中去寻找呀！有的同学也许要说，我的生活很普通很平常，不值得一写呀！《麦天》一文中，作者就将视野投射到脚下的泥土和身边的农人。用普通人的劳累与挣扎来呈现人生的不易和人性的美好。如此感人之"俗"便是令人敬畏的高雅。我们也要善于从"鸡毛蒜皮"中看出一朵花来，善于从一滴水中看出太阳的七色光辉，善于在日常的凡人小事、常见情景中，切入重大而严肃的主题。这就需要我们用心体验生活，细心回味生活，耐心发现生活，提炼对生活的思考。

借用张爱玲的话，写作时先是"低"——"低到尘埃里去"，然后是"高"——"在尘埃里开出一朵花",既要做到立意有高度,同时又要做到选材"接地气"。

## 一、接地气,显大气

平淡人生也有舞,凡人小事也有歌。如果我们把凡人琐事放入广阔的社会背景和时代高度,那么我们就能听到时代脉搏的跳动。比如小说《品质》,高尔斯华绥主要着墨的,无非是哥斯拉鞋匠的固执与认真的平凡的生活细节,但正是这样的细节在读者的心中呈现出大气磅礴。绝不偷工减料,更不会迎合顾客而有意缩短工时。在工业革命"时间就是金钱,效率就是生命"的喧嚣背景下,这样的手工作坊明显跟不上时代的步伐,其落伍是必然的,但这一必然性之外引发读者思考的是对产品品质的审视与追问。产品的品质降低了,背后是商家的诚信在丧失,而多数顾客更关注商品的外在,却忽视其长期使用的价值,这既是一种麻木,更是对投机取巧的商家的纵容,如此这个社会便被笼罩在"假、恶、丑"之中不能自拔,"真、善、美"便被社会所驱逐,而像哥斯拉对手艺如此虔诚、对产品如此敬畏却成了另类则是这个社会的悲哀。如此,平凡之小却蕴含让人深思之大,这样的底气,让读者对文化,甚至对文明会有更深的思考与启发。

"世事洞明皆学问,人情练达即文章。"让我们睁开眼睛,关注周围的人和身边的事,从习焉不察的常态生活中看到社会万象,洞悉时代前行的轨迹,在凡俗的困境中寻觅生活的阳光,在平凡中见峥嵘,在微言中发现大义。

## 二、接地气,显灵气

其实,生活总是平常的,而在文学中的呈现则是作者以独特的眼光审视周围的生活。对于生活,我们应该永远保持一颗惊奇之心。平常的景,平常的物,我们用不寻常的眼光去打量,就会有一份诗意的情怀和收获。莫言的家乡高密现已成为一个文学概念,诺贝尔文学奖得主莫言的小说中许多人物成长与活动的主要地域,其对应的现实地域大致上是山东高密市区东北方向的几处镇街园区。莫言的大多数作品将溢满深情的文字植根于这片热土。这并不是一个真实的地名,而是莫言以其故乡为原型,用文字构建起的一个充满近乎乌托邦式理想主义色彩的世界,根植于现实的魔幻成就了莫言。《月光斩》《白狗秋千架》《透明的红萝卜》等小说在接地气中显示出灵气。所谓"灵气",应该是"独抒性灵,不拘格套",即写作应该植根生活,展示心灵。

请看李娟的《洗衣服是件快乐的事》片段。

再仔细地看,会发现这些小花们和周围的大环境虽然一眼看去很协调,其实,朵朵都在持续着强调不同之处,似乎它们都在坚持自己的想法。但是由于它们太过天真了而太过微弱;而又由于太过固执,而太过耀眼。它们更像是一串串带着明显情绪色彩的叹号、问号和省略号,标在浑然圆满的自然界暗处……真的,我从没见过一朵花是简单的,从没有见过一朵花是平凡的……真是令人惊奇啊!究竟是什么样的力量和心思,让这个世界既能产生磅礴的群山、海洋和森林,也能细致地开出这样一朵小花儿?

自然界的花开花落,我们平日见得多了,但又有谁像李娟这样充满好奇地去观察呢?她的内心里充满平等,又充满真诚,她把大自然中这些最为普通的一切,当作是有灵性的东西,这样具体事物的某些特征同某种哲理、风格、品质联系起来,让读者进行由此及彼的联想。

如果你有一种热爱生活、追求美好的"情趣",就会有一双"慧眼",一双"一粒沙里看世界,半瓣花上说世情"的"慧眼"。

### 三、接地气,显生气

真正接地气的作文应该与凡俗人生的喜怒哀乐连接在一起,应该跟心灵家园的自然朴素连接在一起。这样的文字应该是自然而然地从心灵中流淌出来的,是用真挚的情感表达出来的,读来自有一种感动的温度,自有一种震撼的力量。

比如,贾平凹的《写给母亲》。

三年以前我每打喷嚏,总要说一句:"这是谁想我呀?"我妈爱说笑,就接茬说:"谁想哩,妈想哩!"这三年里,我的喷嚏尤其多,往往错过吃饭时间,熬夜太久,就要打喷嚏,喷嚏一打,便想到我妈了,认定是我妈还在牵挂我哩。我常在写作时,突然能听到我妈在叫我,叫得很真切,一听到叫声我便习惯地朝右边扭过头去。从前我妈坐在右边那个房间的床头上,我一伏案写作,她就不再走动,也不出声,却要一眼一眼看着我,看的时间久了,她要叫我一声,然后说:"世上的字你能写完吗?出去转转么。"现在,每听到我妈叫我,我就放下笔走进那个房间,心想我妈从棣花来西安了?当然房间里什么也没有,却要立上半天,自言自语我妈是来了又出门去街上给我买我爱吃的青辣子和萝卜了,或许,她在逗我,故意藏到挂在墙上的她那张照片里,我便给照片前的香炉里上香,要说上一句:我不累。

在文章中,贾平凹定位自己是一个思念母亲的儿子,而不再是一位才华横溢的大作家。整个文章没有用一个形容词,没有任何拔高母亲的字句,几乎都是记录一些琐碎的事情。文中从头到尾都以"我妈"来称谓母亲,一猜就知道这是他生活中一直对母亲的称谓。通篇都是家常话,有的地方甚至有些絮叨,但却那么真实亲切。就是这些原生态式的叙述,却让人感受到平和里的沉挚,力量看似绵弱,却历久难忘。恰恰是生活中的琐碎的平常能让读者在矫饰的文山书海中读到真实,打动人的真实。

## 第三节　人文的立体观照

**【美文呈现】**

### 从北京到北京的距离

#### 陈启文

我到北京的距离是一个晚上。通常我都是在头一天夜里从我居住的那个城市坐上一趟特快,睡一觉,睁开眼睛时,到处都亮了,透过远郊越来越茂密的树林,可以看见辽阔天际的云霞,一个远在天边近在眼前的伟大而神秘的城堡,呈现在天地旷野的正中央,浑身闪烁出圣洁的光环,这就是我对北京的感觉。此时,我完全被唤醒了。

北京永远都让你以一种庄严的眼光去打量。这其实与天安门无关,与故宫无关。即便你去看街边上一个卖纸烟的北京大爷,也能通过他,看到他背后隐含着的某种尊严。很少听见北京人吆喝,你要跟他砍价,没门儿。北京不是个可以讨价还价的地方。

北京之大,是一种"海纳百川,有容乃大"之大。北京包容一切,亦可消化一切。北京让你感受到那种首善之区的宽容,也总给你一种无所不在的强势的逼迫,甚至有些霸道,总要把自己的意志强加于你。坐在出租车上,那位的哥随时会命令你把保险带系上,没有一点商量的余地。

北京之大,更多的还是体现在距离上。从北京的一个地方到北京的另一个地方有多远?这距离是以时间的方式存在着,而不是以道里计。我算过,从东土城到北京西站,差不多要一个小时。这在我们那儿,差不多是两座城市之间的距离。这还要看顺不顺利,总在你尚未精确地计算出这个数字之前,你可能已经遇到了堵车。一切都已仿佛置于某种无名的意志下,被堵住的车辆不会像别的地方那样四处泛滥,它们依然秩序井然地排着队。没有人想要超车,没有人骂娘,更没有旁门左道可走。北京人脾气小了,脏话少了,反而更大气了。

从北京到北京,还有一种距离,在一个人的仰望中。每次我这样仰望时,似乎是在观察一个距离更远的北京。太多的蓝图,太多的建筑工地,太多的轰轰烈烈的挖掘机和脚手架,脚手架上的小旗子,太阳在头顶上威严地移动,一群寂静地飞过的鸽子……北京的心脏部位,被一块一块地掏空了。北京拆了牌楼,又开始拆团城。到现在,尽管故宫还在,天安门还在,但你站在天安门广场上四下一望,到处弥漫的现代气息已经明显占了上风。

北京的大不仅是城市之大,而且是时空之大,巨大的、空旷深远的城市空间和渺小的个人之间形成了极大的反差,人在这里更能感觉到,你作为个体生命的渺小,以及占有时空的局限和短暂,那一种悲凉与虚空,也让你更能找回一个人的谦卑。一个人在北京生活,你会在比任何一座城市生活都要清醒、都要有宿命感。

在北京,在任何一个角落里,只要你安静地凝望,时间长了,你会感觉这里潜伏隐蔽着的一种无形的力量,每一个人都与这座城市有着微妙的对应关系,那种生死不渝的维系,以及坚守下去的那份信心,是我这样一个匆匆过客难以理喻的。从我二十出头第一次上北京,到现在,这是我命里往返得最多的一条路,而北京仿佛永远是一个我行将抵达的却又仿佛一直没有的城市。天才的卡夫卡早已替我描述出了那种最真切也最虚幻的感觉,北京是我远远就看得见的城堡,我一直没有找到进入它的方式。最后,我只能选择——离去。

每次离开北京时,我都会下意识地深深凝望,我看见过的,我还没有看见过的。

从一些日子,到另一些日子,在我的视野里不断涌现,又渐渐退向城市一侧,直至城市的背后。火车已经飞奔了很久,但仍未跑出北京。回头,我看见的是一个北京,再回头,我看见的是另一个北京。

**【推荐者语】**

人文视角,立体观照

"独特的人文视角,深入的立体观照",是这篇散文的主要魅力所在。正所谓"一方水土养育一方人",水土不同,人群的性情也不尽相同,地域的人文风情也不尽相同。要发现这种不同,需要有善于体察的阳光;要挖掘这种不同,需要有深于感悟的心灵;要呈现这种不同,需要有敏于刻画的言语。人文视角不同于摄像、摄影,而需要将地域特色用人性的感悟和人文的思考来做丰富而有韵味的描摹。比如,"距离"是本文独特的人文视角,这是北漂一族经历无数见证,无数打拼之后的灵魂感悟,难能可贵的是这样的人文视角是全方位的,由浅入深的,于是这样的思考便是厚重的,深沉的,有力的。

**【学生互动】**

生:这篇文章的人文视角比较清晰,那就是"距离"。

主持人:接下来,同学们就说说距离的具体表现和内涵。

生:距离体现在时间和空间上,文章的开头已经做了清晰的呈现。

主持人:不错,但那是从外地到北京的距离。这属于引入课文的,而我们关注距离的同时切不可忽略了前面的定语"从北京到北京"。

生:北京永远都让你用一种庄严的眼光去打量。这是一种距离。

主持人:是一种进而远之的仰望与敬畏。体现在哪些地方?

生:其实与天安门、与故宫给人的庄严无关,倒是与北京人有关。

主持人:地道的北京人,老北京。

生:卖报的,其他做小生意的,都给人一种令人敬畏的尊严。

主持人:文章还有类似的文字内容吗?

生:文章还有的哥和交通拥堵时北京人的表现。

主持人:提炼一下!

生:这是一种人文素养的差别。

主持人:"差别"换个词?

生:距离。

主持人:除了这一距离,文章还突出了哪方面的距离?

生:文章第5段写到北京传统建筑纷纷被拆除,这是现代发展与传统文化秉承的距离。

主持人:作者的态度如何?

生:明显是担忧。

生:北京之大,让人感到清醒和"宿命感",这也是一种距离。

主持人：对！这是外乡人与北京城的心理距离。

生：第7段还写到普通的老北京人坚定的生活信念，而匆匆过客难以理喻。这也是一种距离。

主持人：还有呢？

生：从更深层次看，这是"北漂一族"生活艰辛的真实写照。

主持人：同时，这也是他们灵魂的思考。这个距离是具体的，也是无形的；是立体的，更是深刻的。

【小组归纳】

人文视角，立体观照，显示的不仅仅是地域特色，更是灵魂的思考和人性的彻悟。

1. 人文视角，深入一层的挖掘，高人一筹的哲思。
2. 立体观照，从一个视角切入，全面透视，细腻玩味，诗意顿生，意蕴饱满。
3. 形象与内涵的完美结合，智慧与情思的高度融合。
4. 大气而不失灵气，人文而不空洞，飘逸而有致，毫不夸张的大文化散文。

【教师引申】

### 独特的人文视角

视角不同，文章的格调和气质也不同。上文是一位"北漂"以人文的视角审视自己与北京的距离。写北京，可写的点有很多。自然风光、文化古迹、百姓生活，而作者从"心灵距离"的角度审视，则使得文章充满了人文体验与思考，显得别开生面。人文观点，不能失之空泛，下面提供了几个立意鲜明、或积极向上、或另辟蹊径的视角供大家参考。

1. 生命的视角

把自己的材料和生命联系起来，就会别具一格。

余秋雨先生谈到生命与写作时，他说，许多中学生只注意到好文章，而没有注意到生命的内在感受。写文章一定要多从生命出发，好文章都是实实在在的生命表述。他又语重心长地告诉我们：写作是人类生命与生命之间的互相温暖，而不是奇巧的结构之间的一种存在。在有效的表达和生命意义的真实传达这个问题上，我们不应该本末倒置，年轻的时候本末倒置，要走出需花费几十年的时间，有的人一辈子都没有走出来。《文化苦旅》便是他用生命对话历史文化，同时赋予历史文化以生命，再同读者的鲜活生命对话。从《文化苦旅》到《霜冷长河》，余秋雨从历史的大话题转向了历史的小话题，在《霜冷长河》中，历史已不再是文章的主体。在经历种种尝试之后，探讨生命成了文章的主题。这些作品风格平实自然，行文简洁流畅，充分显示了作者深厚的文字功底和丰富的人生阅历，以及对社会现实和鲜活生命与真实人性的深入思考。

2. 文人视角

文人往往多愁善感，一片树叶飘下就会生出许多感慨；一事不公，常会萦绕于心而不去,所以他们表现得既缠绵又大气,既伤感又彻悟。说其缠绵,那就是有"梁山伯与祝英台"久唱之不衰;说其大气,那就有司马迁的《史记》"肠一日而九回"让人肃然;说其伤感,就像白居易那样,能和平民一起发出"同是天涯沦落人"的无奈;说其彻悟,那就是脱离世俗的超然,便有苏轼"浩浩乎如冯虚御风,而不知其所止,飘飘乎如遗世独立,羽化而登仙"的潇洒。当然,文人视角里应多一些对苍生的忧怀,对世界的温暖期待,而不能陷入自哀自怜的小我圈子。

以苏轼的诗文为例,其多用典型的文人视角。东坡是号,但人们像他自己一样喜欢这个号,比原名苏轼二字更有亲和力,也更有文化内涵。东坡这个号是自"东坡居士"而来,"东坡居士"是他谪居黄州时自己起的,从那以后,以至今日,他就以"东坡"为世人所知了。中国的史书上每以"东坡"称他而不冠以姓,或称东坡先生。"问汝平生功业,黄州惠州儋州",东坡的人文价值,在于不管处境多么艰难,他始终不丢失"儒家"的担当与胸怀,更不会丢失"道家"的仙风与"佛家"的豁然,进而实现真正的人生突围。

3. 心灵视角

心就是魂,在"灵魂"深处"闹革命",常能掀起阅卷者感情的涟漪。

有人写"思念",全是心的思念,读来让人落泪。

思念是心空的灯,思念是心海的筏,思念是心绪的丝,思念是心田的犁,思念是心箱的蜜……我知道,有一种温柔的心痛叫思念,有一种时刻的牵挂叫思念,有一种沉沉的忧郁叫思念,一种苦苦的忍耐,一种酸楚的无奈,一种"只要你过得比我好"的隐忍叫思念。宁静的心笑看风云,是一种睿智;宁静的心豁达乐观,是一种宽厚;宁静的心包容万物,是一种博大;宁静的心海纳百川,是一种深邃;宁静的心恬淡惬意,是一种回归自然的本真。

短短的一段话有多少"心"字,那正是"心心相印",心心相印的文字,常会让人落下心的眼泪。之所以感人,是因为这样的文字是发自肺腑的,而且直击读者的心灵。心灵与心灵碰撞,其结果不是含泪的笑,就是含笑的泪。文学的主体是人生,人生是什么,谁都难以回答,之所以难回答,是因为这是生命的哲学,但用"心"去回答,则让人释然,是一种感到真诚的释然,如进入桃花源一样。有人说,人生就是在这理想与现实中辗转,在这入世与出世中徘徊,在这有缘与无缘间漂泊。活着的时候,因为精神的富足才具有生命,逝去了之后,灵魂的永驻才能延续生命,无论生活怎样平凡与苦闷,无论人生怎样压抑,都不要轻言没有希望,都不要轻易放弃努力。没有了一生的执着,没有了一生的激情,纵然是活着,活着又有何滋味?"哀莫大于心死",相反"乐莫过于心暖",只要鲜活的体验还在,就能从心底自然流淌出心灵的文字,而对面的心灵也一定会因同频而怦然心动。

4. 忏悔视角

"忏悔"不是"国货",是舶来品。"忏悔"在我们中国的表达,那就是"反省"两字,孔子"一日而三省"当是最经典的例子。"静坐常思己过,闲谈莫论他非",常常是君子们修养的一条准则。常能反省的人往往是一个文明人,一个具有高尚人格的人。反省,其实是灵魂的净化剂,尘埃的过滤机。

巴金老人的《随想录》,最感人之处便是其真诚的忏悔。

所谓忏悔,往往是指作者真实地面对自己的内心,正视人性的弱点,甚至是污点。巴金难能可贵的是他敢于揭自己的短,讲真话,更难能可贵的是在功成名就,在成为时代文坛风云人物之时忏悔。巴金的晚年是忏悔的晚年。具有忏悔意识的作家才是真诚的作家,没有忏悔意识的作家是没有良知的冒牌作家。巴金的去世结束了一个忏悔的时代,在他之后很少有作家忏悔,更多的作家在躲避忏悔,躲避崇高,躲避历史与政治,尽情抒写着故纸堆中的陈年旧事,尽情歌颂专制和皇帝,尽情叙述个人的离合悲欢……在我们纪念巴金先生110周年诞辰之际,让我们尊敬他的良知,同时也唤起我们的良知,做一个正直的人。人不回看来路,特别是不审视来路中心灵的阴暗,前路也没有未来。

文化作品中的人文视角,也正是读者钟情而迷恋的重要因素,这是人文精神的补钙与传承。很难想象,当所谓远离人文精神的文章充斥我们的生活之时,我们还有没有精神可言,我们精神前路何在?

## 第四节　诗意的真实回归

【美文呈现】

### 每一朵雪花都认真飘落
#### 余君才

雪是什么时候开始下起来的,我已经记不清了。母亲在半夜里翻身,在沉寂的夜里忍不住大声咳嗽。大半夜的,风轻轻推开虚掩的窗户,屋子里越发清冷,母亲帮我盖好棉被,又走回了自己的屋子,然后传来一阵轻微的咳嗽声。窗外的天空低垂,风更加凛冽起来,我静静地躺在夜里,毫无睡意,看着窗外的事物。窗外的天空慢慢地变亮,我感觉雪就要落下来了。

我不知道是什么时候又睡过去了,母亲起身的时候,我也不知道。雪要落下来了,母亲想起了山野上的那一块麦地。麦苗青青,但疏于人力,麦垄里的杂草还没有来得及铲掉。母亲拿起锄头,走向那块月光下的麦地,她对山野里那些迎风招摇的麦子无比珍视。她要赶在雪花落下来之前将那块麦地的杂草除掉。不然大雪落下来,麦子连同杂草埋在下面,土地的营养全被杂草给吸走了,冬雪之后的麦子就会"面黄肌瘦"。

那时候雪还没有来,雪还在风雨之后。母亲在那块月光下的麦地里除草,母亲头上包着一块暗红色的头巾,身上穿着那件厚厚的棉袄,棉袄有些破旧了,里面的棉花露了出来,乍一看像是飘落在棉袄上尚未融化的雪花。但雪还没有落下来,天空越来越明亮了,母亲心里越来越急,她挥舞着手中的锄头,在月光之下,努力地除

117

草,雪就要落下来了。

母亲回到家的时候,雪已经越下越大。我透过房间的窗户看见母亲扛着锄头从大雪纷纷的小路上走回来,她的脸颊已经被冻得通红,母亲用龟裂的手轻轻掸去落在身上的雪花。母亲将锄头靠在屋前的墙角,然后经过庭院走进屋子里,母亲的身后,大雪将夜晚映得发亮。

后来,长大了些,在书里读过很多下雪的场景。《林教头风雪山神庙》里那一场越下越紧的大雪令人惊心动魄,林冲的人生又将何去何从。读到《红楼梦》里"好一似食尽鸟投林,落一片白茫茫大地真干净",让人想到漫天大雪,万物归一的世界,难免有些悲伤。读过唐代诗人刘长卿的诗:"日暮苍山远,天寒白屋贫。柴门闻犬吠,风雪夜归人。"风雪中归来的人会是谁呢？我们一遍遍地读,又一次次地猜测。那个风雪中归来的人一定经历了风雪的洗礼,但这个画面让我想得更多的是在风雪夜里劳作归来的母亲。

在我走南闯北的岁月里,我见过无数次落雪。我见过在空中旋转升腾,尽情狂舞的朔方的雪,也见过妩媚婉约、涂着胭脂的江南的雪。我见过一个在风雪中,推着三轮车急着赶路的收废纸的老人,雪落在他的破旧的衣服上,他继续赶路前行。我还见过一个在大雪纷纷的夜里,推着手推车等在火车站帮人拖行李赚钱为老伴看病的老人。我看见大雪封山,看见那些被堵在路途上无法回家的打工者们失望的眼神。我甚至看见过一个在大雪纷飞的夜里,无家可归的流浪汉瑟缩发抖的战栗……

他们和我的母亲一样,都太普通了。他们在每一片雪花之下,过着自己平凡的生活,经历自己的人生。一切都是那么稀松平常,他们好像从来都没有被人们发现过。

但,每一片雪花都认真飘落,它滋润万物,落在山间、湖泊、田野、城市的街道……仿佛每一片雪落下时,都会有什么故事发生。在每一片雪花下面,人们都过着自己的生活,有的轻衣简从,有的辎重前行,有的乞讨人生,有的辛苦劳作,有的在百叶窗下享受一杯热咖啡的温暖,有的在大雪弥漫的街道上认真地讨着自己的生活……

(有删改)

## 【推荐者语】

### 诗意的回归

钢筋混凝土的森林里,物质丰富了,但精神往往愈发空虚,此时需要在泥土上走走。如此,人才会更踏实,更安详。急速的城市脚步,有时需要放缓,嗅嗅新鲜空气,瞅瞅青青枝叶,让灵魂得到栖息。诗意生活,需要诗意的环境,更需要诗意的心态和诗意的情致;诗意的人生,需要诗意的感悟,更需要诗意的眼光和诗意的品位。莫让世俗的铜臭玷污了诗意的清新,更莫让行色匆匆冷落了诗意的落雪。

## 【学生互动】

主持人:每一朵雪花都认真飘落,用了什么手法?

生：拟人。

主持人：对，这里的"认真"，赋予了雪花生命。"认真"，还有怎样的内涵？

生：母亲是认真生活的。

主持人：仅仅是母亲吗？

生：许多普通人都是这样的。

主持人：难能可贵的是，作者将视野观照到普通人，可爱而可敬的普通人，他们都在认真地生活着。而普通人和雪花之间又有怎样的关联呢？

生：普通人，认真生活；雪，认真下。每一个普通人就如同一片普通的雪花，晶莹可爱而少有人识。

主持人：对！芸芸众生就如同漫漫雪花。我们再向深层的诗意挖一挖。

生：自然万物都有着自己的生存定律。每个人，都经历着落雪的人生。

生：随风而坠的人生，虽贵贱殊途，轨迹各异，但都可以改变自己的命数，可以选择不同的方式飘落。

主持人：每一朵飘落的雪花都有属于自己的命运，每一朵雪花下面都有着人们不同的生活，每一种认真经营自己生命的生活都值得被歌颂。这篇散文写到许多普通人，但最让人难以忘怀的，还是母亲。我们再看看母亲的形象。

生：每一位认真生活的人都是掌握自己命运的人，在那个风雪夜里劳作归来的母亲，累并快乐着。

生：这样的人生是踏实的，纵然她很卑微，劳作也很卑微。这是深层的诗意。

生：题目中的雪花既是指现实中的一朵雪花，也象征母亲及像母亲一样认真平凡地生活着的人们，象征他们认真对待生活的态度以及对生活的珍爱和责任。

主持人：似乎，我们已将诗意说尽！

生：我们还要学会做诗意地阅读。

生：读名家诗意的美文是诗意的享受。

生：读古典的诗文更是美的享受。

生：这些不仅是阅读，而且是一种生活方式；不仅是一种生活方式，而且是让灵魂得到诗意洗礼的有效途径。回归自然，拥有一颗沉浸自然的心，做诗意阅读，让快速运转的马达得到保养，需要更必要。

主持人：打开心灵，我们会发现，世界并不缺乏诗意，有些诗意是含泪的笑，抑或含笑的泪。我们要守护灵魂赖以生存的诗意环境，更要让坚硬的心灵变得柔软，变得诗意。诗意实为一种生命方式。

【小组归纳】

诗意回归，回归诗意，学会一种朴质素雅的生活方式，涵养一种灵魂栖居的生命方式。

1. 诗意源于自然，自然的泥土气息，自然的花香鸟语。
2. 诗意源于心态，闹中取静，忙中品幽，累中生趣。

3. 诗意源于阅读,读宁静而悠远的美文,读古典而清新的诗篇。

4. 诗意源于生活,抛开世俗,远离庸俗,诗意栖居,诗意行走,诗意就成了幸福。

【教师引申】

### 诗意不可弃

所谓"诗意",指像诗里表达的那样给人以美感的意境。诗意其实是面对自我和外面世界的态度。用诗意的眼光看,自己遭遇的挫折只是暂时的,这也不是人生的全部。眼前世界呈现的假、恶、丑,我们应当有这样的判断,这些只是世界的一面,就是这样的一面也是可以改观的,退一步讲也有改观的可能,再退一步讲这也是丰富的世界的一部分,有了这些才是完整的世界。

就个人而言,诗意主要包括两个层面。

一是诗意人生。仔细观察生活,用心品味生活,认真感悟、解读生活里折射出来的人生韵味,文章就会具有透视生活本质和启迪人生的价值。

房墙上开窗子是后来的事。随着窗子的开凿和扩大,人类文明的曙光也随着扩大。窗子,自从它出现的那天起,它就成为阳光的眼睛,空气的港口,成了自然和社会的纽带。随着时间流逝,层楼的加多,窗子也越来越多。看到高层的建筑,就会惊叹窗子是房屋最鲜明的象征。没有窗子的房子,几乎也就没法把它唤作屋子了。有谁未曾享受过开窗的喜悦呢?打开窗子,突然见到青山闯了进来,打开窗子,看到柳色的清新,小燕子的飞来……

——选自《黎明的眼睛》

诗意人生,就是要珍惜人生的不易,发现人生的美好。就每一个人生阶段而言,人要学会欣赏并接纳每一个阶段的美好,活在当下,活在路上。不背既往的包袱,也不恐惧未来的不测;既不沉迷回味往昔的美好而不能自拔,也不空想未来的幻影。

二是诗意生活。无论卑微还是伟大,任何人都无法让岁月停下匆匆的脚步。无论是悲伤还是快乐,贫穷还是富有,满怀希望还是苟且偷生,都得早看朝阳暮送霞光。日子得一天天挨下去,等待列车进站,等待日落西山。与其在痛苦中等待,为什么不换一种心情,让阳光普照生活,四季如春呢?卑微的人有卑微的快乐,伟大的人有伟大的痛苦。谁都不会一直生活在阳光或黑暗之中,所不同的是在阳光普照的时候将温暖贮藏,留待他人或明日分享;黑暗的时候用心灵将天空照亮,让所有身处黑暗的人知道,黑暗遮不住太阳。因为太阳不在空中,而在我们每个人的心里。所以,著名诗人普希金在《假如生活欺骗了你》一诗中写道:"假如生活欺骗了你,不要悲伤,不要心急,忧郁的日子里须要镇静。相信吧,快乐的日子将会来临。心儿永远向往着未来,现在却常是忧郁,一切都是瞬息,一切都将会过去。而那过去了的,就会成为亲切的回忆。"

生活就是一首诗,如果用心去阅读,就会从那些柴米油盐中读出生活的哲理;

生活就是一首诗,如果用心去品味,就会从那些甜酸苦辣中品味出生活的真谛;生活就是一首诗,如果我们用心去创造,就会让那些一日一日的平凡,变成一句一句的箴言,一句一句的警句,一首一首闪光的诗篇。

——选自《诗意生活》

生活,更多是平淡如水,但我们的内心应该给生活加点盐或糖。生活也难免会遇到挫折,但是我们要学会直面挫折,困难再大,办法会更多。罗丹说:"生活不缺乏美,只是缺少发现美的眼睛。"其实,就是不美之处,我们也应该学会审美。以审美的眼光看,即使遇到不美的东西或现象,我们也会建构真实的审美体验。

其实,诗意的体验,就是以审美的眼光、诗性的感受和哲学的思辨面对自身与世界,既发现"真、善、美",也认知"假、恶、丑"是人生与现实世界的一部分。既知足而乐,也在不断发展中体验成长之欢。

## 第五节　美妙的人情人性

【美文呈现】

### 野　店

臧克家

虽然说是野店,它所依傍的却是大道。几间茅草小屋,炕占去了每间的大半,留下火镰宽的一点空隙好预备你上下。这儿是大同世界,不问山南的海北的都挤在一堆,各人向着同伴谈论着,说笑着。没有"莫谈国事"的禁条贴在头上,他们可以随便放浪地吐泄,东家的鸡西邻的狗是要谈的,日本鬼子也是一个题目,因为他们中间就有许多是从东三省被迫回来的,一个小被卷是财产的全部。

晚上,任你一落太阳就躺下,敢保你不会一沾席就如愿地变成一块泥。夏天的蚊子、臭虫,冬天的虱子和跳蚤最喜欢和客人开玩笑,哼哼着叫你清醒地享受一个客夜,身上留点伤痕做一个追忆的记号。还有马棚的牲口也怕主人误了行程,半夜里叫一阵,用蹄子打地咚咚的一阵。当睡梦将要占有了你的临明的那一刻,店门唿隆一声。接着小伙计的脚步动静了,一睁眼,微白的曙色使你再也蒙眬不得了。套上车子,披一身星光,冒着晨风,朝曦把人引上了征途。

"鸡声茅店月,人迹板桥霜。"回头望望这一副大红门联,意味够多长呢。

门口一个破席凉棚撑着夏天的太阳,为着什么东西奔跑的行人走在这串着天涯和故乡的热土的道,望着这凉棚像沙漠中的人望见了绿洲。三步并成一步赶上来,卸下身上的负担,扣下沾着汗水的檐溜般的布眼罩,坐在一条长凳上用草帽或是手巾扇风。几碗半冷的残色的茶水浇下去,汗马上从身上涌出来,各人身上背着一身花疏的阴凉。设若有一个像蒲留仙一样的人物,夹在这杂色的队伍里,每个人你借给他一把蕉叶,那么一部《聊斋》会很快地集起来。

这些人，像"未有哇"①一般，在这儿留一个脚印，便飞鸿似的去了，没有留恋，没有感伤，在未来的时候，他们也没想到会在这儿挂这一翅膀。水不是白喝，临走总得留下几个钱，百儿八十是他，三百二百也是他，主人不会嫌太少，伙计也不会说一声谢谢。但当你起身以后，"再来！"这一句淡淡的话每回是不会疏忽的。

野店的常主顾是车伙子。他们到远一点的地方去运货贩卖，去的时候带着本乡的土产。这些车子往往成群成帮，队伍展得老长，道上的一帆尘土是他们的旗号。一走近了店口，把车子一插，用披布擦去了脸上的汗，弓着腰很自然地踏入了店门。因为太熟，照例有称号，姓王的是王大哥，姓李的是李二哥。小伙计牵牲口倒水忙乱一气，住一会，叫一袋旱烟把粗气压下，饭上来了。半斤一张的大饼，包着大块肥肉的包子，再要几头大蒜，一块还没腌变色的老白菜帮子。吃起来有点可怕。不，不能说吃，应是说吞。看那个劲，饼如果是铁的，肚子一定变成熔炉。饭后为了消暑，走到水瓮边去，捧着大瓢的生水往下灌，声音咚咚的可以听好几步远。"掌柜的算账！"这是一闭眼的午睡醒来后的第一句话。外边算盘珠一阵响，几吊几百几十几，小伙计一口喊出来，接着是查铜子的声音，一巴掌钱接到手里，含着笑走到财神位前，不远不近向大粗竹筒内一掷，哗……啦啦……果真是钱龙汇海了。

这些老主顾来到店里若是逢着佳节——端阳，中秋，元宵，不用开口，半壶白干，四样小菜碟便送到眼前了。喝了不够，还可以再开一回口。不打钱，这算主人的一点小意思，不要看这是小节，主人的大量与吝啬往往作为客人去留的关键。谁不愿用百年不遇的一壶酒去做招徕的幌子？

秋天，连线的阴雨把一个远道的客人困在野店里，白天黑夜分不开界限。闷闷的用睡眠用烟缕打发日子。风挟着雨丝打进纸窗来，卧着，从眼缝里闪进来一片阴暗，粗人就算是不善于愁，一只孤鸿也难免于凄凉。等着，胸中灼火地等着，等到雨丝一断，也是第一个把脚印印在泥上的人。野店被撇在身后像撇了一个无情的女人。

时间把什么都变了。有了汽车转眼可以百里，"夕阳古道瘦马"的趣味算完了，有钱的人谁也不愿再受轿车的折磨，野店的客人因此稀少了。加以年头不对，关东客全成了穷鬼，向四方逃难的倒很多，然而他们走店来顶好不过喝一壶白开。野店是诗意的，然而今日的野店成了时代头顶残留的一条辫子了。

**【推荐者语】**

## 人情与人性之美

人情之美蕴含在人性之美中，人情更外化，人性更内在。个性没有绝对的优与劣，人性没有绝对的善与恶，在两个不同方向的选择中，往往只是因为一念之差，也许这就是人性的善变与脆弱。文学作品最能够震撼人的心灵的，恐怕就是它所展示的至纯至真的人性了。在我们眼中，有时自然是可以看透的，而人性却永远无法

---

① 蝉之一种。

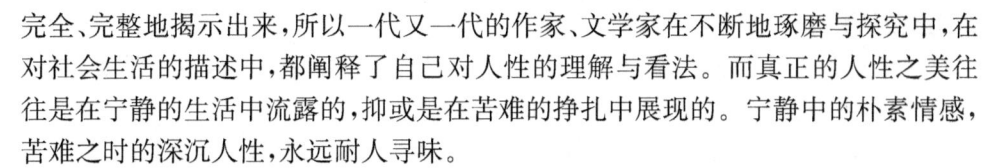

完全、完整地揭示出来,所以一代又一代的作家、文学家在不断地琢磨与探究中,在对社会生活的描述中,都阐释了自己对人性的理解与看法。而真正的人性之美往往是在宁静的生活中流露的,抑或是在苦难的挣扎中展现的。宁静中的朴素情感,苦难之时的深沉人性,永远耐人寻味。

**【学生互动】**

生:这篇文章让我联想起2011年江苏高考作文《拒绝平庸——"风沙渡"》。我认为这个野店真是"风沙渡"。在艰苦的行程中,能遇上这样一个"野店",确实是幸事,纵然它条件简陋。

主持人:"风沙渡"店主是在拒绝平庸,而野店的店主也在拒绝平庸,他没有只看重钱,而是尽力为羁旅之人与辛苦的商贾提供力所能及的方便。

生:夏天的蚊子、臭虫,冬天的虱子和跳蚤,还有马棚的牲口半夜里叫一阵,这样的住宿条件,甚至可以用恶劣来形容。但是羁旅之客"一沾席就如愿地变成一块泥"。可见,他们真的很累了。

主持人:许多都是逃难之人,背井离乡,不容易。换一个角度看,平时他们家的环境也和这里差不多,习惯了。那么,为什么文中用"开玩笑""身上留点伤痕做一个追忆的记号",觉得是一种享受呢?

生:掌柜热情的态度,让住宿的人真正有了宾至如归的体验。

主持人:尤其是端阳、中秋、元宵等传统节日,掌柜特别大方。这样的节日待遇,让旅人倍感温馨。

生:还有同住的人,挤在一起,大家同病相怜,亲密无间。

主持人:"望着这凉棚像沙漠中的人望见了绿洲",我们又该怎样理解呢?

生:只要有一颗沉浸于自然的心,我们便可以闹中取静,"心远地自偏"。这里是落脚的栖息地,这里更是灵魂的避难所。在这里得到的慰藉,不是豪华宾馆所能感受到的。

生:同样,淡淡的一句"再来",也显得无比亲切。这也是现在宾馆、超市的礼仪小姐娇饰的客套话所无法比拟的。

生:"饼如果是铁的,肚子一定变成熔炉""捧着大瓢的生水往下灌",可见,这些主顾的豪爽。

主持人:还有生活的艰辛。

生:"等到雨丝一断,也是第一个把脚印印在泥上的人",我们能看出什么?

生:为急着赶车。

生:家里可能有卧病在床的爹娘,有站在墙角眼巴巴守望着的老婆,还有嗷嗷待哺的娃娃。这是一种传承数千年的家庭责任。

主持人:然而,随着传统农业形态的转变,传统民俗渐渐淡漠,传统文化渐渐退化,人情冷暖也在发生着微妙的变化,朴素的真情与善良的人性在渐渐远离,这不能不让人警醒。

123

**【小组归纳】**

人情透射人性,人性支撑人情,两者一表一里,相得益彰。朴素的人情美、真挚的人性美,始终是文学作品最诱人的独特风景。

1. 人情之美让人性之美更温暖,人性之美让小人物的形象更具魅力。
2. 人性之美体现在三个层面上:对自己,易感幸福;对别人,心怀感激;对自然,深深扎根。
3. 幸福感源于勤劳、善良、责任心、小希望、小满足、累有所得、灵魂有根。
4. 小人物的人情、人性之美往往是建筑在赤裸的土地上,在浓浓的民俗中,在纯朴的民风间,在传承的历史文化内。我们需要守望,更需要拯救。

**【教师引申】**

### 从人情到人性再到人格

"文学就是人学",人是文学作品中不变的话题,人的价值更是关注的焦点。那么,如何审视作品中人的存在与人的内涵呢?主要可以从如下三个层面进行审视。

一是人情美。人情之美,首先在于作品人物要有人情味。人情味,离不开真实——真实的角色、真实的表现、真实的体验。如《野店》里长途跋涉、车马劳顿的主顾见到野店的欢欣、躺下来的惬意,投射的是深切的真实。人情味还包括自然的善意。如野店中店主简单的"再来"的道别话就显得那么自然,那么温暖。

人情之美从人世间"爽朗豁达别情豪,肝胆相照友情深",到"感人肺腑亲情真",再到"缠绵悱恻爱情浓"的真切情感上,透露出浓浓的人情美,表现了人类对最纯洁情感的追求,召唤人们对一个生命的基本尊重和体恤,展示了人性中最美好的精神世界。造酿美的情怀,真挚的友情,深厚的亲情,纯洁的爱情,手足深情,真心去温暖别人的真情,让人如沐春风的善举,这种同情、关注别人命运的美德,表现了人与人之间关系的和谐,洋溢着丰富的人情美。作品的人情之美,是作者对自身生活的切身感受,也是萌发对人性美追求的一种契机,以及对生活、对人性的思考和诠释。把精神和物质的追求都统一起来,从而使人更有人情味,散发人情真实而美好的芬芳。

二是人性美。对人的本性的赞美和歌颂。人性是人区别于其他动物的基本特质,既有自然的属性,又有社会的属性,因此,对人性美历来有许多不同的看法。只有不断地完善自我的人性,人性美才能得到充分实现和肯定。如果说人情是带有情境式的临时性特质的话,那么,人性之美则是人物内涵特质的外化表现。《野店》中人性之美不但体现在主客不同人的身上,而且也体现在他们的和谐融洽的关系之间。

人生之路未必都如人意,这世事充满沧桑,但如果用明亮的眼光来看待社会,以宽容的态度来看待每一个人,你会发现在他们身上其实都充满了人性之美。人性是高贵的,又是平凡的;是繁华的,也是朴素的。它是如此平等,不会因身份、财富与地位的差异而有所差别。在他们的身上,可以看到闪耀着人性光辉的灵魂,可以看到人性的美在旋转升腾,也可以看到社会的希望与未来……

三是人格美。人格,这个概念源于希腊语Persona,原来主要是指演员在舞台上戴的面具,类似于中国京剧中的脸谱。后来,心理学借用这个术语来说明:在人生的大舞台上,人也会根据社会角色的不同来换面具,这些面具就是人格的外在表现。面具后面还有一个实实在在的真我,即真实的自我,它可能和外在的面具截然不同。人格是一种具有自我意识和自我控制能力,具有感觉、情感、意志等机能的主体。它可以离开人的肉体、离开人所处的物质生活条件而独立存在于人类的精神文化维度里。人格是指一个整体的精神面貌,是具有一定倾向性的和比较稳定的心理特征的总和。也可以说,人格是人性更高层次的精神风貌。如《野店》一文,不论店主还是旅客,都在各自的角色上呈现善良、勤奋的特质以及生命的质朴与韧性。

"人间正道是沧桑",生命的历练、生活的沧桑背景下呈现的人格之美才更有魅力。因此,人格之美离不开情境的烘托。当然,无论遇到怎样的复杂情况或充满挑战的考验,那种都能呈现优雅人格者则是圣者。自尊自爱支撑着一个人的人格,它是生命的灵魂。只有自尊自爱才能挺起胸膛,堂堂正正地做人。

## 第六节 岁月的甘苦滋味

**【美文呈现】**

### 父 亲

刘鸿伏

这10多年来,在许多落寞失意的时刻,在客地清凉的鸣箫中,父亲一生中许多的片段和故事,总是那样苦涩而温馨地演绎在我的心灵深处,让我独自一遍遍地体验人生的凝重,生命是悲苦欢娱以及至善至美的人间亲情。那些时候总是想着回归父亲的怀抱,重温往日的田园梦境。但不能。

一双赤脚在山地的大雪中跋涉,那是父亲;一把斧头舞出清寒的月色,在猫头鹰的啼叫里荷薪而归,那是父亲;一支青篙逼开一条莽阔大江,那是父亲;一犁风雨阵阵野谣披蓑戴笠的,那是父亲;一盏红薯酒就可以解脱一切愁苦的,那是父亲。父亲哦,即使我手中的笔使得如你手中那根肉红的扁担一样得心应手,面对故乡苍凉的山影里渐渐凋谢的白发,我又能写些什么呢?

父亲说过,人是土物,离不开泥土的。而我却离开了土地,那是10年前。当时一个算命的盲人预言我将来一定会客死他乡。父亲便凄然,说:"鸿儿,有朝一日你也像父亲这般老时,就回乡下住吧,一方水土养一方人,老了,就会想念故乡呢。"

我黯然。那时我16岁。

记得是一个炎热的夏日中午,那是我和父亲最后一次顶牛犟嘴,也是最后一次参与务农并从此彻底改变了我的命运的时刻。

当那位赶了十几里山路送录取通知书的李老师站在绿森森的苞谷林里大声叫着我的名字时,我正扛着沉重的禾桶,牛一样喘息着跟跄前行,父亲黑红着脸在背后气咻咻地数落我对于农事的愚笨,并大发感慨:"将来弄得不文不武,只怕讨米都没有人给留啰!"我便由委屈而痛苦而愤怒,开始和父亲顶牛。也在这时,李老师却笑呵呵地将薄薄的一张纸递过来,那是大学录取通知书。扔了禾桶,接了通知书,泪便不知不觉地涌了出来。一时无语,只是望着远处黛绿的山色和清凉的河水发痴。鹧鸪在深山里叫着,半是凄惶半是欣喜。发怒的父亲依然黑着脸,没有一句表示高兴或者祝福的话,只说:"崽,你命好。"转过身扛了禾桶匆匆远去,独我在无言的田野,感受一种无法言喻的别样的滋味。

山里的暮色升起来,村庄里传来亲切的犬吠声,还有晚风里斜飘漫逸的山歌子,还有河水和捣土筑屋的声音。我忽然感到这种声音的另一种韵致,它们不再有从前的沉重忧郁。那个夜晚,我的闻讯而来的众多乡亲,将祝福、羡慕、夸奖的话语连同爆响的鞭炮一股脑儿倾在我洋溢吉祥和喜气的老屋。那一夜,父亲喝得大醉,看我的时候,一脸的愧色。其实那时我早原谅了父亲中午的斥骂,并且在心里一次次说:父亲,请你原谅儿子的顶撞,这是第一次,也是最后一次呵。

人生的偶然就是命运,但命运绝不仅仅只是偶然,崇拜泥土或崇拜书本,在某种意义上是一样的,但泥土与书本所涵括的内容却往往若我与父亲命运的内容,迥然不同又有许多相同,这也是偶然吗?

那一夜,我失眠了。

从未出过远门,在泥土里劳作了一生的父亲决定送我去千里之外的高等学府。平时父亲很严厉,很劳累,脾气很大,我几乎很少感受过别人有过的那种父子深情。我受了很大的感动,我终于体味到父亲心中那份深藏的爱意。父亲要送我,并不因为我是那个山乡新中国成立后几十年来第一名大学生,仅仅因为我是他的儿子,仅仅因为16岁的我连县城也没有去过。父亲离土地很近而离繁杂的都市很远,他只想再做一次保护神,为着那份殷殷的父爱,为着那份饱经沧桑的心情。当时父亲什么也没有说,我却感觉到了。

临行的那天,母亲、弟妹、乡邻以及我的那些好伙伴都来送行。父亲头上裹着青头巾,腰间围着黑色包袱,一身只有走亲戚才穿的灰布衣,肩上挑着我的一只古旧的木箱和一卷铺盖走在前面。母亲伤心地哭了,我也哭了,我的弟妹和那些好伙伴都哭了。最后一次嗅着故乡的泥土、牛粪和稻草混合的气息,走下清凉的雾气弥漫的河岸,我和父亲坐了一只小小的乌篷船,开始了我一生中最难忘的旅程。泪眼蒙眬中,我向故乡挥一挥手,在越来越远的滩声中离去。

为父亲,为自己,也为那养育过我的故土,我把所有翻开的日历都当作奋进的风帆。

(有删改)

**【推荐者语】**

**感谢生活的苦难**

巴尔扎克说过:"苦难是人生的一块垫脚石,对于强者是笔财富,对于弱者却是万丈深渊。"的确,人的一生,没有谁是平平坦坦的。一帆风顺是我们善良的祝愿,但有谁能平步青云而终老一生。苦难对于强者来说是一种人生的历练,是一笔宝贵的财富。一个人无法选择家庭,但可以选择坚强;一个人无法选择背景,但可以选择创造。不仅如此,苦难中点滴的温暖、些许的寄托,往往能引发难得的幸福体验,如此幸福感受,往往一生难忘,并且让人活得更清醒,更充实,更有意义。

**【学生互动】**

主持人:文章题目是"父亲",除了刻画父亲,作者还想表达什么呢?

生:像父亲一样在乡村,甚至在偏远落后地区苦苦挣扎的劳动者。

主持人:中国的农耕文明传承数千年,农人离不开赖以生存的土地。除此以外,我们还能发现什么?

生:离开乡村,不知如何生存。

生:有一种莫名的恐惧感。

主持人:是的,这是矛盾心理。自己安土重迁,但是又希望儿女能到外面闯荡,可又生怕儿女们无法在都市生存。

生:坚守中,有无奈。

生:矛盾的背后是沧桑。

主持人:传统的土地文明,就是农耕文明。随着时代的发展,必然会发生变革。我倒更在意父亲骨子里善良的"背叛"。大家看法如何?

生:这种背叛的背后,其实是农人的辛苦。这种苦,没有经历过的人,是难以真实体验的。或者说,"我"的远行也有对苦难劳动的背叛,这种背叛并不可耻。

生:我感觉文章中对家庭重担在父亲身上重压的描写,还可以更深入一些。这样的苦,不应当如此诗意,应该多一些流泪甚至流血的深度真实。

生:因此,我认为,文章更深层次写的是对农人的沧桑背景和艰苦生活的审视。

主持人:当然,这样的苦难生活是作者走向远方的真正的精神财富。

生:所以作者写作不仅为了思念父亲,而且表达了苦难生活中的温情和哲思。

主持人:对! 我们要学会由表及里看问题。

生:结句中"为父亲,为自己,也为那养育过我的故土,我把所有翻开的日历都当作奋进的风帆",我想就是在挖掘苦难生活的真正价值。

主持人:苦难还是一种财富,是激励作者走稳未来人生之路的最大财富。

**【小组归纳】**

艰难是一种历练,苦难则是一笔财富。温馨的画面、温情的感动,幸福的滋味,淡而有味,柔中生韵,永远伴着从苦难中走出的人。

1. 艰苦岁月是沧桑的时代背影,难忘的回忆,打上深深的历史烙印而永远难以抹去。

2. 最甜美的幸福,源于在困境中感受到的温情。因为艰难,所以心灵的点点慰藉显得弥足珍贵。

3. 世事变幻,但有些情结一直留存心间;物欲四溢,但灵魂也需要栖所;与时俱进,但精髓却不可变质。

4. 告别艰苦岁月,心中的耕犁能耘开城市的烟尘;走出艰难生活,黄晕的灯火能照亮未知的前程。失却了苦难历练的我们,则要找到灵魂的图腾,与之相守一生,并传承不息。

【教师引申】

### 磨难,是一种历练

萧萧的《灯火》呈现给人的是小幸福,弥足珍贵的小幸福。煤油灯下是一家人的其乐融融,是翻开泛黄书册的神思飞扬,是抹不去的故乡的回忆。因为条件的艰苦,哪怕是一点点美好都会被记忆放大、升华。在艰苦历练中的日子是一笔财富,属于回忆的,属于精神的。

常人都不希望遭遇磨难,但是人生不可能不经历磨难。而从人生起点走来,一路顺风顺水,将来遇到小小的挫折可能会变成更大的磨难,甚至是无法逾越的天堑。从中国数千年的文学史上观照,那些不朽于文坛者,都是经历磨难者。仕途不顺,文章兴。似乎,以京都为原点,被贬斥的距离就成了文学高度。而个人的病痛对于一个作家而言,往往也是优秀作品的催化器。史铁生在身体遭受重创且每况愈下之时,正是在文学中找到慰藉。他的文字是灵魂的倾诉与呐喊,真的是滴血的文字。一个身体健康毫无死亡威胁的作家,他可能在玩文字游戏,而在死亡线上挣扎的史铁生却透着深切的真诚。

从1819年夏天开始,巴尔扎克整天在一间阁楼里伏案写作。阁楼咫尺见方。他的居所相当寒酸,夏天热腾腾,冬天寒风飕飕。他没有白天,没有黑夜,没有娱乐,总是不停地写。结果在与书商打交道的过程中不断受骗,以致负债累累。债务高达10万法郎。为了躲债,他6次迁居。他对朋友说:"我经常为一点面包、蜡烛和纸张发愁。债主迫害我像迫害兔子一样,我常像兔子一样四处奔跑。"他一生勤奋写作,常常一天连续工作18个小时。在不到20年的时间里,他共创作了91部小说。在世界上有广泛影响,但他一生却是在贫困和痛苦中度过的。写作成了他的精神寄托。

智者在苦难中的超越——超越苦难,是人生的一个重要的命题。人生在世,苦难如影随形。生的痛苦,老的无奈,病的折磨,死的伤感,人生的道路注定是一路坎坷、曲折磨难。可是,既然苦难是人生的一种必然,何不转换思维把它看成是一道美丽的风景。苦难是可以适应的,更是可以超越的,对苦难的超越会磨炼毅力、砥砺心志、丰富人生,使生命熠熠生辉。就像江河,在山峦的阻挠、岩石的撞击下仍一路欢歌奔向海洋;就像小草,在风霜雪雨、严寒酷暑的轮回中依然吐绿绽蕾,灿烂整个世界。当我们历尽苦难仍然不失生命的风度时,当我们超越苦难而获得成功的快乐时,所有的苦恼、坎坷、曲折都会变成另一种人生的幸福。

当然,经历挫折会让我们更健康地成长,而不是在温室里长大,抑或被拔苗助长,实际上这些"催长"也不是真正意义上的成长。

# 第七章

# 随心：以"心理资源"观链接身边的写作情境

"心理资源"说，是指信息加工心理学家提出的一种理论假设，用于解释人的复杂技能和认知策略的习得，以及儿童的认知发展。基本要点是：人在加工信息时，既要暂时记住当前从外界输入的信息，又必须从长时记忆与体验中提取有关的信息或资料，但人的短时记忆容量有限，如果所加工的大量新信息都是陌生的，将耗尽个人所具有的心理资源，学习和解决问题的任务就难以进行。就写作教学而言，写作的重要基础是充分利用学生的心理资源。从本质上看，学生的写作就是心理资源的利用与展示。学生的心理资源需要从关注其生活，从长时的记忆与体验中来一步步激活学生的写作兴趣，盘活学生的写作资源。从学生的记忆和体验中切入是走进学生心灵、激活学生心理资源的主要渠道。离开了学生的生活，就无法走进学生的心灵，写作的心理资源的盘活与运用就成了空谈。

## 第一节　说写身边

"身边一幕，我无法漠视"主题交流活动，即围绕某一学生对身边精彩一幕的感悟，组织全班学生进行的主题互动交流，以此培养学生关注身边生活，并进行感悟思辨的意识，从而提升学生"听、说、读、写"等综合语文素养。语文课外学习的视野不光要关心时事，更要关注学生身边耐人寻味的生活现象。这些现象往往表面平淡，实则极富韵味。语文教师需要带着学生拂去朴素生活表面的灰尘，抑或是做点点剖析，层层挖掘，如此，内在的意蕴便熠熠生辉。这一活动，既可以盘活学生写作的心理资源，也可以在交流中得到放大。

"口述作文是降低写作训练难度的有效途径"，[1]关注身边的生活，是写作的主体训练方向，但是通过先说后写，说写结合，不但能有效地降低写作难度，而且可以将学生的心理资源做最大化发挥。生活是作文的唯一源泉，缺少了对生活的观察、体验与思考，仅仅在写作时要求写生活作文，学生往往也只能挤出些零碎、粗糙、肤

---

[1] 董蓓菲.语文学习心理学[M].北京：北京大学出版社，2015：186.

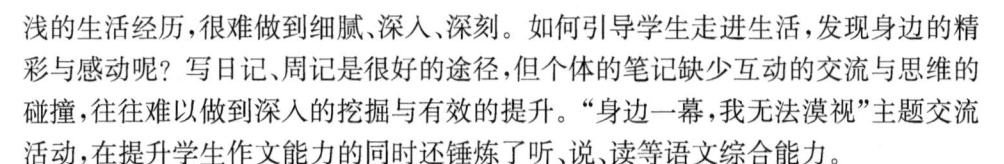

浅的生活经历,很难做到细腻、深入、深刻。如何引导学生走进生活,发现身边的精彩与感动呢?写日记、周记是很好的途径,但个体的笔记缺少互动的交流与思维的碰撞,往往难以做到深入的挖掘与有效的提升。"身边一幕,我无法漠视"主题交流活动,在提升学生作文能力的同时还锤炼了听、说、读等语文综合能力。

互动交流对话题的挖掘尤为重要。生活中耐人寻味的点,值得挖掘,也能激发学生探究的欲望,而若是索然无味的,学生只能人云亦云,了无生趣。为此,可以从以下途径挖掘身边有价值的一幕幕。

1. 捕捉生活中的细微的感受。生活中常常会有稍纵即逝的小发现,小感触,及时盘点与思辨,往往会有精彩的感悟。如有的学生发现早读课别人读书声音小,自己也跟着变小;下课别人不出去,自己也闷在课桌上。根据这一现象生发出中学生盲从的感慨,并在此基础上进行深入的探索。

2. 抓住生活中细小的变化。随着经济的发展,社会的变化,人们的生活方式以及价值观也随之变化。若能抓住这样细小的变化,以点带面,以小见大,这样的探究也很有意义。如有的学生根据现在的网络普及,人们对经典阅读的忽视、对亲情的冷漠、对现实世界的漠视等现象进行延伸思考就很耐人寻味,发人深省。

3. 关注学生课外细碎的议论。中学生课外谈论的往往是他们最关切的,而激烈争辩的问题往往是最有探究价值的。为此,留意课外学生聊侃的闲话,可以发掘精彩的交流话题。如有的学生慨叹生活的苦累以及无趣,而有的学生觉得苦累是人生常态;有的学生觉得童年的回忆最美好,现实最无奈,而有的同学则认为活在当下,珍惜当下最重要。将这样的话题搬上课堂,学生最有话说,最容易抒发心底的感慨,碰撞出智慧的火花。

4. 取法名家名作细腻的感触。对身边的生活现象研究多了,学生往往会产生审美疲劳,很难再深入。此时,教师可以引导学生向经典的名家名作借力。通过阅读经典著作引起学生对生活的关注,学生对生活有了更深入的观察与洞悉。如引领学生阅读迟子建的《我对黑夜的柔情》,可以促发学生对人生、人性、自然和社会的冷静思考。

主题交流活动每周一次,每一次的话题选择需先进行集体征集,然后筛选出比较有韵味和意义的题目,每周推荐两则,让全班学生进行集体选择,胜选的同学为主讲,落选的同学为主持,两人共同组织一期话题。确定好话题之后,让全班学生共同思考准备。结合民主选票的情况,确定 4 到 6 位同学主评。根据话题的特点,可以采取正反方的辩论,也可以采取从"背景、原因、影响、对待"等多角度进行思辨挖掘,还可以进行自由引申。课堂交流之前,将交流主题与当期话题都醒目地写在黑板上,活动导入可以设计"我的舞台我做主"等激励性的口号,以营造积极的互动交流氛围。课堂交流以学生主持互动为主,教师负责必要的调控与协助以及最后的点评。

互动交流,说为平台,以说促说,以说促听,以说促读,以说促写,以说促察,以说促思。在主题交流的课堂上,要进行精彩的说话,就需要做好相应的准备。同时,学生精彩的讲话也能激发其他同学更精彩的感悟与思考。要做好课堂随机交流,学生就需要倾听其他同学的发言,以便针对性地提出自己更深的体会或不同的观点。经过情感的沟通、思维的碰撞,便能形成百花齐放、百花争艳的互动交流的氛围。在课堂交流中有学生往往引经据典,使得说话的内容丰富,意蕴深厚,这样就启发了全班学生更专注地进行阅读,以便在课堂交流中进行引用或借鉴。说话的流利会促进写作的流畅,说话的精彩会成就写作的文采,说话的睿智会增强写作的内涵。由于主题交流的视点建立在身边的生活上,为了在课堂上能有更出色的交流表现,学生需要在课外进行更细腻深入的观察,进行细致深刻的思考。此举能引导学生关注生活,思考人生,探知社会,而这正是大语文教学的起点与归宿。写作可以锻炼学生的思维与表达能力,但面对单调地写,学生往往很难提得起兴趣,久而久之就会敷衍了事。但在课堂上丰富多彩地说能有效激发学生表达的欲望,锻炼学生的思维能力。

为了充分挖掘"身边一幕,我无法漠视"主题交流的效果,在课堂交流之后,可以进行写作的延伸训练。具体途径有两个。

一是与大作文训练有机融合。可以将该主题实践活动与大作文的训练合二为一,从而进行互动式的作文研讨与指导。通过对关注点的剖析,与相关点的联系,在此基础上,使学生对专项写作有了更真切的感悟和深切的体验,从而提高大作文写作的质量,进而促进作文教学质的提升。

二是与专项随笔有效结合。该主题实践活动,不能光图课堂表面上的轰轰烈烈,而应该将学生的热情向课外随笔的精心撰写上引导。随笔要求围绕课堂研讨的中心拓展开去,以描写、感悟、评论等多种形式进行微型作文训练,从而有效提高学生片段写作的能力。

将主题活动的稿件进行整理并向外投稿,学生一有作品发表就先全班传阅,以此激励全班学生积极参与主题交流活动。此举能显著增强学生对写作的兴趣,提升写作的质量,促进作文教学向健康良性发展。

在网络普及的今天,学生普遍关注国内外的热点时事,但对身边的极富生活韵味、人性魅力和文化内涵的"一幕"往往视而不见。组织"身边一幕,我无法漠视"主题交流活动能有效地将学生的视野拉近到身边,关注身边一幕,感悟身边的精彩,思考朴素中的深沉与深刻。其实,身边精彩的一幕幕就是有效的语文学习资源,尤其是说与写的鲜活素材。语文教师需要引导学生,培养他们发现的眼光、灵性的感悟和深究的意识。引导学生关注"身边一幕",组织学生进行"听、说、读、写、思、议"等多层次的语文交流,能显著增强学生的语感,提升学生的语文综合能力。

将学生个性的发现、深入的体悟在课堂上进行全方位的互动交流,以小见大,以点带面,微观切入,宏观引领,可有效挖掘地方语文教学资源,放大资源的效应。有了对身边生活进行观察的敏感和发现的睿智,学生才能对更远处的社会现象做

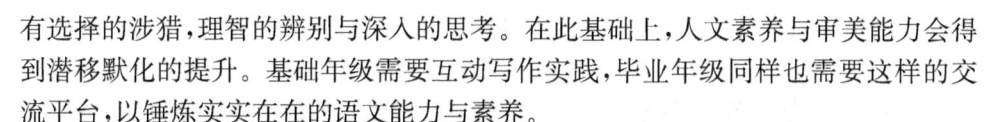

有选择的涉猎,理智的辨别与深入的思考。在此基础上,人文素养与审美能力会得到潜移默化的提升。基础年级需要互动写作实践,毕业年级同样也需要这样的交流平台,以锤炼实实在在的语文能力与素养。

与此同时,这一互动实践活动还能建立师生语文学习交流反馈的有效平台。学生借此向对生活有深入观察与思考的同学学习,感受教师的点拨与引导,教师可以借此了解学生对生活关注的细腻度与深刻度,从而对每个学生语文学习的状态与语文能力的层次形成基本判断,以便针对性地进行引领推进。

当前,中学语文课堂,尤其是高年级语文课堂普遍比较沉闷,往往是教师在讲台上滔滔不绝,而学生往往只是在座位上漠然置之。公开课上的热情互动,到了平常课往往又平淡与乏味。从"身边一幕,我无法漠视"主题交流活动切入,能有效提高学生在语文课堂主动参与互助合作的意识。

## 第二节　偶遇品悟

中学生的生活,相对比较单调。从学生角度审视,单调有其客观原因:中学相较于小学,学习任务更重,学生对丰富生活经历体验的机会相对变少,且对身边生活的关注度也不及以往。因此,作文教学不但要激发学生回忆盘点自我以前的生活经历与体验,还要引导学生关注以后的生活经历,并将其变为有效的写作心理资源。

就生活经历而言,学生往往对偶遇比较关注。生活中的偶遇往往具有较前后经历不同的特殊性,而记忆会对特殊的偶遇强化记忆,由瞬时记忆巩固为长时记忆。在写作教学中,教师需要组织有效的活动将学生特殊而有意义的偶遇激活,并通过集体交流进行立体加工与挖掘,使之成为有效的写作资源。

下面以一学生路遇菜农洗菜的一幕为例,呈现课堂交流。

**见微知著**

看到光鲜的蔬菜,我总有垂涎欲滴的感觉,但是路边的一幕却让我的食欲大减。一位衣着朴素的老农正将拔起的蔬菜拎到路边的臭水沟里漂洗。想象餐桌上的蔬菜,若是都在这样的水中泡过,那还能吃吗?吃了还能健康吗?再看看老人的脸,满是沧桑的皱纹,这样的老者,即便是路遇,我也会心生几分敬意,但面对此情此景,却让人百感交集……

（韩　杰）

**众说纷纭**

李峰:每当提起食品安全,国人总是眉头一皱,想想也是,近几年来,出现了不少这样的事,他们一次又一次冲击着我们本已脆弱的神经。其实,食品安全并不只是大企业才有,它散布在我们生活的许多角落,冈南河的臭水,种菜的人用它浇灌着每天送往菜市场的"新鲜蔬菜"。看到这些,人们总是抱怨商家太黑心,政府不给力,其实,我们也应该有责任和义务去监督出现的不法现象。有人认为,不关我的事,我又不吃他的菜,大家都这么想,缺少了消费者的监督与维权,最终用污水浇菜成了惯例时,谁都避免不了吃这些菜。所以,我们应该行使我们监督的权力,揭露不法商贩,敦促相关部门强化监管,这样才能从根本上解决食品安全问题。如此一来,食品安全,将不会再是百度上的热搜词汇了。

夏丽君:"人之初,性本善",小商贩们用受污染的水浇灌蔬菜,我想也实属迫不得已。我曾在清晨上学的道路上遇见过他们。年过半百却还挑着担子,满头白发还在辛劳,这让人看了心酸,他们难道是恶意用污水灌溉蔬菜的人吗?不,我不相信。菜农们做着小本生意,每天起早贪黑,却仅仅是维持温饱。我想,就算那些菜不在临卖前一天漂洗,那么在此以前呢?一株菜从发芽到能吃,又浇了多少水呢?这些水也是冈南河的水,这水对菜的危害,早已深入"骨髓",临卖前浇的那点水与这之前的水比起来又算得了什么呢?只不过多了一道工序罢了。人家一把芹菜卖五毛,自己用自来水或井水浇灌,成本可能就超过五毛,面对低价芹菜,高价怎么卖上去?

沈聪:我认为蔬菜的价格完全由价值决定,成本的提高致使了价值提升。试问,如果我们去买菜时,是选择价格低却有毒的,还是选择安全但价格高的?相信大家定会选择后者。但现在的问题是,普通农贸市场根本无人监管,更无权威机构来评定"绿色蔬菜"。买蔬菜根本没有选择的余地,也许那表面光鲜的蔬菜就是用臭水浇灌或者是漂洗的。百姓的菜篮子看似小事,其实是大事。"民以食为天",天塌下来,何谈其他?

赵步军:林肯说过:"每个人应该有这样的信心,人所能负的责任,我必能负,人所不能负的责任,我亦能负。"我们需要做的不是路人式的闲谈,而是把心中所想付诸行动,不去做这种缺德事,制止这种缺德事,对自己负责,更是对他人负责,以"负责"来答复生命。"能够负责"应该是我们的名片。世界的改变不是因为少数人做了很多,而是因为多数人每人做了一点,或许因为我们每个人的那一点,我们就能逐渐控制食品安全事故。

**老师有话**

媒体上曝光的食品安全事故似乎离我们很远,其实我们身边的食品安全状况也是不容乐观的。想象我们许多人就是吃着这些有毒的蔬菜长大的,这真让人感到毛骨悚然。问题摆在面前,如果回避,这样的现象会愈演愈烈,如果仅仅是发发牢骚,根本也无济于事。关键是我们每个人要行动起来,对不法菜农和商贩进行有效监督,给政府相关职能部门足够压力,靠大家的力量以切实行动打赢餐桌安全保卫战。

**由说到写**

瞧,这蔬菜!

韩 杰

路边,一位菜农正在将捆好的芹菜扔到河沟里漂洗。将要上市的蔬菜,洗净是应该的,但老人家却将它泡在了臭气熏天的水沟里,这不禁让人毛骨悚然。

绿油油的蔬菜,看起来鲜嫩无比,但如果知道这些菜是用污染严重的河水浇灌出来的,我们还会有食欲吗?

当今,一些菜农为了省事,丝毫不顾消费者的健康,将污水浇在了蔬菜上。我们把这些蔬菜买回家,简单洗涤就来烹饪,对人的健康影响肯定非常大,即使经过长时间浸泡,蔬菜内部对人体有害的残留也难以涤清,这些蔬菜根本不能食用,但问题是,我们已经没有选择的余地了。不仅如此,禽蛋、肉类甚至大米这些主食的安全状况同样不容乐观。

毒大米、彩色馒头、苏丹红鸭蛋、转基因蔬菜,这些有毒食品充斥着我们的餐桌。我们痛恨那些见利忘义的菜农,为了一己私利,用脏水灌溉、漂洗蔬菜;我们谴责那些良心泯灭的生产商用有毒化学物质浸泡腐臭肉来冒充鲜肉。但是,我们看问题不能一叶障目,得往深处思考。我认为根本问题就出现在一些地方政府上,政府相关部门的监管缺失难辞其咎。

之所以出现非法食品加工这些竭泽而渔的经济发展形式,其实是一些地方政府错误的理念所导致的。GDP即政绩的观念已经在一些地方官员心中根深蒂固,他们往往只顾收税、收费,抓经济效益,百姓餐桌的安全状况则置若罔闻。如此一来,使得百姓饮食安全状况恶化,商业诚信底线被屡屡突破,政府服务满意度渐渐下滑,社会经济畸形发展。一些部门为了发展地方经济,对食品安全问题睁一只眼闭一只眼,甚至是有意庇护。人民的公仆就应当捍卫人民的利益!可惜在食品安全方面,市场监管做得很不到位。我们有工商局、卫生局以及负责市场秩序的监管部门,但如此多的机构如同一张张看似严密的防护网,但食品安全事故频发,还有许多乡村、集镇食品市场存在不法现象处于管理的真空,我不禁要问,我们相关职能部门,你们拿着纳税人的血汗钱,但你们的作为又在哪?

民以食为天,可食品安全出现了问题,百姓头上的这片天掉了下来,大大小小的食品安全问题屡遭曝光,屡禁不止,民众的生活得不到基本保障,和谐社会何从谈起?就我国现状而言,食品安全一定要强化执法,完全指望以利益最大化为目标的商贩和商家不凭良心经营,那是对百姓的生命健康严重不负责的行为。

政府相关部门监管的松懈,让百姓深受其害。一些地方政府相关部门应该对食品安全负责,应该清醒地认识到自己工作的缺失,认真作为,努力撑好百姓头上的这片"天"。

## 第三节　青春感怀

青春,是生命最勃发的姿态。少了幼时的稚嫩,没有垂老的暮气。青春是激发学生心理资源的热血话题。学生对于青春的感悟是鲜活的,有成长的快乐,也有成长的烦恼。所谓青春,并不是人生的某个阶段,而是一种心态。卓越的创造力、坚强的意志、艳阳般的热情、毫不退缩的进取心以及舍弃安逸的冒险心,都是青春心态的表征。人并不随着岁月的累积而衰老,而是随着没有理想的心态而衰老。虽然岁月增添了皮肤上的皱纹,但只有热情冷却时,精神才会枯萎、松散。因此,青春感怀,需要倾听学生的青春心声,更需要在学生真实的青春体验的基础上,给予有效的疏导和积极的引导。

下面,以感悟青春为话题呈现课堂交流。

**见微知著**

青春打马而过,打马而过的其实是无法再回头的时间,但青春的记忆将永恒,甚至与我们相伴一生。青春里有甜蜜的回忆,这样的回忆,我们会不厌其烦地忆起,每每此时,嘴角都会泛起一丝甜蜜。青春的记忆不仅是甜蜜,更多的往往是失落与惆怅。也许是"少年不识愁滋味",青春的电影里,往往是出处春愁。如意中有小小的遗憾,不如意中久久地徘徊惆怅。如此"春愁"也变成了酒,越酿越浓。

(潘　晔)

**众说纷纭**

沈聪:青春是安静的,也是疯狂的。我们都处在青春的十字路口,感受自恋与自卑。开口闭口都是帅哥、美女、天才,可这些自信只是一层薄纸,很容易就会破碎,被撕裂成一片又一片的自卑。于是,忧郁从中涌出。青春,有着那么多的偶像,也曾一起为之疯狂,偶然听到一个关于偶像的负面新闻,心中不免有些许忧伤。我们总有办法让自己变得多愁善感。也曾憧憬过美好的青春,却在青春来临时用一本本书、一张张讲义充塞她,忧伤逆流成河。我们表现出对一切的不在意,却总会在夜深人静的时候翻出一本本错题集自责并订正。这就是我们一群自傲、自卑,而又忧伤的青少年。可犹豫是冰冷伤人的,我们应该放下。一切都只是人生的历程,我们应该努力生活。如此忧伤不再冰凉,青春也会温暖。

陈龙:"左手年华,右手青春伤感",痛与快乐交织,生活如此美好。可我认为现在处于青春的我们有时一度感到迷茫,甚至丧失了自己的目标。这是一种内心不自信的表现,我们的梦想,我们所做的每一件事,都害怕遭到别人的质疑,别人会说:"就你? 行吗?"于是,我们选择黯然神伤,俯首以对。殊不知,不管怎样,我们每个人至少都是自己的英雄! 我们或许不需要干得轰轰烈烈,但只要我们敢于奋斗,相信自己,对青春说:"我能行!"

张好:行走在青春这一望无垠的荒原上,年幼时关于青春的梦境,成了一场华丽的虚张声势。现实中,我们需要面对的是父母的怀疑,同学们的误解,成绩的不理想等各种各样接踵而至的烦恼,这些烦恼压得我们喘不过气来,迷惘充满了我们的心房。渐渐地,我们学会了伪装。在人前,我们大声地笑,却独自一人在背后默默流泪,静静思考。我们会在本子上写下那些或长或短,或忧伤或明媚的句子,这是我们对于青春的记录与期盼,我们要想摆脱平庸,却不知从何做起。请不要再忧伤,要明白:徘徊的心墙,要用永恒的执着和顽强的坚韧去击碎;理想的幼苗要用意志的血滴和拼搏的汗水浇灌;斑斓的未来要用不凋的希望和不灭的向往去编织!不要犹豫太多,顾虑太多,记住该记住的,忘记该忘记的,改变能改变的,接受不能改变的。我们要耐得住寂寞,守得住自信,扬起风帆,为梦想起航!

田大伟:社会还未磨平我们的棱角,时间还未冷却我们的热血,我们多愁善感,所以我们忧伤。总是有太多美丽的梦想,却又常常忽略了征途中洒下的热血。最后,迎来的就只剩下破碎的心在风中飘荡,所以我们忧郁。可是,忧郁不应该是我们生活的主旋律,只要我们活在当下,迈出坚实的每一步,相信,我们的生活不再有忧伤的阴霾,更多的是明媚的阳光。我们有理由,有资格向忧郁说"不",因为我们还有高昂的激情,我们还有年轻的生命。

**老师有话**

花季青春,心底常常涌动烦恼和忧伤。同学们抓住了这一美丽之痛,娓娓道来,情真意切,感人肺腑。细细品味,青春烦恼,有挫折的牵绊,在苦苦挣扎之后还能燃起新的希望;有对乏味现实的叛逆,但倔强之后往往还是莫名的失落;有对虚妄目标的追求,却冷落了身边的挚爱,终致追悔莫及;有对成年的渴望,但草草走过之后,才感叹成长的荒芜。的确,青春就是这样充满矛盾与悖谬。可贵的是我们能悟到青春平淡中的诗意。其实,这才是青春魅力所在。

**由说到写**

### 青春打马而过

潘 晔

青春打马而过,我们落花成年。

往事如烟,飘飘散散路过。常常忘记了现在,忽略了明天,而心却依然念着昨天。有挥之不去的阴霾,亦有熠熠发光的星辰。可是,我们往往无心欣赏这点点星光,却喜欢沉浸在深深的阴霾中,再痛也不愿自拔。其实,阴霾与星辰同在。于是,自寻烦恼便成了作茧自缚。

挫折、失败,不可避免地环绕着青春这棵大树,俯仰生息。有谁没有跌倒过,可又有谁跌倒了微笑着爬起来?每在受挫后仰望苍穹,无数次问着"为什么,为什么给我这样的命运?"不厌其烦地诉着"人在命运面前是无力的。"于是,落寞地叹着"我是一个没有明天的小孩。"可又在痛哭流涕后滋生一种希望,盼望着发芽、抽枝、长大。地平线上升起的那张脸,宣告着一切都仅是起点。当万丈光芒洒向世界,一切又显得那么孱弱。忽然间,又明白,青春不是"未得到"和"已失去"的光阴,而是流逝的现在。

每天都在期待,期待着新的情节,期待着小宇宙爆发般的青春。总觉得自己在荒废青春,把年轻的岁月浪费在永无休止的学业上,而后又戴着耳麦,把音量开到最大,高吼着别人的青春,歌声带着丝丝不屑,而情节的结尾就是死一般的沉寂。

我们总在追寻,而后受伤,而后又继续。循环往复,乐此不疲,却又忘记了,人之所以痛苦是因为追寻错误的东西,失去后又追悔莫及。烦累的头脑还要专门腾出空地去爱护,去疼惜,而忽略了守在身边那个真心对自己好却不求回报的人。从一尺长开始,从只露出两颗门牙笑的时候,他们的心里不是冬春之际的冰雪消融,而是春夏之交的繁花似锦。后来就是自己无厘头的崇拜,对同学说"我爸爸厉害呢!"再后来就是"你们怎么这么烦啊,管得那么宽!"而这些故事的最终结局就是我们对着一抔黄土,泪流满面,轻声哽咽地念叨着"对不起!"

在很小的时候,我们开始羡慕成年,喝着啤酒,花着属于自己的钱;耍着性子,藐视一切。而待到成年,一切似乎那么平淡乏味。"兵荒马乱"地成长,却草草写好了结局,青春留下的残笔无法再书写诗意。

打马而过的青春,落花一地的成年又将如何……

渐渐明白,如花的青春揉碎了每一个平淡的日日夜夜。在花间掠过的优美弧线就是花季,次第绽放如此,缓缓飘落亦然。

## 第四节 生活掠影

学校是社会的一部分,社会影响也会波及学校。因此,写作中善于从社会视野的角度来审视校园现象。校园生活相对单调枯燥,但是只要善于观察,还是可以发现写作点的,而社会视角就是一个很好的观察角度。透视校园生活,需要在紧张的学生生活中挤出闲暇时光去观察,去体味,去思考。亚里士多德认为:"人唯独在闲暇时才有幸福可言,恰当地利用闲暇是一生做自由人的基础。"校园生活的闲暇时光实则是自由的体现,这种自由不仅是时间的自由,更是情感与思想自由的体现。只有在适度自由的生活状态下,学生才能有所发现,有所感悟。就作文教学而言,教师应该给学生自由的时间去观察,也需要组织学生在自由的状态下去交流与碰撞。

下面,以关于保健品广告进校园的专题进行交流互动。

**见微知著**

"金思力""科耐",对于这些保健品,我们中学生大多耳熟能详。倒不是说有多少人尝过,而是这些广告已经渗透到校园,甚至是班级的每一面墙壁。励志条幅的下方是保健品广告,高考倒计时牌的下方还是保健品广告。高考宣传手册往往总能见到保健品的身影。校园保健广告简直无孔不入,我不禁要问,学生该如何面对呢?

(徐贤江)

**众说纷纭**

肖伟杨:我对校园广告更多的是给以同情。毕竟,广告也是一种创意,是通过劳动的汗水和智慧创造出来的,我们不能对其一概而论。例如,贴在墙上的三勒浆、金思力这些保健品广告,上面都有励志语。我们可以不关注下面的广告,就读读上面激荡人心的励志语,特别是名人警句,我们可以从中学到很多有用的东西。

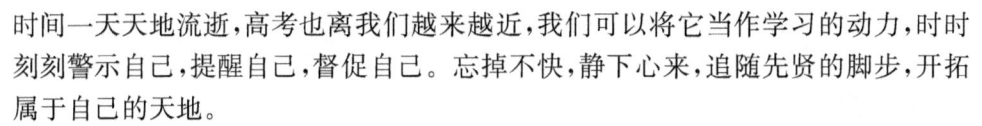

时间一天天地流逝,高考也离我们越来越近,我们可以将它当作学习的动力,时时刻刻警示自己,提醒自己,督促自己。忘掉不快,静下心来,追随先贤的脚步,开拓属于自己的天地。

钟凯:对于这些五花八门的保健品广告,我觉得有一些是骗人的。医学专家曾经申明:根本没有使大脑变聪明的补品,有一些只是让我们吃了感觉好些罢了。如今,我们面临着人生重要的高考,越来越多的保健品广告宣传都来围攻学校,他们充分利用家长希望孩子考出好成绩的心理,大肆宣传。然而,谁又能知道,这里面有多少陷阱呢?曾经有专家透露,有的保健品中含有兴奋成分,学生吃完后很兴奋,一时出现大脑清新的感觉,但这并不是真正的补脑,而大部分保健品只有改善睡眠以及缓解心理的作用。夸大其词的宣传,根本不符实际。因此,我觉得,端正学习态度,改进学习方法,勤于锻炼身体,善于调节心理显得更为重要。

嵇海明:我不同意校园植入保健品广告。广告是消费者认识保健品的最主要渠道,但据调查,最近消费者对保健品广告的信任程度明显降低,很多人对广告宣传的疗效表示怀疑。保健品广告中也确实存在着虚假、夸大宣传的现象。从调查情况看,目前保健品虚假宣传的主要形式有以下两种:一是无中生有,擅自增强产品功能,暗示"疗效";二是违法宣传其产品具有"治疗、保健功能"等。现在这些保健品广告竟然植入学校,我认为这会影响学生的学习。成绩好的同学,希望考个好的大学,于是让父母去买点保健品替自己保驾护航;成绩一般的,往往觉得如果有效果还能考上理想大学,于是也让父母去买,以求得心理安慰。其实不然,现在许多保健品里都含有激素,多吃对身体有害无利。因此,我们要相信自己,拒绝一切虚假保健品广告。况且,学校是教书育人的场所,更不应该将保健品广告请进校园,这与书香氛围很不协调。

王兆红:现在,一些保健品的"残毒"如果不能及时排出去,会严重影响身体健康。许多保健品都说能提高记忆力,有些还用上"DHA"进行炒作,而广东省中医院的一位资深医师说:"'DHA'能提高记忆力纯属炒作,它是一种对人体非常重要的脂肪酸,人体可自身合成,与提高记忆力并无直接关系。如果有直接关系,临床上肯定会经常使用。"现在市场上的保健品可谓琳琅满目,这是因为生产保健品的门槛较低。因此,也造成了虚假宣传的产品充斥市场的现象。我觉得最好的进补方式是食补。不要为了备考而熬夜,多吃黑芝麻、黑豆、核桃,这些有助于改善记忆力。

**老师有话**

脑健品广告的消费群体主要是学生,尤其是高三学生。高中校园的市场最大,于是,保健品广告进校园也在情理之中。关键是这样的广告宣传也得有个度,它不能破坏校园的文化氛围。更重要的是学校要严把质量关,绝不能让伪劣产品和虚假产品钻进校园,这是涉及学生人身安全和学校公信力的问题,切不可小视。深入剖析，这还是由于将高考炒得过热的缘故，进而使得家长和学生都不能坦然面对高考，于是，盲动、盲从便此起彼伏。

## 由说到写

### 保健品广告进校园

徐贤江

随着经济的发展，广告成了商家宣传商品的主要方式，这不，开学不久，保健品广告就钻到了学校。商家抓住高中生这一消费群体，掀起了一波又一波的广告攻势。

学校楼梯的墙壁上，各个班级的墙壁上，都贴上了一些标语牌，上面写着一些令人激情澎湃的励志语，可在标语牌的下面却是"清华金思力""科耐"的宣传广告。试问，这些标语牌是励志的，还是给商家做广告的？学校是教书育人的圣殿，这些无孔不入的广告确实煞风景。

不仅如此，校园保健品广告往往还会让人产生这样的误解：好的高考成绩是靠这些保健品吃出来的，不吃不行。

好成绩真是靠保健品吃出来的吗？

"双硕士史霄鸣"的旗号被商家们扯得呼呼作响。他们利用史霄鸣的成功，称他服用"金科组合"，记忆力提高，考试注意力增强，最终考上名牌大学，并出国留学。这一介绍，迅速笼络了家长望子成龙、望女成凤的心。一些家长不惜重金狂购，并让孩子狂吃。以至于许多学生营养过量、兴奋过度，最终适得其反。唉！可怜的家长，你们的愿望是美好的，你们的心情是可以理解的，而商家正是抓住你们善良的心态大做广告。你们可曾想过：难道吃"金科组合"果真能成就"金科状元"？倘若如此，学校何不增加一门保健品课程？难道一天一支"三勒浆"身体就健康？倘若如此，哪还需要体育锻炼？难道每天含着"天天向上片"，学习就天天向上？倘若如此，真的"好好学习"又有何立足之地？

盲目购买的家长们，真该清醒一点了！再仔细看一下史霄鸣的介绍吧！他认为自己成功的法宝是"不服输、坚持到底的刻苦精神"，他的成功，不是靠吃"金科组合"吃来的，保健品只是一种安慰，最多只是一种辅助而已。试想，倘若状元只是靠吃"金科组合"炼成的，那么，不是每个吃"金科组合"的人都上名校了吗？

"身体是革命的本钱"，滋补本无可厚非。再说，一些保健品对身体健康是有一定益处，但随着生活条件的改善，学生完全可以通过科学饮食来为高强度的学习提供足够的能量与营养。在此基础上，再加上适量的体育锻炼和正确的心理调节，始终以阳光的心态去面对学习和压力，其效果往往比一味迷信保健品更好，根本没有必要再去花这个冤枉钱。

让我们用科学的学习方法、坚持不懈的努力实现人生梦想，让这些碍眼的广告从我们身边淡出。

## 第五节　文化忧思

　　文化始终是写作关注的核心问题。生活是有形的,但如果失去了文化的底色,生活就变得枯燥乏味了;文化是无形的,但诗意的生活中处处都有文化的影子。随着对外文化交流的深入,中华传统文化遭受着前所未有的挑战。传统文化需要守护,更需要发展。不过,在普通中国人的精神生活中,传统文化依然是基本底色,引进的外来文化会在每时每刻引起人们的关注,然而更为长久、持续的文化消费依然是耳熟能详的母体文化资源,底色是深厚的,面积最大,人群最多。在这个意义上,应该说传统从来没有离开过中国人的精神生活。当然,文化评价需要建立在科学理性的立场之上。中国传统文化的精华不能丢,但文化应当与时俱进,我们要不断赋予传统文化以新的内涵,同时也要借鉴西方文明中适合融入中国现代文明的元素,进而真正实现文明的传承与理解。

　　下面是关于传统节日的专题交流。

**见微知著**

　　寒假,记忆最深的往往是过年。在吵吵闹闹、忙忙碌碌中,似乎总觉得缺少了什么。过去,住户比较散落,春节的鞭炮会让人倍感温馨;现在,高楼林立,住宅拥挤,此起彼伏的鞭炮声就显得刺耳了很多,而呛人的气味更是煞风景。再看看餐桌上,原来的大鱼大肉成了美味,现在往往也难以吊起人的食欲。最后剩菜一大片,又形成了浪费。传统节日的风俗,该如何面对?

(刘德基)

**众说纷纭**

　　王杰:传统节日的风俗往往具有相对稳定性,而人们的精神需求是不断发展变化的。如今,人们的精神需求,再也不是那些传统民俗所能完全满足的。因此,我们的节日文化应该与时俱进,敢于创新。愉悦的节日就要过得高兴,但也不能铺张浪费,也要注意对环境的保护。我们要用创新的思维和前瞻的眼光看待问题,注意扬长避短,使得我们的传统节日注入新的因子,重新焕发出活力与光彩。唯其如此,我们的传统节日才更有魅力,中华文化的生命力才更强。

　　仇维斌:首先,我认为传统节日虽要与时俱进,但有些东西没有必要舍弃与更改。现在人们最关心的是健康环保等问题,然而,春节时的欢聚是历来的传统。虽说吃喝可以说是次要的,但其真正的价值在于增进亲友间的情感,增加节日喜庆的气氛,而如果平时我们多注意饮食,加强锻炼,那么在节日里适当多吃一点应该对身体影响不大吧。还有燃放鞭炮问题,虽然声音大,但此刻家家户户都在娱乐,因此,集中在一个时段燃放并不存在噪音干扰的问题。近处的鞭炮声忍一下便过去了,而远处的鞭炮声,还没有室内搓麻将、聊天的喧闹声大。最后,我想,如果吃喝跟平时一样,又不准放鞭炮,这样的年还有味吗?

华志伟：据官方统计，蛇年春节，全国人民消费了7 000亿人民币，在庞大的消费金额下，蕴含了巨大的安全隐患，燃放鞭炮便赫然在列。据相关报道，除夕，南京市空气污染水平不断上升，到了晚上9点更加严重，南京9个大气监测点测到的浓度已达到PM2.5，都是严重超标。截止到今年的元宵节，南京在2013年已经出现了30个污染天，相当于两个月的时间里，市民有一个月处在污染的空气中。所以，为了自己与别人的身心健康，我们应当减少烟花、鞭炮的燃放，过一个健康的新年！

刘德亮：随着外来文化的冲击，文化的融合是必然的。有的地方我们需要摒弃，可是有的地方我们仍然需要坚守。春节期间的走亲访友、互相拜年的习俗传承下去是很有必要的，而过年期间饭桌上不尽的应酬与日夜不停的鞭炮声需要减点负了。西方人在圣诞夜会与自己的家人在一起，一起聚餐、一起做游戏来享受这宝贵的时光，以此来促进与家人的感情，而中国的年轻人过年大多会选择外出，去享受属于自己的生活，把老人扔在家里，这是多么巨大的反差啊！进入我们生活的不应该只有圣诞节、情人节，而应该是那些更有价值、更暖心的东西。

**老师有话**

传统节日风俗，有的东西无须变换，例如，元宵观灯、端午裹粽子、清明扫墓、中秋赏月、春节欢聚。这些是数千年来传承的东西，有了这些，我们会倍感温馨，似乎在数千年不变的民俗中，我们的灵魂会倍感安详。而有些东西，既影响人的身心健康，又扰民的则要审视了。不能因为是传统就该照搬，此时需要与时俱进。面对传统节日风俗，好的不变，让人感到温馨；不好的变了，会让传统节日焕发新的生机。

**由说到写**

### 说说传统节日的欢庆方式

刘德基

春节到，家家户户都充满着喜悦的气氛。节日期间，亲人相聚、朋友相会、聚餐欢庆总是难免的。而燃放烟花爆竹也是一个重要的庆祝活动，这样，喜庆的气氛便渐渐造浓，但欢庆之余，其中存在的问题切不可忽视。

春节流传于今，其中的确有一些我们不可丢弃的东西，但如今的年俗也该与时俱进了。我们应该取其精华，去其糟粕。

古代中国，尤其是战乱年代，物质生活相对贫困，百姓的一日三餐都存在问题，只有过年过节的时候，人们伙食可能改善些，所以出现了节日里朋友、亲人相会，一起聚餐的传统。现如今，温饱问题基本解决，人们应该考虑的是怎样才能吃得健康。而在节日期间，特别是春节，不少人往往暴饮暴食。高脂肪、高热量的食物和其他一些对身体健康并无益处的菜肴摆满了桌子。这样不但花费高，而且对身体的危害也大。其实，完全可以避免这种现象，我们只需在家中炒几个家常菜，将家人、朋友聚到一起，小酌几杯，既充满了浓浓的喜庆氛围，又对身体有益，更不会造成浪费，何乐而不为呢？

另一个不好的现象便是春节时过度燃放鞭炮。近几年来，由于燃放烟花爆竹不当而产生的事故屡屡发生。在人口密集地燃放烟花爆竹,可能产生的危害也越来越大。其实,在古代,燃放烟花爆竹是为了驱赶"年"这种怪兽的。如今,人们已经不受封建思想的蒙蔽,完全是为了庆祝而燃放烟花爆竹的。但是在庆祝的同时,噪音干扰了别人的生活,烟尘威胁着别人的健康,损害了众人的利益。因为鞭炮扰民,影响邻里和睦,甚至会引起争吵,那么就更不值了。其实,庆祝节日并不一定要燃放烟花爆竹的,可以用其他更健康的形式来庆祝,实在要燃放烟花爆竹的朋友可以找一些人烟稀少、比较平旷的地方去燃放,这样产生的危害便能降到最小。

　　社会在发展,人们的思想也在进步。节日欢庆好的习俗,我们需要继承,但我们绝不可以不加检视,盲目沿袭。我们在传承的同时也要进行选择,将一些有利于我们发展的习俗传承下来,而对大众身心健康有害的不合时宜的传统,我们则需要摒弃。让人感到温暖的健康的节日风俗,我们需要将它保留下来。古为今用,扬长避短方为正道。

　　传统节日,是我们炎黄子孙灵魂的栖所,但这间屋子也需要打扫,并赋予新的时代内涵。我们需要的是一个符合当今社会发展的节日,而非封建落后的传统节日。时代在进步,社会在发展,节日风俗也该与时俱进了。

# 第八章

# 润心：以"满足期待"观给予适切的写作指导

就写作而言，学生都有写好的期待，关键是如何激发学生的期待。当然，学生的写作期待是完整的——期望写出完整的好作文，期望持续写出好作文。但每次的训练只能解决一个问题，或基本解决一个问题，贪大求全，既满足不了学生的期待，而且还会挫伤学生写作的积极性。不仅如此，习作指导还应该贴近学生写作存在的瓶颈与困惑。那么，学生写作的瓶颈究竟在哪里呢？一定不能凭教师的臆想，也不能凭多年不变的教案"以不变应万变"，而是需要真正走近学生，诊断学生作文中存在问题的症结所在，倾听学生真切的诉求。简而言之，教师的写作指导需要解决学生习作中的"真问题"。据此，我的作文教学序列常常是结合学生的现实需求而不断更新的。

## 第一节 记叙文真情实感三步骤

"真情实感"是基础教育阶段写作的最基本的要求，但不同学段要求的层次应该是有所不同的。高中记叙文与小学、初中记叙文中"真情实感"又有何不同？长期以来，语文教材没有给出明确答案，许多语文教师的教学实践也没能辟出可行之路。义务教育阶段的记叙文写作的"真情实感"更强调写作的"真实性"与"真实感"，而高中记叙文写作，仅仅做到有"真实性""真实感"，是没有竞争优势可言的。而我尝试启发学生的心灵成长，从"生态维度""生活细度""生命深度"三个层面循序渐进，将"真情实感"推向更高层次。

### 一、立足生态维度，以心灵体验亮化真情实感

记叙文的六要素包括时间、地点、人物，以及事情的起因、经过、结果。这一传统六要素的说法更突出"人"和"事"两大方面，即以人为中心、以事为线索来刻画人物，揭示主旨。光注重人与事写作的记叙文，其人物形象很难刻画得鲜活丰满，主题也很难体现得独到深刻。纵观高考优秀记叙文，大多还具备一个亮点要素——生态意识。何为记叙文写作的生态意识呢？一是指将人和事置于一定的

生态背景中去叙写。这样能给人以情境感、真实感,同时也能为人物活动、事件发展提供必要的依托。二是将人和事同某个事物构成相关的"生态链",这样既能以物衬人,又能以物串事。在记叙文写作中,教师应引导学生用心体验周围的生活环境与生活事物,在环境的渲染与特定事物的描绘中,亮化并丰富文章的真情实感。下面以"课堂一句话"扩写为例,谈谈如何立足生态维度,以心灵体验亮化真情实感。

示例:"寒冬午后,王老汉将三轮车放在了路边树下,静静地等着。"

扩1:渲染合理的生态环境。

相较于传统提法的记叙文"窄化"与"扁化"的时间、地点的空泛要素,小说更注重环境的渲染。记叙文写作不可忽略环境要素,即在一定的生态环境中去写人叙事。这个环境可以是富有人文色彩的社会环境,抑或是富有人文气息的自然环境,但只是对人物起到衬托作用,不可喧宾夺主。对上述扩写要求,有学生是这样写的:"雪下了一上午。午后,雪变小了,可寒风仍在肆虐。王老汉将三轮车放在了路边树下。他在想:这一地的雪,生意肯定难做了。不过,今天在南方读大学的儿子放寒假要回来了,正好安下心来候着。他抖了抖旧厚棉帽上的积雪,跺了跺脚。"原句中的"寒冬午后",较为简单空泛,而该扩写片段则通过学生的生活体验,将符合故事情境、人物心境的环境描写进行适度铺呈与渲染,使得王老汉的生活环境更加形象具体,更能突出人物的人生况味与作者的人性悲悯。2015年江苏高考优秀记叙文《王大爷的早餐店》的显著特色便是为王大爷的活动设置了生活化的背景环境——早餐店,如此创意既能突出人物的身份,更能突出底层百姓的艰辛与幸福,而考生的敬畏之情溢于言表。

扩2:刻画物人和谐的"生态链"。

记叙文真情实感的体现不仅需要特定环境作为背景,而且需要特定的事物作为载体,构成物人和谐的生态链,这样便于表现人物的个性特质与真情实感。高中记叙文写作不但要言之有人、言之有事、言之有境,还要言之有物。这个物,可以是自然生态之物,也可以是社会生态之物。对上述扩写要求,有学生是这样改写的:"他仍穿着那件掉色的棉袄,胳肢窝都露出了棉絮。蹬三轮,上坡时总要撑开双臂,棉袄老是被扯破,补一次,坏一次;再补,再坏。他立起衣领,缩着脖颈,那双手粗大的手只能将手指插在袖筒里避寒。他来回踱着,可眼睛一直没有离开儿子将要回来的方向。"

写作中,多数学生对王老汉的三轮车进行了形象而生动的描写,在此基础上想象他平时蹬车的困难。这样写是符合要求的,对刻画人物也起到了一定的衬托作用。该片段抓住了破棉袄着力刻画,可谓别出心裁,别开生面。对胳肢窝露出棉絮的细节描写突出了王老汉的勤劳俭朴,一心为儿;立衣领,插袖筒,再冷也要等儿。该片段将物与人的描写融合在了一起,字里行间,读者能够感受到瑟瑟发抖的老汉内心的苍凉与温暖,更能体会到字里行间流露出作者的怦然心动。2016年北京高考记叙文以"神奇的书签"为题。则是在命题中突出耐人寻味的"物",引导考生关注"物"并围绕"物",这是记叙文写作命题生态意识的体现。

## 二、刻画生活细度,以心灵抒发细化真情实感

记叙文语言表达要力避空泛平淡的叙述,力求用心细致地观察生活,用心细腻抒发真情实感。传统作文观认为记叙文是对生活的艺术再现。其实,这种观点忽略了一个非常重要的元素——人的心灵,没有心灵参与,作文中的生活往往也是浮于表面的生活;缺失了心灵的抒发,艺术手法也仅仅是空洞的形式,而表达则变成"失血的矫饰"。据此,可以说高中记叙文,尤其是高考记叙文,应该是建立在心灵抒发基础上的生活艺术,而心灵抒发的文字拒绝浮躁与粗糙,应当是真性情的灵性文字,应当是情思细敏、文笔细腻的文字。下面以学生作文《破苹果》片段为例,来谈谈刻画生活细度的三个层面的问题。

示例:父亲隔三岔五地给我买来苹果,而每次总有几个是碰坏的,破的我不会赏光,父亲、母亲又吃不惯,只有奶奶包圆了。慢慢地,我开始疑惑了,父亲赶集,摆地摊,虽然挣钱不多,但他是邻里公认的精明人,为什么每次都买碰坏的苹果呢?我既疑惑,更觉蹊跷。那一天,放学回家,父亲正在桌上敲着什么,他根本没有注意我。出于好奇,我蹑手蹑脚地藏在了墙边想瞧个究竟。父亲竟将我爱吃的苹果在桌边敲着。一个、两个、三个,他一连敲破了三个。我当时真想冲上去逮个正着,可瞬间的愤懑陡然竟杳无踪影,父亲每次带来的破苹果原来都是他自己亲手敲破的,而且都让给了奶奶。

(一)笔触的细润

细润,即语言的细致圆润。记叙文的语言是用来表情达意的,文笔粗糙、碍眼或拗口,就不能做到自然流畅,从而影响到达意效果。而达意不过关,读者就很难体会到文本蕴含的情感。同时,粗陋的笔触对情感表达而言也会大煞风景。因此,高考记叙文写作笔触的细润既是一道"风景线",更是一条"底线"。上述片段,多用短句,长短结合,做到形式上的流畅自然;语言表达做到文随意转,运笔自如。第一句话,主要体现"我"的不经意,因此采用概括描写,一带而过,决不拖泥带水。而疑问之后的观察以及心理描写,则表现得比较到位。"既疑惑,更觉蹊跷""蹑手蹑脚""藏""一个、两个、三个""真想……可",这里的描写将人物的动作、心理等演绎得丝丝入扣,若将相关语句改写成概括描写的语句,则注意力的集中、情感的投入、思绪的变化就难以鲜活生动地呈现。但是,这一片段笔触的细润在结构呼应上还可以做得更到位,一是可在开始交代"苹果破而不腐",有了这样的叙写伏笔,就能和下文看到父亲敲苹果的一幕形成呼应;二是可交代"奶奶爱吃苹果,可又嫌好苹果太贵"。这句话若是在开头呈现,那么会心的读者可能开始就猜到谜底了,而在文段的结尾作为补叙出现,情节就会显得更加圆润无痕。因此,笔触的细润,既要有文随意转的自然,也要有呼应贯通的流畅。

## （二）关键的细腻

记叙文强调细节描写，但不是处处都需要细节描写。在刻画主要人物特质、突出主题的关键环节需要细节描写，文字要由细致走向细腻，用放大镜，甚至显微镜将细节放大，用特写镜头将时间停止，描绘好这一时的这一点，那一时的那一瞬。该文段除了将观察到的真相进行细节描写之外，还可以对奶奶吃苹果的场景进行细节描写。在教者的提醒之后，该学生进行了升格补写（在"只有奶奶包圆了"之后）：奶奶总是捡破的苹果吃，苹果皮舍不得吐，核儿边的果肉总是啃了又啃，生怕吃得不干净。而每每此时，父亲总是用余光瞄瞄偷着乐。如此细腻的描写既能突出奶奶爱吃苹果，更能突出父亲看着奶奶吃苹果的样子，从心底油然而生的幸福感。在谈补写感受时，该生说这一个细节不是虚构的，确是当初难忘的一幕，而教师的提醒正好触发了该生的回忆。其实，记叙文写作的就是要将学生的心灵带回原初的现场，并在现场打开心灵的窗口，在关键处泼墨。

## （三）联想的细巧

记叙文的描写若都是如实的"素描"，其表达的情感往往比较单调浅薄，而描写若能做到虚实结合，特别是融入丰富巧妙的联想，那么其内涵将更加丰富，情感的意蕴也将更加丰厚。主要方法有两种。

一是融入联想修辞，使描写更形象，更生动。如在"父亲总是用余光瞄瞄偷着乐"后用一句比喻进行细节描写，有学生这样补写："眼角的皱纹挤成了两把对称的蒲扇。"就此，教者追问：将"蒲扇"改成"折扇"好不好？在此基础上，顺势引导学生注意这里的喻体既要符合农村的环境特色，还要突出人物纯朴的特质。这样的联想不是脱缰野马，而是"细"中见"巧"。当然，联想式修辞，除了比喻，还可以恰当选择比拟、夸张、借代等其他的修辞手法。

二是渗入心理猜想，使描写情境更浓，情思更深。这样的猜想设置，往往出现在思维困顿处。如教者引导学生在"父亲总是用余光瞄瞄偷着乐之后"补写"我"的猜想。有学生是这样写的："父亲的内心一定是美滋滋的，而且一时半会儿还出不来，母亲就吃个苹果，有什么可乐的？我心里直嘀咕。"从第三者的角度叙写，这样的困惑既体现了"我"的迷茫，也突出父亲的神秘，更能激发读者续读的兴趣，可谓一举多得。记叙文写作，疑惑处的猜想需要"我在现场"的沉浸，更需要"我在心动"的投入。有了作者"我心归去"的引领，读者自然就会被带到故事的情境与作者的情思中。

### 三、挖掘生命深度，以心灵探悟深化真情实感

记叙文相较于议论文，往往弱在思想性上。议论文可以通过丰富的论证、深入的思辨体现深刻的思想，而一般记叙文重叙写，轻议论；重感性，轻理性。当下，高考作文命题多具有较强的思辨性，因而，考生大多选择写议论文便是可以理解的无奈之举。高考议论文选择的指挥棒效应自然会影响到高中作文教学。目前，高中

记叙文写作的教与学,多是"心不在焉"。作为课程要求、教学安排,教师不得不教,学生不得不学,但面对高考思辨性很强的作文题目,选择记叙文写作似乎是极不明智的。于是,不少语文教师草草了事,许多强于记叙文写作的学生也在渐渐放弃。其实,高考作文命题都来自生活,其理性思考也是提炼于生活,再复杂的思考也都有形象朴素而内涵丰富的生活现实与之对应。因此,除禁写记叙文的作文命题之外,一般高考作文命题都能写成记叙文,并且能写成优秀记叙文。记叙文并不拒绝理性,且能蕴含更丰富、更有韵味的理性。因此,在记叙文中通过心灵探悟,让真情实感深化便成了必要的,可能的。课堂上,教者以2016年江苏高考优秀记叙文《梨香满园》为例与学生一起进行互动探究。

一是深入。王充在《论衡·别通》里提出:"涉浅水者见虾,其颇深者察鱼鳖,其尤深观蛟龙。"要挖掘生命的深度,首先要深入人物的内心去洞察其灵魂深处的特质,倾听心灵深处的呼唤,感悟生命深处的律动。《梨香满园》主要情节是写:有一年干旱,梨园结的梨又小又少,后来爷爷引进优秀品种黄金梨的枝条进行嫁接,最终增产丰收的事例。要想呈现生命的深度,就需要用心深入到爷爷的内心世界去感知人物的矛盾、抉择与释然。在此基础上,才能有深度的挖掘与阐发。深入,需要作者沉潜到人物的内心深处和情境幽处去感悟人物的风采、情境的奥妙,从而贴近人物与情节做自然的理性阐发,而不是生硬点题"贴标签"。

二是深刻。高中记叙文,尤其是高考记叙文,需要用深刻的思考来体现思辨性。写作中,多数学生会在文章的开头或结尾做点题阐释,而行文的自然扣题与阐发往往被忽略。更有甚者,作文的"头脚"表"忠心",而"身段"却在"倒戈",离题万里。记叙文中的议论应当夹叙夹议,叙议关联,不能割裂、突兀。另外,随着情节的发展变化,思考也应当做相应变化。记叙文中的议论还可以通过人物的心理描写来自然呈现,而不是在连贯的叙写中突然跳出来进行生硬议论。课堂上,教者将该作文情节发展变化的四个环节后的心理描写进行遮盖,引导学生做补充训练,然后再与范文的表述进行比较赏析。

1. 似乎在缅怀往年的淡淡梨香。(就这样听天由命?看着梨树下那佝偻的背影,我的心比那土梨还酸。)

2. 只有改良品种了。(这能行吗?我将信将疑,再一想,改变一下,总会多一分希望。)

3. 把黄金梨的芽接上去。(原来,变可以不是毁灭,而是改良,这样的智慧朴素而深邃。)

4. 剪掉多余的枝叶。(这一剪,做的是减法,但对于结梨而言却是做了加法。)

有学生对最后一处的心理描写是这样的:"我想,人何尝不是如此呢?选择"旁逸斜出"就不可能"硕果累累"。裁枝剪叶,痛苦了现在,却在迎接金秋梨香满园。平心而论,作文课上该生补写的心理描写的质量明显超过了优秀范文的表述,此举有效激发了学生对叙写过程思考的关注与深入。

三是深婉。记叙文的深刻,不都是通过议论式语言直接呈现的,还可以在形象的描写中自然融入丰富的情感与睿智的思考,如融情入景、托物寓理、绘人寄意、叙事含思等意蕴丰富的描写。记叙文的开头可以情理兼具,体现深婉。如《梨香满园》的开头写道:"一场大旱,爷爷的梨园里,零星的青梨在还没有长开的叶片间晃荡,树下夭折的梨骨朵上满是忙碌的苍蝇,一阵阵酸臭让人只能掩鼻远离。"开头的景物描写,既能看出旱灾的程度,又能感受到爷爷面对梨欠收的心痛,更为下文写爷爷扭转窘境埋下伏笔。文章结尾采用了古诗词中常用的"以景作结"的手法进行描写:"雨后,鲜亮的梨叶映着晨光在风中摇曳,那饱满的黄金梨点缀着晶莹的水珠,阵阵成熟的清香在小园里荡漾。"从对这丰收景象的形象描写中,读者能感受到爷爷的喜悦,更能体现创新带来的可喜变化。深婉的文字,含蓄蕴藉,余韵绕梁,令人品咂良久。这便是心灵探悟的深入浅出。

曹丕在《典论·论文》中写道:"文以气为主,气之清浊有体,不可力强而致。""文气"的背后是"心气","心气"的基础便是心灵成长。在记叙文写作中引导学生的心灵成长,其真情实感的层次便能实现跨越;而真情实感层次的跨越同时也能促进学生心灵的成长。撇开心灵成长,不但情感的真实难以实现,而且情感层次的跨越更是空谈。当然,这一连串"三级跳"并不是一两堂课就能实现的,但只要树立学生的主体意识,引导学生的心灵成长,潜心于生态维度,专心于生活细度,会心于生命深度,记叙文的真情实感定能实现可喜的嬗变。

## 第二节　思辨性记叙文写作策略

记叙文写作,从表达方式的角度看,小学阶段侧重记叙,初中阶段侧重描写,而高中阶段记叙文写作教学的境况则非常尴尬。通常做法是,高一年级仍延续记叙文写作教学,多是在初中水平线上徘徊;高二年级因强化议论文写作,几乎丢掉了记叙文;高三年级写作训练,文体不限,但平时作文训练题一般跟高考接轨——思辨性强,学生大多"扎堆"写议论文。加之众多语文专家倡导思辨性议论文写作,事实上,记叙文写作已成为高中作文教学的"鸡肋"。

长期以来,高中作文普遍存在这样的认识误区:记叙文写作难以体现思辨性,更无法体现复杂深刻的思辨性。基于上述习作认知,便自然形成如下判断:重感性的记叙文,难以适应思辨性高考作文命题。高考作文命题思辨性特质,契合时代需求,更是世界写作教学的主流方向。作文发展大势不可违,但对记叙文写作的误解、误导则需要拨乱反正。"所谓思辨性作文,是注重思维的深刻性、辩证性,要求学生能够透过事物的现象看本质。"[1]而将思辨性作文等同于议论文,颇为不妥。记叙文也可以体现思辨性,甚至是复杂深刻的思辨性。对记叙文的概念,《现代汉

---

[1] 周小蓬.中外母语教学策略[M].北京:北京大学出版社,2011:22.

语词典》(第 7 版)是这样表述的:"泛指记人、叙事、描写景物的文章。"所谓泛指,就是广泛的代指。记叙文可以在主体记人、叙事或写景的同时,融入思辨性,夹叙夹议、夹描夹议,融思于叙、融思于描。《普通高中语文课程标准》(2017 年版)倡导表达方式的多元,提出"进一步提高记叙、说明、描写、议论、抒情等基本表达能力,并努力学习综合运用多种表达方式,力求有个性、有创意地表达"的写作要求。如一味强调议论文写作,这不仅陷入了一元化作文体式绝对性的误区,更是对"课标""自由写作"精神的违背。

那么,记叙文写作应怎样体现思辨性呢?下面从四个方面分别加以阐述。

**题目——表现形象思辨**

高中记叙文写作(命题作文除外),题目不仅本身占分,而且直接关系到作文的质量,所以,自主拟题绝不能胡乱应付。对于思辨性命题,拟题应当融入思考,而不宜用"一件小事""前桌的女孩""难忘的记忆"之类的"小清新"题目。因为此类文题虽符合记叙文体式要求,但相较于议论文理性很强的文题,在思辨性上就"输在了起点"。当然,记叙文的题目,也不适宜用完全抽象的理性表达,否则就显得题文不合,不伦不类。可取的做法是,进行形象思辨,做到形思结合,情理兼具。

以《韩非子》"欲成其事,先败其事"的作文命题为例,这句话的意思是,想要做成这件事,可能首先遇到的是失败这件事。围绕这一句话写作,有学生记叙了这样的事例:无意间,喊了要好同学的不雅绰号。在自己再三道歉下,两人的距离仍渐行渐远,而在那位同学生日当天,一句祝福的短信,换来了一个回复的笑脸。

这一事例,很好地体现了材料的意旨。该记叙文在拟题上可以就某一意象做柔性思辨,如此,既不失记叙文感性的特质,也能呼应作文材料的思辨要求。该生习作的原题是"失败是对成功的考验"。对这一个纯抽象的文题,我引导学生进行修改。修改的关键是找到蕴含思辨的意象,这个意象可虚可实。

一是功能角度。将成功前的失败与"石"的意象联系,学生首先想到"试金石":先败,是执着的试金石。在此基础上,引导学生将思维发散开去,考虑不同石头的不同的功能,同时,实际功能还要与材料要求的立意暗合。于是,有学生想到铺路石的创意:失败,是成功的铺路石。再从一般到特殊的方向引导学生的思维,我提出了"鹅卵石"。此时,学生的思绪显得茫然无措,难以寻找新的突破口。对此,我引导学生先不急于拟题表达,而是先进行意象分析,自然引导。

师:鹅卵石外表怎样?
生:很光滑。
师:因何而光滑?
生:经历打磨。
生:这个打磨就是各种挫折。
师:鹅卵石的内在的质地变了吗?
生:依然坚硬。

生：我想拟这样的题目——外光质硬的鹅卵石。

对意象的功能思考并不难，关键是要将功能与立意的核心要求相勾连。因此，教师可以引导学生先罗列意象的功能，然后再对照立意进行筛选。最后，尝试拟题表达。

二是附着角度。成功之前的失败，可以联想成某个意象上的附着物。这个意象的本体象征着成功，如以花为意象，顺着这样的思辨方式，进行拟题训练。从本体附着的角度看，刺是玫瑰花茎上的附着物，而碰刺意味着暂时的失败，于是可以拟题：碰刺，也别扔了留香的玫瑰。还可以拟写为：成功，带刺的玫瑰。从外来的自然覆盖物角度看，可以联想到雪中蜡梅：成功，是雪掩的蜡梅。还可以联想到雾中的花：成功，是雾的花苞。再从人工附着物的角度看，联想到朦胧的面纱：有时，失败是罩着面纱的蔷薇。再从覆盖物的角度看，学生往往会出现思维的偏差，如有学生想到"水中花"，其实质是虚妄的，不可能得到，也就不可能真正成功。因此，这样的拟题创意是不符合材料要求的。据此，在进行拟题训练时，教者要引导学生对照命题材料的要求进行反思审视，对不合要求的应果断舍弃。

三是相关角度。从意象关联性角度，运用相近联想的思维进行拓展联想。如从建筑的范畴进行相关联想，由门想到推开门意味着成功，门的难开意味着暂时的困难，而有些困难并不是因为门上锁封闭，而是虚掩着的。然而人的"心病"难解，于是，可以这样拟题：虚掩的门，敲莫如推。再从建筑构成的角度联想到窗，于是，可以这样拟题：虚掩的窗，柔光亦能透过。在此基础上，我启发学生思考：心门、心窗，还可有心墙。于是，有学生如此创意拟题：心墙，推倒成桥。这里的门、窗、墙，已经由实到虚，更多是从心灵层面思考，做到虚实结合。因此，在拟题训练时，需引导学生就实体意象做虚化提炼的思辨演练。

当然，这样的意象不能只是在题目中孤立地呈现，而需要在文中有自然照应。这一意象可以成为记叙文的线索，同时富含思辨的内涵。例如，以"成功，是雪掩的蜡梅"为题，故事情节就可以设置在冬雪中，而雪掩蜡梅的物线可与人物的情思线索双线并行，相互辉映，以此增强记叙文思辨的情韵。

**开头——体现情境思辨**

传统记叙文写作，一般不注重开头的思辨性。其实，记叙文开头的形神兼备、情理兼具，完全可以做到，关键是要做情境思辨，具体策略有二。

一是基于理性情境的思辨。理性情境的思辨，不是简单的议论，而是在侧重理性表达基础上有机融入形象性词语，形成具有理趣与思韵的语场。以"独木不成林，但树与树之间保持一定的距离"作文命题为例，进行纯理性情境思辨，开头可以从辩证法有三大规律的角度进行思辨。如采用对立统一规律：距离，美在有度，亲密"有"间，过犹不及。后退一步成天使，前迈一步成魔鬼，合适的距离则是和谐。如采用质量互变规律：距离之美，肆意靠近，可能成丑。如采用否定之否定规律：距离有美，一旦打破，"零距离"也许开始还能发现美，甚至美不胜收，但这样的美往往在时间的考验下变质,而后退便是明智的选择。当然,理性情境思辨还可以从整体与部分、原因与结果、必然与偶然等常见的哲学关系角度进行审视。

二是基于感性情境的思辨。所谓感性情境的思辨,就是侧重感性形象情境的营造,并融入思辨。自然世界与社会生活中都存在相关的哲理映射。反之,作文命题中的哲学思辨,都能与现实世界及人生百态相呼应,而感性情境思辨便是要能发现并打通这样的逻辑联系,从而以小见大,以形透理。从自然层面看,有学生这样拟写开头:设若,将一众小树苗栽在一起。最终,绿色是有了,但没有一棵会长成参天大树。美美与共,得自己"绿荫如盖","个美"的距离,怎能缺?从生活层面看,有学生这样开头:微笑,对着远方的美。

开头情境思辨,还可以结合故事情境进行思辨。如有学生进行倒叙思辨开头:我睡觉,不规矩,而您总会给我盖上滑落的被子,我感激;但那天,您用我忘带的钥匙打开抽屉,翻看我的日记,我很生气!

当然,记叙文开头的情境思辨,容易和主体情节割裂。这就需要对两者进行有机衔接,而衔接的方式主要有两种。

一是用题记标注,即在情境思辨开头之后,另起一行居右用破折号加题记的形式呈现。这样的题记,既体现了开头情境思辨的独立性,又使得下文的叙写不突兀。当然,要避免出现首段与次段紧密关联的情况下用题记的形式,以免画蛇添足。

二是在次段段首用过渡词链接——如"不禁想到""又想起了""记忆回到"等词语。这样,以人的理性心理活动的方式衔接,因理入情,由情及事,流转自然。

**情节——呈现应变思辨**

记叙文的主体情节乃写人、记事、绘景。因此,遇到思辨性作文命题,多数学生往往难以有效链接到可以进行记叙文写作的素材。其实,这是对记叙性素材的一种误解。一般的记叙性素材是具有延展性的,并非"一材一旨"。写作中,可以对情节进行多维思辨性设计。如"传统的智慧"的作文命题,笔者做了示范:运用"图表支架"[①]对记叙文的专项素材进行一材多用的情节整理,笔者对当地的特产"草炉饼"进行专题调查,并结合不同主旨的价值取向对情节进行立体变向思辨设计。

**表 1 "草炉饼"专题调查表**

| 事例 | 价值取向 | 情节 |
| --- | --- | --- |
| 加工 | 简单之乐 | ①老两口和面分工合作;②桌旁的破收音机放着淮剧;③老人总是手工和面,而且搅、揉、压的工序,一道不省,直到面足够劲道为止。 |
| | 守望传统 | ①烤饼需要猫着腰,日积月累,大叔严重驼背;②一手扒在炉外壁,一手托面,上半身快速探进炉膛贴饼;③侧脸的瞬间,可见眉毛几乎熏没了;④老伴在旁边不时递上毛巾;⑤烤完饼在一旁喘着粗气,大口灌温开水。 |

---

① 荣维东.写作教学的关键要素与基本环节[J].语文建设,2018(6).

续表

| 事例 | 价值取向 | 情节 |
|---|---|---|
| 销售 | 真诚质朴 | ①其他花样繁多的饼都在涨价,但大叔的草炉饼一直不涨价;②接饼给顾客,从不用手拿,而是用饼夹夹起放入食品袋中;③老两口,再忙,再累,总是对买饼的顾客微笑以待。 |
| 销售 | 小小幸福 | ①路边大娘在卖家乡的草炉饼;②一个挣两毛钱,绝不多收钱;③吃着保温杯里的粥;④拣着韭菜,算着时间回去烧饭给上学的孙子吃。 |
| 食用 | 享受原味 | ①早上,面店没开门,买了草炉饼救急;②饼面露出古铜色的黄,细嗅,便觉麦香缕缕;③咬上一口,表皮开裂,散发原味麦香,露出白色的麦面;④那天早饭不是10元的牛肉面,而是1元的草炉饼,那种感觉是吃惯的牛肉面所没有的。 |
| 食用 | 生活艰辛 | ①一位民工一手抓着草炉饼,一手握着大茶杯,咬一口饼,就一口水;②饼面开裂的纹理连着他手上深深的皱纹;③饼面上烤熟的芝麻,掉了一些在桌上,他捡了起来放到了嘴里;④工头喊了一声"继续上工",那民工将剩下的饼角径直塞进嘴里,转身就跑。 |
| 演变 | 担忧时尚 | ①草炉饼店旁开了个西点房;②孩子,再也不吃草炉饼;③我也不再吃草炉饼,西式糕点美味让我忘却了草炉饼的味道,但渐渐地被夸张的鲜味麻痹;④再找那家店,已杳无踪影。 |
| 演变 | 慎对革新 | ①有一家草炉饼店,手工和面变机器加工;②泥膛变铁膛,柴烧变成电烤;③挥汗如雨的做饼过程变得悠闲;④出来的饼再也没有原味的麦香。 |

上述材料,以地方特产"草炉饼"为原点,向多个方向进行发散链接,形成了灵活多变的情节组接模块,进而形成了多向度的立意。具体思维导图如下。

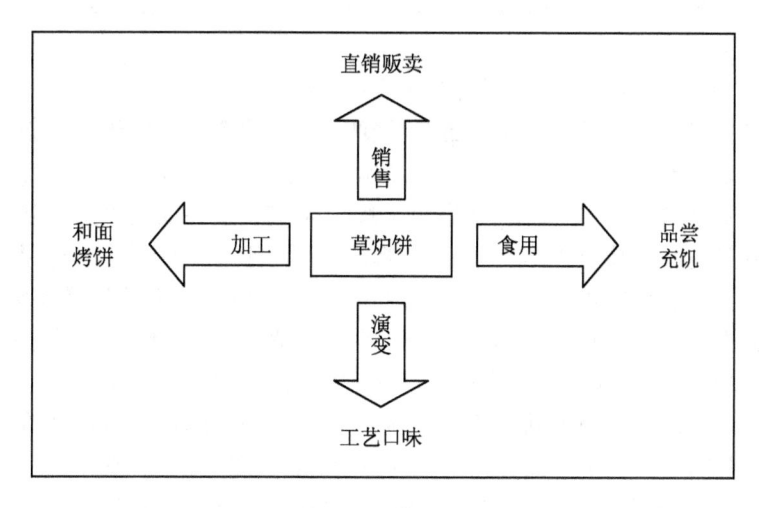

图1 思维导图

围绕一则主体素材,因立意的变化而对情节做相应的调整设计,使得记叙性素材的适用性明显增强。通过图表对情节进行分类整理,再进行可视化演示,能够启发学生触类旁通,进而对生活中的记叙性素材进行敏感发现并深度挖掘。

**过渡——展现发展思辨**

记叙文思辨性,还需要体现在情节间的过渡句上,这样的过渡句,既是情节之间的衔接语,同时也可以体现记叙文阶段性思辨。随着情节的推进,思辨也逐步走向深入。例如,作文命题:一般说,精确的审美情趣在于能在许多毛病中发现出一点美和在许多美点中发现出一点毛病的那种敏捷的感觉。——伏尔泰。这样的作文命题,既可以从前一句入手,也可以从后一句入手,学生的选择性增强,但必须体现思辨。写作中,多数学生选择写议论文,而有学生就选择写记叙文,并且在记叙文的过渡句上体现发展思辨,呈现别样的精彩。且看该生《一爿老店》的过渡句。

许多时候,旧只是一种表象,老才是一种资历!

……

老街、老店,老得有味,少了喧浮的俗气。

……

顿觉,老店之老,多了几分倔强,那倔强蔑视着时尚的光阴。

……

我有种直觉,在这有些凌乱的书堆下一定有我的知音,她的泪眼曾无数次失望地凝视着门外的匆匆过客。

……

时间溜得真快,而我收获满满,内心洋溢着一种久违的幸福。

……

破路、破店、破书,但残破的深处往往藏着喧嚣世俗难以觅得的宁静。

……

其实,"老"何止是资历,"老"更是让灵魂安谧的永恒!

本文过渡句,体现思辨,同时,随着情节的变化,思辨不断演进。记叙文的思辨发展,还可以体现在首尾的过渡照应上。本文开头,言简意赅,一下子将立体推向高峰,行文中过渡衔接句不断细化并推进思辨,而结尾则在前文思辨的基础上更上一层楼,从灵魂层面将立意推向新的高峰,进而呈现思辨的递进性与深刻性。如此,该记叙文的思辨性相较于议论文丝毫不落下风,更具鲜活的生活韵味,可谓情理兼具,魅力十足。当然,记叙文行文间过渡句的思辨方式,不能跳脱情节,而应该贴近情节并通过心理描写的方式自然呈现,做到无缝衔接,自然融合。

记叙文,往往通过以小见大的手法,以一事、一境来体现主旨,这样难免显得立意单薄。据此,可以在结尾部分做适当的拓展思辨。如《此中有真意》一文,主体情节写作者在晚自习期间赏玩并放飞萤火虫的经过。我在该文最后添加了这样一段拓展思辨:其实,喧嚣的俗世,何尝没有宁静的诗意呢?身边闪烁的萤火、击中头顶的落叶,抑或草尖轰然坠地的露珠,等待的只是我们宁静的诗心。

当然,记叙文不能失掉叙写的感性特质,但是在思辨性作文命题的大趋势下,合理融入并有机呈现思辨性,使得记叙文情理兼具,不失为一种明智选择。通过有效训练,记叙文可以具备不逊于议论文的思辨性,同时还能呈现丰富多彩的个性素材与生活情境,也使得应试作文呈现多元的体式选择,体现文学性与思辨性兼具的审美特质,进而在世界写作潮流中开创传承与发展的中国特色。

## 第三节 如何让思维变深刻

深刻,是高考作文发展等级之一。作文的深刻主要包括三个方面:一是透过现象深入本质;二是提示事物内在的因果关系;三是观点具有启发性。从现象到本质,思维需要纵向深入挖掘;探寻事物内在的因果关系,思维需要横向延伸溯推;而观点的启发性正是在思维的纵横捭阖中动态生成的。作文思维的深刻,不仅需要理性的思考,逻辑的推理,而且更需要感性的律动、热情的投入,甚至冒险的尝试。因此,"情"与"理"是作文思维的双脚,两相协调,心路才能延展,情思才能跌宕起伏,从而让作文思维由肤浅步入深刻。

作文思维的深刻,在议论性文章中,体现为说理透彻,论点深刻;在记叙性文章中,体现为形象生动,思想深刻。高考作文鼓励见解深刻,并且提倡思维路径的多样性,而不只是纵与横两个方向上的简单生发。在作文教学中,我尝试激活学生的情绪状态,进行多种思维路径的言语实践练习,学生的作文思维深刻性得到明显提升。

### 一、扣住一材,溯推追问

分析是逻辑思维中的一种类型,而因果分析则是分析思维中重要的基本类型,溯因推果的逻辑思考能锻炼学生思维的广度与论述的深度,但在现实教学中,常常缺乏对因果分析的深入指导,致使学生的思维滞塞,难以充分延伸拓展。其实,引领学生的情思在溯、推的路上走远,思维往往能呈现出别样的风采与深邃。

课堂上,我通过投影呈现一幅漫画。画中,一个男孩,站在远处,将吃剩的香蕉皮当作球扔向垃圾箱,结果没扔进,嘴里还念叨:"唉!又没扔准!水平越来越差了!"接着,结合这一幅漫画的图文,我让学生溯因、推果。就原因分析方面的课堂交流如下。

生:上一次,没有扔进,这一次不服气,再扔,可还是没扔进。

师:你主要根据画面上的提示语来说的,大家再往前考虑一下,可能会是什么情况?

生:第一次从远处扔,可能扔了进去。

师:于是,就把扔垃圾当投篮了。你对生活很关注,我们任何思考都不能离开鲜活的生活。

生：平常的卫生习惯差。

师：刚才，我们都是从当事人角度考虑的，能否换个角度？

生：因为父母教育的缺失。

生：觉得反正会有人打扫。

生：还有卫生监管的不到位。

课堂上，我逐步引导学生按照一定的思维路径溯因，即由当事人到他人，再到周围环境。不过，思考仅止于此，思维仍然较为肤浅，如何进一步将学生的情思引向深入呢？我继续引领学生追问原因——"打破砂锅问到底"。

师：刚才，我们主要从客观层面进行多角度思考，现在能不能再做一些追问呢？注意一下垃圾箱外还有不少垃圾呢！

生：这是从众心理在作怪！

师：从众的背后，能看出什么？

生：内心没有个人原则，不做"出头"的好人，别人能扔外面，自己也跟着扔。

师：这不仅仅是个体心理了，而是一种绵延数千年的民族心理。

生：中庸。

师：对！中庸思想在养性上可以使人更加平和，但在行事上有值得批判的地方。

（接着，我由前面交流过的"觉得反正会有人打扫"引导学生追溯原因，学生果然挖出了"宝藏"。）

生：对清洁工辛苦的无视。

师：琢磨一下当事人的内心想法。

生：对底层百姓的冷漠。

生：这样的人是极度自私的。

师：除了个人的原因，还有呢？

生：教育环境的影响，尤其是家庭教育的影响。

有了追溯原因思维路径的启发，多数学生能够从多角度打开思维，考虑这样做的影响，但在如何进行深入追问上陷入迷茫。课堂上，从"别人跟着扔在外面"联想到"外面的垃圾越来越多"，思维难度不大。如何引领学生的心路进一步拓展延伸呢？创设具体的情境是一个有效途径，通过我的引导，学生找到了思维方向，又活跃了起来。

生：夏天，对环境造成的污染更严重。

生：若是住宅小区，居民出行，得绕行。

生：影响整个小区居民的生活，甚至包括肇事者。

师：害人，终害己。

生：有些人，埋怨别人，感叹社会公德的缺失，就是不反思自我。

设置具体的生活环境,更使得学生进行贴近的深入挖掘,而不是天马行空的臆想。如此,从生活的表层做合理推究,思维渐行渐远,而在幽深处定有流光溢彩的风景。如上述交流中,最后一位学生的审察与醒悟,这是从民族心理层面进行的深度挖掘,尤为难得。

溯因,从问题原点向前做一步步的追问,而直至深层的根源。这样的原因不是一两步简单的推想就能获知的,更不是人云亦云的,而是问题背后的隐性信息。推果,从问题原点向后一步步推演,直至让人怦然心动的结果水落石出。溯因推果,不是海阔天空的猜测而是基于现实,深入到人性的灵魂深处或文化的思想高度进行持续叩问与审视,使得思维的广度在左右冲突中拓展,思维的深度在步步追问中深入,而在广度与深度的双重突破中实现思维由肤浅向深刻的嬗变。当然,问题设计要符合同学们已有的知识[①]。当然,一旦走偏,教师须及时纠正。

## 二、围绕一句,多重挑战

摘抄佳句,是许多学生积累作文语言的基本方法,不少语文教师也是这样要求的,但仅满足于摘抄、背诵,学生的作文思维能力并不能得到很好的锻炼。如何对精彩语句进行深度开发,从而促进学生的思维向深度发展,这是摆在高中语文教师面前的现实问题。一次偶然的情境让我茅塞顿开,我看到同班的英语教师在教室的前黑板左上部抄了一句名言,下面附上英文翻译,意在加强英语翻译的积累。有限的语言阵地已经被英语占领,右上的一小块还是空白,可以做做文章,但若还是名言积累,对学生作文的促进作用有限,而且容易造成学生思维的惰性——一抄了之。怎样引导学生的思维多走一步,甚至几步呢?我眼前一亮——不如与英语名句翻译摆"擂台"。我要求学生自由组合,每两人分为一组,自主搜集经典名言,并在此基础上进行多重创写。然后,将自我创写的语句同名言警句一起在黑板上展示。对此,学生的积极性大增,极尽所能地展现自己的智慧与才情。

一是顺向创写。

顺向创写,即沿着原句的立意方向换一种情境进行自我表达。

示例:伤疤不应成为制造另一个伤口的理由。

创写之前,我要求学生先提取其核心立意:一次失败不能成为人生的阴影。在此基础上,进行顺向创写。有学生从成语"作茧自缚"上受到启发:"伤身,可能愈挫愈勇;伤心,易作茧自缚,终致伤痕累累,心灰意冷。"有学生抓住"伤疤"做文章:"伤疤,不能变成心疤,但若是好了伤疤忘了疼,则新伤难逃。"有学生用绳索做创意:"过去已成过去,别让它牵绊你的未来。"

有学生找到的句子是多维表述的,则可以从多个角度进行选择创写。如"人之所以活得累,是因为放不开架子,解不开情结,撕不开面子。"有的学生针对"放不开

---

① 潘菽.教育心理学[M].北京:人民教育出版社,2011:207.

架子",从假清高角度立意表述;有的学生针对"解不开情结",从心坎的角度立意表述;还有的学生针对"撕不开面子",从假面具的角度立意表述。

二是逆向创写。

逆向创写,即与原句的立意方向反其道而行之。

逆向创写,能够训练学生逆向思维的能力,增强思维的批判性。实践中,立意的瑕疵、偏差往往不可避免。比较典型的问题是反向创写时的绝对表述。如对"瀑布之所以壮观,是因为没有退路"的反向创写:"退路也是路,极度困境时退一步,总会赢得生机。"这样的表述,思维方向与原表述相反,但是用"总会",将话说死,犯了绝对化的错误。一般而言,哲理都具有相对性,因此,言必有度,过犹不及。否则,真理就变成谬误。在此基础上,我引导学生再次修改,将"总是"改成"往往"。

此外,把简单的反面论述当作反向立意的问题也不容忽视。如对"当一个人自己知道想要什么时,整个世界会为之让路"的反向创写,有学生这样写道:"你缩在一隅,世界跟你无关。"这和原句形成正反对比论证,但立意的方向却是一致的。因此,这样的表述,立意方向并没有发生根本性改变。在我的引导之下,该生便生发出"于平淡生活中缓进"的方向立意,进而改成"有时,柴米油盐的日子比波澜壮阔的生活更值得回味"的表述。

当然,反向立意,可以站在更高的平台和更开阔的领域中来审视。如"机会对每个人都是平等的,你可以没有开枪的机会,但机会来时,你不可以没有子弹。"有学生是这样进行反向创写的:"与其被困在十九道坎里徘徊,不如跳脱出去,做执棋之人,制定自己的规则。"这样的思维已经跳出了抓住机遇的窠臼,强调打破规则,创造机遇。在遵守思维训练游戏规则的同时突破俗理庸论,这是思维"破茧而出"的至高境界,值得称道。

三是多折创写。

多折创写,即沿着主体立意方向,通过多重转折进行复杂而周密的表述。

示例:山涧的泉水经过一路曲折,才唱出一支美妙的歌。

我明确逆向为多折创写的方向。有学生是这样写的:"人生不可能不走弯路,但是人生总是弯路,那是一幕悲剧。纵然跌宕起伏的人生更有诗意,可青春几何?人生几何?有限的青春在曲径通幽处,更在远方地平线上。"文段中"但是"为第一次转折,纵然是退步转折,"可"又拉了回来,但不是简单地回头,而是更深入地思考有限生命的宝贵和青春的易逝。接着,再回撤承认人生曲折之美,更突出直行致远的美妙。而顺向多折创写,总体倾向却大相径庭,最后,将两个段落放到一起去比较,能给学生的心灵以深深的震撼——真理总是相对的,相对的一面一定有真理,这样,学生的视野打开了,思维也打开了。多次转折,学生的思维在转折中更理性、更锐利。每一次拐弯,认识就更进一层,多次转折,螺旋上升,思维的严密性得到锤炼,认识也得以升华。

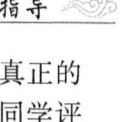

把学习的对象和课题与推动一个有目的的活动联系起来,乃是教育上真正的兴趣理论的最重要的定论①。我安排学生在课前进行创写推介,然后进行同学评价,而评价的学生在第二天再进行展示,并接受前一个学生的评价,通过这样的内循环,生成精彩的立意与表达。其他同学也可以参与评论,同时再进行自我创写。全班学生自我创写,每周一批,并进行精彩展评。先展示的学生需要创新;后展示的学生不能步人后尘,需要再创新。没有到黑板上展示金句的学生可以再创造,但不能用已在全班曝光的表述,因此需要深度体悟。通过多重挑战,学生的写作热情被充分点燃,思维的"小宇宙"得以充分爆发。

### 三、沿着一点,放收演进

关于显性材料作文的审题,直接提取核心立意,一般不会出现偏差,但立意表述往往是"正确的废话",而结合生活实际进行联想拓展是必要的审题环节。尤其是相对抽象的作文题,更需要进行生活化的多变演绎,在此基础上才能有精彩的立意生成。当然,拓展联想不是无边的,拓展联想的立意也不是都适合的,因此,甄别否定也是必不可少的思维环节。一放、一收,经历了思维的发散、扬弃,立意层次也会更上层楼。

以"在路上"的话题为例,这是一个相对抽象的作文话题,学生审题往往忽视在路上的形象情境,而对其精彩外延与核心内涵不求甚解就开始写作了。对此,我引导学生先联想在路上的生活情境,在各种现象的链条中,要一个接一个地发现,好比在儿童面前点燃起思考的火花,它会刺激思维过程活跃起来②。通过拓展思考,然后生发立意,结果精彩纷呈。

1. 不同人在路上

从年龄的角度看,青少年在路上,可以联想到成长、追梦;中年人在路上,可以联想自己作为父母的责任,一头担着老人,一头担着孩子;老年人在路上,可以联想起夕阳红,生命不息,追求不止。从职业的角度看,一个教师在路上,总与充满青春朝气的孩子为伴,一路阳光;一个作家在路上,笔耕不辍,幸福与笔同行;一个清洁工在路上,总是兢兢业业,把最平凡的工作当作事业来做。

2. 在不同的路上

若是羊肠山道,适宜一个人独行,路上的孤独必须自己面对。路边的荆棘会划伤腿脚,但它们同时也是风景。盘山而行,看似绕行,实则螺旋上升;登上一座山峰,会发现山外有山,于是重新出发。若是阳光大道,可以结伴而行,人生路并不总是孤单。大路不是用来徜徉的,趁年轻,应当快马加鞭。当然,"驽马十驾"也是一种可敬的行走。

---

① 约翰·杜威.民主主义与教育,王承绪译[M].北京:人民教育出版社.2016:148.
② 苏霍姆林斯基.给教师的建议,杜殿坤译[M].北京:教育科学出版社.2013:99.

3. 不同的天气

风和日丽、雷电交加,雾霾封路、大雪覆道,斜风细雨、风沙呼啸,春的明媚、夏的炽热、秋的辽阔、冬的寂静,白天的明朗,夜晚的星月。在此基础上,学生也生发了不同情境下的丰富而深刻的思考。同时,这也能为记叙文写作突破思维瓶颈。

4. 不同的行走姿态

仰视,信仰引导着,行而更远;平视,前方的驿站就是疲惫身心的栖所;俯视,脚下的印记是否坚实,不但走了,而且真正走过;斜视,不只有路,路边的风景亦美,人生可贵的不是答案,而是在一路风景中的行走;回望,常回家看看。

5. 不同的行走方式

"竹杖芒鞋轻胜马",是最接地气的行走;"策马扬鞭",在意的是远方的地平线;"蹒跚前行",从不后退,也是难得的行走方式。

学生的思考很丰富,但是,放飞的思考需要理性地审视。"在路上",强调的是过程的体验。于是,我引导学生对上述联想进行审视,将走得偏远的舍弃。据此,多数学生对"常回家看看"提出质疑。该立意与"在路上"的核心内涵距离太远。但是,我并没有罢休,继而提出这样的问题:"'常回家看看'的立意有点偏,可不可以看看别的?"于是,有学生则提出"看看走过的脚印"。还有学生这样表述:"看看自己的灵魂有没有跟上。"如此,放中有收,收中有放,放收结合,呈现的思维深度可谓别开生面。

采用传统灌输式的作文教学策略,难以拓展学生的思维空间,更难以发掘学生的思维深度。而通过上述创新思维路径的引导,打开了学生写作的心门,拓展了写作的心路,思维由肤浅步入深刻便不再是难题,而深度精彩将成为"可以预约的风景"。

## 第四节 如何突破思维瓶颈

写作视域下生活的真实,不仅指生活表面的真实,还指常态表象下蕴含的深度真实。而深度真实,才是学生在作文中体现的"纯粹识见"。"纯粹识见本身是一种真实的知识。"[1]经过审视发掘的认识能更深刻地揭示事物本质。日常作文教学,强调叙写真实生活,但一些语文教师并没有将学生的真实生活往深处导引,而许多学生的写作,往往只是就表面真实进行粗疏的表达。结果,差强人意的得分,致使学生失去写真实生活的自信,而教师也埋怨学生写的真实生活平淡无奇。于是,语文老师和学生纷纷背离生活的真实,而对"作文选"上林林总总的优秀作文趋之若鹜。抛弃了生活之"源",最后只能"随波逐流"。见不到活生生的自我,见不到热腾腾的生活,作文就变成无生命、无灵魂的浅文陋语。造成学生作文难以呈现深度真

---

[1] 黑格尔. 精神现象学. 先刚译 [M]. 北京:人民出版社,2000:360.

实的原因是多方面的,其中,思维瓶颈是不可忽略的主要原因。但传统的作文教学往往只注重显性化资料的积累与功利化的技巧训练,而忽略了对学生思维的引导。

写作中,造成思维瓶颈的主要原因,包括客体和主体两个层面:客体(即写作对象)上,一些表象特征具有一定的迷惑性,不易透过现象看到本质;主体(写作者)上,写作思维存在肤浅、短暂、定势等不良倾向,阻碍了思维向更高级层次发展。写作向深度拓展,不能光停留在技巧层面"治标"的训练,更应该关注学生在写作中的思维状态,开准"心药"来"治本"。教学文化必然会触及教学主体的内心世界。作文教学文化更当关注学生的内心世界,基于学生的思维瓶颈做好导引与突破,使写作向深度真实有效地挖掘。

## 一、突破浅表思维,探寻隐僻处

生活现象,包括显性和隐性两个层面。学生对显性层面的认识往往具有趋同的世俗性,若只是在作文中表达这种约定俗成,就成了人云亦云,丢失了自我的眼光。现实中,生活现象独特的隐僻处,常常受显性层面所掩盖而被忽视,形成"光环效应"。学生对自己的认知和判断往往只是从某个显性的局部出发,像日晕一样,由一个中心点逐步向外扩散成越来越大的圆圈,并由此得出整体印象。其特点是以偏概全,往往根据显性表征点来推知事物的本质,而往往忽略了隐性内涵点。因此,引导学生在关注显性常规点的同时能注重不同的切入视角,关注隐性价值点,从而拨开迷雾,深度认知事理,就显得尤为重要了。显性的点,可能只是一种表象肤浅的真实,而隐性的关键点,不但能打开新的视角,而且更能引导学生探知事物的本质。

在写作训练中,我这样要求:就班级的两块条幅(分别为王贞白在《白鹿洞二首•其一》中的"读书不觉已春深,一寸光阴一寸金"和陆游在《冬夜读书示子聿》中的"纸上得来终觉浅,绝知此事要躬行")选取立意进行写作。结果,多数学生的习作视野不是在应试领域内兜圈子,就是对其中一句名言进行常规阐述,了无新意。于是,我尝试从两个层面进行思维导引,并尝试梯度升格。

1. 捕捉隐微的关联点

造成写作中浅表思维的一个重要原因是,被一个显性的点所蒙蔽,只见其一,不见其二,缺乏重要点之间隐蔽而微妙的联系,因而,只能在孤立肤浅的表面进行叙写论述,致使立意因平庸而"撞车"。如从点与点联系的角度看,不但能开拓作文材料立意的新视野,更能向立意深处拓展,从而呈现生活现象深度的真实,进而避免写作立意区间的单调与雷同。课堂上,我经过引导,触发了学生关于"读有用之书和无用之书"的思考。

以下为教学实录。

生:"读书不觉已春深",乃读入心之书,进而达到忘我的境地,忘记了时间,而随着光阴的逝去,内心也变得丰盈。

师：这些书有用吗？

生：这些书看似无用，实则大用。

生："纸上得来终觉浅，绝知此事要躬行。"这里涉及的书，是可以带到社会实践中的书。

生：将无用之书引向社会实践，这样的读书是有价值的。

师：那么，对有用的书有怎样深入的思考？

生：有用之书，不只是为了高考。

生：能指导社会实践。

生：有用之书，还能浸润心灵。

师：无用之书呢？

生：只有短视的功利。

生：只能暂时地消遣。

生：有些经典，对功利化的考试而言往往是无用的，却启迪成长，丰盈灵魂。

经过这样的互动交流与思维碰撞，多数学生的写作视野打开了，思维触角也不仅仅满足于简单叙写论述，而能从耐人寻味的微点之间的联系出发向广度开拓，向深度发掘。有学生从读书的"入"与"出"的角度谈读书的两种状态；有学生从阅读中"小我"与"大我"的角度品阅读的两种境界；有学生从阅读的"心境"与"环境"角度思考阅读的个体性与社会性……当然，也有学生的思维走得较远，如有学生这样写："读书既不能走火入魔，也不能总是怀疑，迷与疑，当有度。"这显然不是我出题的初衷，但是其锐利的逆向思辨联系是有价值的，思考也是有深度的。

2. 挖掘隐奥的深意点

浅表思维，在写作中的负面呈现，往往是学生只关注显性的点，并由此形成自我的判断与推想，而对点的选择又往往受"公共视点"的影响，因而形成从众心理，进而进行趋同表达。写作中，学生往往还受到立意稳妥不能偏向的心理束缚而使得视野狭窄，立意平庸。在从众心理趋向与偏题恐惧避向的双重心理作用下，致使学生的审题视野难以关注隐性的关键点，而宁愿选择显性平庸却稳妥的价值取向作为核心立意。

挖掘作文材料隐奥的深意，首先要有审题的整体意识，不能被一个显性的点牵着鼻子走，致使"一叶障目，不见泰山"。在整体视域下，须进行多点的搜索，既顾及显现的公认点，也要关注隐性的个性点，换一个角度表达，往往能"曲径通幽"，从而探知事物深度的真实。

据此，我继续引导学生观察其中值得关注的隐奥细节。后来，有学生发现了两条标语下面不起眼的广告——关于"科耐"（清华科技）保健品的。该生发现，作为班级宣传文化的不得体——两种语境的不协调。一面是让学生在接受传统阅读文化的洗礼，一面又在接受"兴奋剂"来提高应试成绩的宣传。这样，读书就难以做到静心、纯粹。

在此基础上，我继续引导学生从道德层面进行深度思考。有学生发现标语下的广告还包含混淆视听的嫌疑，便这样写道："或许不是商家有意为之，但心理效应却造成了读好书、学习好离不开起保健品的刺激。换言之，成功离不开这些保健品来保驾护航，而出身寒门，买不起这些保健品的学生则会产生心理阴影，从而造成更大的心理压力，而能吃上这些保健品的学生则会有一种心理优势——'科耐'能助我成功，努力变得不再重要。"

接着，我继续引导学生从功利读书的角度思考。有学生做了如下表达："科耐"广告指向读书效率更是指向应试的效率，说白了，是指向高考的书，指向高分的书，且不论吃了这些营养品能不能得到高分，条幅的指向就狭隘了。读有用之书应当指向更广阔的社会实践，读无用之书应当指向人的终极关怀。炒热的高考，炒热的功利化的阅读，亵渎的不只是传统文化，还有未来的文化方向。

课堂上，我由这一点出发，让学生拓宽视野寻找相似情景。学生发现，这一现象不是孤立存在的，甚至无孔不入：教室高考倒计时牌，下面是商家的广告；放学时，路边常有塞保健品广告的；送考的励志标语，也有这些保健品的宣传广告。于是，我就引导学生思考，从而学生认识到，学校不是生存在真空的，但商业气息渗入到学生的学习小环境当中，会破坏学校的文化氛围。久而久之，学习就变得不再安宁优雅。而这也是仅从宣传标语常规切入所难以达到的思维深度与认识高度。

## 二、突破短暂思维，琢磨异样感

短暂思维，稍纵即逝。就写作而言，生活中有价值的短暂思维，多源自人的异样感。这种异样感，往往是对生活环境、生活经历的细微变化牵动心理上的微妙变化。所谓"言为心声"，我认为，写作既要重视心境的抒写，更应当注重对心理变化的捕捉与深挖。耐人寻味的异样感，因瞬时记忆而未能强化便被遗忘，这便是许多学生觉得写作生活资源缺乏的很重要的原因。当然，瞬时记忆即使被强化，而未能做延伸思考与深度审视就引入到写作中，也仅仅是"猎奇"而已，而未能深入事理"本质"。对于高中生而言，在相对单调的生活内容和相对单一的生活节奏中捕捉写作灵感，实乃强人所难，而若是引导学生关注生活中细微变化，并对形成的有价值的异样直觉进行琢磨，进而引发深度体验与思考，这还是可行的。"感受性质是超物理的事实。"[①]生活中，由异样的直觉感受延伸为知觉体验，深化为慧觉感悟，"如琢如磨"，方能深度呈现事理内蕴。

我以"一次购物体验"为话题，让学生进行写作。教学中，我引导学生回忆购物过程中异样的直觉，并以此为出发点进行延伸体验与深入感悟。有学生讲述了到超市购物的经历：当自己走到比较偏的角落，后面总会有个"红夹袄"跟着，那种异样的感觉令人极不舒服。

---

① 高新民，储昭华.心灵哲学[M].北京：商务印书馆，2002：123.

课堂上，我敏锐地捕捉到这一异样感的研究价值。于是，便组织学生以此为例，总结异样感延伸写作的路径与策略。

一是及时捕捉。学生生活中的异样直觉应该是非常丰富的，这也是庞大的写作资源库。那么，怎样捕捉呢？我认为，首先要具有停留的意识，在稍纵即逝的异样感出现时，可以稍作停留，再用直觉判断其有无写作价值。在超市被营业员跟踪的异样感，涉及商家经营的智慧，更关涉到交往的信任，具有现实意义与深度立意的价值。在当时的场域中，可将这一有价值的异样感，通过有意识的强化将瞬间的灵光闪现的直觉变为一种知觉记忆。认识心理学家所指的知觉，是理性的，是学习知识的基础。人本心理学家所指的知觉，是感情的，是决定个人行为取向的基础[1]。综合两者的观点，即知觉是情理兼具的，既有感性的热度，又有理性的冷静。而生活中的异样感一旦演化为有价值的知觉，这样的心理效应就前进了一大步，并且具有持续推进的效能——将不稳定的知觉记忆在随笔本中进行再现式记录，以便后续进行思维加工。

二是质疑追问。上述知觉要生成耐人寻味的慧觉，还需要做深入的延续思考。首先是质疑，通过提出问题，使得知觉更清晰，更深刻。从"为什么"角度质疑，可知超市营业员的跟踪是出于防盗的考虑，是商家对顾客的不信任；从"会怎样"角度质疑，可知若顾客不能舒心购物，今后一般不会再来；从"该怎样"的角度质疑，不难想出用摄像头监控，既达到防盗的目的，同时也尊重了顾客的人格尊严。再次是追问，通过追问挖掘问题背后深层的意蕴。追问原因，可知该超市口头宣传"顾客是上帝"的背后是只认钱的短视，没有从人文关怀上真正将顾客视为上帝；追问影响，可知此举小则影响超市的生意，大则使得社会人际关系充斥冷漠的怀疑；追问做法，可以设想需要介绍产品的，需要营业员提供跟踪服务，不需要的，则让顾客自由购物，人际交往需要信任的距离。

生活中，有价值的异样直觉演化为知觉，再通过琢磨审视进一步深化为慧觉，生活的真实则会实现由表及里的掘进。

### 三、突破惯性思维，审视庸常态

惯性思维，是一种定势的思维。怠惰的惯性思维，是思维低水平的一种表现。而突破惯性思维，用新的视角审视新的层面，思维能力便得以发展。人们绝大部分的时候是采取惯性思维，可见，培养辩证思维、创新思维是多么重要。作文也是如此。生活中的惯常的生活现象，用逻辑思辨去审视，能透过表象的迷雾探知深度的真实。我让学生以身边现象"放学时校门口堵车场景"为话题进行写作，多数学生在如下两个层面进行表层叙议：一是家长接子女的车辆造成了拥堵；二是车辆避让人潮而造成堵塞。这都是惯性思维在作祟。高中作文，强调回归朴素生活，更突出

---

[1] 张春兴.教育心理学[M].杭州：浙江教育出版社，2008：262.

深入感悟与睿智思考。如何在常态惯性思维的基础上进行深入思辨呢？

一是观照反差细节。形成惯性思维，一方面是由于生活场景的多次呈现，形成视听感受的多次刺激，造成潜意识的合理性，从而形成无意识接受的庸常化认识；另一方面，由于对熟悉场景重要的细节忽略，而影响真实判断与推想。因此，要更新认识就需要放大有意义的真实细节，并关注细节的反差，从而步入事物深度的真实。经过引导，有学生抓住细节反差生发这样的感悟：家长的翘首以待，学生的冷漠表情，这种爱的背后是悲凉。有的学生由家长用豪车接送，有的则是自己骑车回家。在豪车里的孩子可能赢得现在的安逸，但骑着破旧自行车的孩子很可能赢得未来。

二是发掘特殊要素。生活常态的多次出现，用哲学的眼光看，是不可能绝对重复的，每一次出现总会有所不同，而抓住普遍性基础上的特殊性，便能使常规的惯性思考与认识得以更新。如有学生写道："有一次被逼停的，是一辆鸣笛的救护车。但是，多数学生还是惯性的做法，争抢着过马路，至于救护车里在死亡线上挣扎的患者，就不去考虑了，或者根本无暇顾及。而这样的惯性背后是意识的麻木与人性的冷漠。"

三是融入虚化思考。常态的生活现象需要由表及里、由实到虚进行"剥洋葱"式的剖析。这里的虚，不是虚假，而是无形的内在意蕴，可以从心灵层面溯源。有学生是这样写的："堵车场景中，接送的家长翘首以待，而孩子却是无感的冷漠，从心灵层面分析，应该是内在心灵交流的缺失。一方面是孩子对父母的无感，另一方面是父母对孩子冷漠回应的习以为常，这都是心灵麻木的体现。"放学后的人潮，逼停了鸣笛的救护车。这样的现象，除了进行丰富的心理分析，还可以进行文化反思。有学生这样表达：一方面是人性的自私作祟，自己过马路，快速回家吃饭重要，而不认识的人的死活根本无须考虑，也懒得考虑；另一方面是从众文化使然，这种由从众心理形成的劣根文化，已经淡漠了是与非、善与恶的界限，随大流，讨不到大便宜，也不会吃大亏。

四是呈现个性言语。对常态生活，采用非常态语言形式来表达，将会别开生面。"读者无法直接看到内容，只能看到形式，形式所意味着的就是内容。不同的形式意味着不同的内容，不同的形式感意味着不同的内容感。"[①]传统写作观认为，只要有话想说，有情可抒，就必定有文章可写。于是在教学上，语文教师推崇"吾手写吾心"，更着重于内容的发掘，以一种直觉主义的方式来操作写作教学。其实，这是个错觉。高中写作，具有思辨性、文学性，离不开言语形式，又具有强烈的技术性。自由写作如此，应试写作亦然。为了避免"平铺直议"，我积极鼓励学生通过个性体验来创新表达形式。有学生这样写道："救护车前堵的是路，堵的是年轻的心，堵的是无法走远的未来。"这一排比的形式的背后是思维的层层递进，是认识的步

---

① 王尚文.走进语文教学之门[M].上海：上海教育出版社，2007：350.

步惊心。形式的个性创新，拓展了学生对生活新鲜而又睿智的认识。

教学中，从思维层面把握学生真实写作的瓶颈，并通过针对性的心理调适与引导，便能实现向深度真实掘进的写作启蒙。有时，这一瓶颈，一捅即过，而学生缺少的往往只是意识。一旦学生写作的思维瓶颈被突破，其作文将呈现可以预约的深度精彩。而作文呈现深度真实的背后，则是思维能力的跃升。

## 第五节 一材狂变微型写作

**【问题生成】**

在连续两次作文中，有一学生都用了"航船"的情境创意开头，虚实结合，颇具表现力。(《平流缓进》的开头："持一支细桨，纵一叶扁舟，赏粼粼碧波，听习习清风，于平流中缓缓划行。平淡人生，鲜有惊涛骇浪，而智者会在平缓中划出轻盈与充实。"《用，在关键时》的开头："帆船在大海上航行，一支细桨在张开的船帆下，显得毫无用处。但当狂风撕破帆布，巨浪摔碎帆船时，离落水者最近的那支细桨便是一根'救命稻草'"。）

教师注意到，这不是一般的作文素材多维解读。可以多维解读的常规素材，往往在较详细的表述中蕴含多个立意方向，而"航船"素材则在简括的表述下隐藏着丰富的内涵与耐人寻味的生发点。教师敏锐地捕捉到了这一特征，于是顺水推舟来组织微写作。首先，激发全班每位学生自拟一道作文题。为了便于操作，统一要求以话题的形式呈现。通过相似合并，最终筛选了 15 个话题。然后，用"航船"素材进行不同的情境渲染与立意生发。教师将选定的话题分成四类，班级八个学习小组，每两组选择其中一类进行"一材狂变"微写作尝试。要求，先拟题，再叙写与"航船"有关的情境，最后做合适的理性阐发。对此，学生参与的积极性很高，但在写作阶段，多数同学还是直"挠头"，面露难色。

**【课堂呈现】**

### 一、关键点拨

一则简括材料的多维发散，操作的关键是多角度地丰富材料情境。那么如何丰富呢？这是一个难题。教师受到美国威廉·戈登（William Gordon）"创造新事物——运用比喻的教学策略"的启发。"创造新事物"的目的有二：一是"把熟悉的事物看得陌生"，帮助学生用一种新的更富有创造性的眼光看待已有问题；二是把"陌生的事物变得熟悉"，用旧的方式来考虑新问题，使新的不熟悉的观念变得有意义，这是一种运用比喻活动来系统训练发散思维的方法[①]。若干个作文话题，可以视作较"陌生的"概念（或判断），可以朝较熟悉的"航船"创意的某一情境上链接。而"航船"材料，取材于生活，较为"熟悉"，但太熟悉往往会造成思维定式。因此，需

---

① 周小蓬. 中外母语教学策略[M]. 北京：北京大学出版社，2011：39.

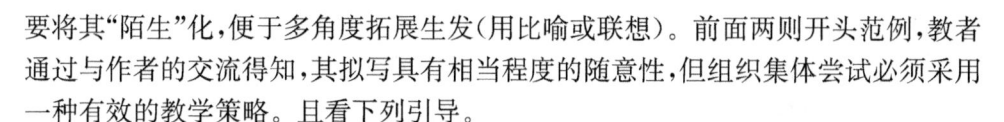

要将其"陌生"化,便于多角度拓展生发(用比喻或联想)。前面两则开头范例,教师通过与作者的交流得知,其拟写具有相当程度的随意性,但组织集体尝试必须采用一种有效的教学策略。且看下列引导。

师:"用,在关键时"言外之意是什么?

生:有些看似无用的东西,其实是有用的。

师:什么时候看似无用?

生:平时,特别是人们不在意的时候。

师:到关键时候就有用了,往深处想,还能想到什么?

生:其实,平时不用,而并不是真的没用。

师:很好!刚才,从"陌生"的题目出发,我们做了熟悉而力所能及的思考。接下来,再看看熟悉的"航船"材料,我们要将它"陌生化",它不一定就是你看到过的某一条船,它有若干种可能,请大家展开联想,除了那支桨关键时候派上用场,有没有其他可能?

(独立思考——合作研讨)

生:关键时候起作用的,可能是船上一块不起眼的木头。

生:还可能是救生圈。

师:思维180度拐个弯,想到什么?

生:在无风的时候,帆好像没用,有风则不一样。

师:逆向思维,是一种突破。

此刻,教师发现已经有很多学生提起笔跃跃欲试了。透过学生的神情,教师明白,写作瓶颈已经突破,活动可以继续推进了。

**二、拟写交流**

在计划外的"疯狂"微写作课中,通过学生自主、合作、探究,加之教师适当点拨,对于其中13个话题,多数学生都能找到"航船"创意因题而变的突破点,从而进行针对性情境再造与理性阐发。下面分别呈现各小组推选的优秀范例。(第一类典例后附师生评议交流的实录,后面三类未附)

1."社会关系"类

(1) 话题:同行的快乐

**典例:**《伴航,亦美》一叶轻舟,一支细桨,独自放舟,享受一份自然的惬意。但若是驶向遥远的彼岸,还需结伴出航。累了,看看同伴鼓励的微笑;遇险,大伙奋力一起闯。伴航,亦美。

[评议]

生:还可以选择同坐一条船。

生:有的同行者是中途上船的。

师:有的是与我们一同出航的,中途会下船,永远离开,比如,我们的父母;有的是中途上船,过几个码头就会下船,比如,我们的同学;有的中途上船并与我们相伴一生,他(她)是——

众生(笑):爱人。

(2) 话题:援手

**典例**:《船漏,一起堵》同船出行,一处突然漏水,面对别人奋力堵漏,自己切莫冷眼旁观。因为一旦堵漏失败,沉没的是整条船,落水的也包括自己。遇漏共堵,同舟共济,方能扬帆远航。

[评议]

生:堵不住,可以相互提醒找救生圈。

师:只有一个救生圈怎么办?

生:给不会游泳的。

师:没有救生圈呢?

生:会游的要抓住对方的后衣领往岸边游。

师:你很专业,不能从前面抱着。都不会游泳,又没有救生圈,怎么合作?

生:两人在沉船之前共同找一块大浮物。

师:这些都是我们的假设,真正处在那样的情境下,那才是真正的考验。一个平常就很自私的人,危难时,会想着别人吗?

(众生摇头)

师:别人会想着他(她)吗?

生:不会。

生:我认为有可能会。

师:我想,那一个瞬间,被救者应该会刻骨铭心的。爱能温暖一颗冰冷的心。

(3) 话题:规则

**典例**:《规则,是一条生存线》在茫茫大海之上,要绕开暗礁就得按照安全航线的规则来。虽历经周折,费时耗力,但终将迎来胜利的彼岸。而一意孤行,很可能会触礁,甚至葬身鱼腹。规则,其实就是一条生存线。人,行走于世,何尝不是如此,破坏了规则的底线,往往就难以立足。

[评议]

生:规则也可以打破。

师:前面加个定语"有些",请具体说说。

生:急着要到对岸,迟了,可能会失败,甚至有更严重的后果,此时就要打破规则闯一闯了。

生:或许又能闯出一条新航线。

师:那又是一个新规则。所以说,真理总是相对的。

(4) 话题:温暖的传递

**典例**:《由"感"到"动"》父母相继早逝,14岁突患骨结核,梁运全被乡亲们用草药将他医好,他双腿却穿了6个大洞,落下了终身残疾。后来,他以货运和摆渡为

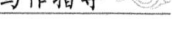

生,40多年来先后从河中救起了22名落水者。若继续瘫在轮椅上接受别人的怜悯施舍,也合情理,但他选择以毕生的经历用双手将温暖传递下去,其志可敬。

[评议]

师:后面的假设论证删去如何?

生:就不那么鲜明深刻了。

师:我们身边就有这样可怜的弱者。

生:在菜场,我看到过将钵子举过头顶的残疾人。

师:这本无可非议,但若是健全人呢?

生:我不会往那钵里投硬币,否则传递的就不是温暖,而是纵容懒惰。

生:善举用错了地方,与恶行无异。

(众生鼓掌)

**透视**:将"航船"材料朝社会关系角度挖掘,需要着眼于船上人的关系、船与环境的关系,而每一种关系都离不开一定的情境。同时,道理生发也离不开一定的故事情境(纵然有些情境是虚拟的)。套用"真理是相对的",可以说"道理也是在一定情境中生发的",离开了情境,道理就成了空话,有了情境就成了情理兼具的表述。如此一来,阐发的道理既有了针对性,又具有感染力。

2. "生命历练"类

(5) 话题:梦在远方。

**典例**:《拴在桩上的心》池塘里那只小木船,造型别致,甚是可爱。我每每路过总会瞅一瞅,但一根缆绳总是将它牢牢地牵在岸边。似乎,一颗倔强的心被锁死了。主人也会解开缆绳,但这小木船的世界就只是一亩见方的池塘。想到这里,不免心生惋惜。潺潺河水,滔滔长江,茫茫大海,变成了另一个世界。也许,在这窄窄的池塘最安全,但原本鲜活的生命就在这个破桩边沉沦,梦也在这里渐渐枯萎。

(6) 话题:青春,与年龄无关

**典例**:《青春,可以不老》又想起了《老人与海》,一艘破渔船,一个伛偻的背影,在茫无际涯的沧海上,显得那么微不足道。然而,正是那沧桑的渔船与苍老的身影在用生命诠释着青春不朽的传奇。

(7) 话题:探索之美

**典例**:《贵在起航》划出一道道优美的曲线,驶向薄雾缭绕的藕花深处,即使未能摘到殷实的莲蓬,亦能感受"如鸣佩环"的灵动,沉醉于"鱼戏莲叶间"的悠然,抑或有"惊起一滩鸥鹭"的欣喜。起航,向着朦胧的美妙进发,奇迹便会翻开扉页。

(8) 话题:默默坚守

**典例**:《守望,需一份淡然》当年轻人纷纷渡河到远方城市淘金,渡口的老人还在默默坚守着。住着草棚,睡着草席,吃着粗茶淡饭,老人的理由很简单:"没有桥,总得有人摆渡。"

**透视**:生命历练,简单表述,便缺乏想象力,读来难以让人为之一振。而上述四个范例分别运用比拟、化用名著、引用诗文、突出对比等手法,使得航船的素材呈现五彩斑斓的诗意与灵动。难能可贵的是,通过对航船素材不同层面的挖掘,还展现出不同的生命形态与人生价值。

3."科技发展"类

(9)话题:简单是福

**典例**:《幸福,与简单有关》"莲动下渔舟"的诗意,"孤帆远影碧空尽"的悠远,"纵一苇之所如"的随性,如此简单,但却渐行渐远。"简单"远离,也拐走了幸福。在科技日益发达、人心日益复杂的社会,杉杉西服、劳力士金表、飞速翻新的苹果手机都掩饰不住内心的贫穷。似乎只能在泛黄的古诗词里才能搜寻到一些模糊的记忆。

(10)话题:微光

**典例**:《那淡淡的渔火》月落乌啼,一盏渔火映着粼粼水波,染上了深邃的夜空。灯影摇曳,揉碎了蜿蜒的河面,也摇醉了乌篷船上游子的归心。遥远的都市,闪烁的霓虹,那不是故乡,更不是心灵的栖所。而那盏渔火才是心灯,一直映向家的方向。

**透视**:科技日益发达,社会日益进步,但日新月异的变幻往往令人无所适从,于是,心灵的慰藉坍塌。而驾舟野游能让疲惫的心释放,淡淡渔火能让迷茫的心找到栖所。纷乱的世界,那些简单而不变的东西往往才是最温暖的。

4."心性涵养"类

(11)话题:人生需要驿站

**典例**:《慰藉,在下一个码头》日薄西山,停船靠岸,是为了休息,更是为了明天的远航。对于遥远的航程,下一个码头,总是船的慰藉。

(12)话题:留白

**典例**:《空灵》若是物欲充斥内心,生命的空间就变成了愈载愈重的货船。沉没,往往是无法逃避的命运,而抛弃不能承受之重,展露轻盈的身姿,徜徉于碧波之上,生命才会有诗意的空灵。

(13)话题:诗意在心

**典例**:《内心的温柔》泛舟河上,匆匆赶路的船客是无法欣赏沿岸风光的。枯黄的芦苇,燃不起半点兴致,叽叽喳喳的水鸟,只搅得心乱。而在雅士眼里,芦苇在涟漪中摇曳,水鸟的追逐中欢歌,眼前一派盎然诗意。原来,欣赏源于内心的温暖与柔软。

**透视**:内心的涵养是"虚"的,它需要靠"实"的场景、情景或情境来生发。如此虚实结合,立意才有感染力。内心涵养与航船的链接,还得用美学来牵线。上述文段用到一些美学思想,尤其是中国传统美学的精髓。因此,在作文教学中,要向学生推介一些基本的美学思想并有意识地往写作领域进行渗透。

### 三、无法回避的失败

另两则话题分别是"闭门即是深山"和"丑,与自卑有关"。通过小组分工合作,上述话题没能利用航船的情境进行有效演绎。后来,教师组织全班学生进行思考与尝试。最终,只有个别学生拟写了一两句牵强的话,结果以失败而告终。

**【课后反思】**

1. "一材狂变"是作文思维训练的有效途径。

在高考"大分语文"背景下,微写作逐步显山露水,而目前的实践过于强调文采与技法,对思维能力的训练普遍重视不够,大作文教学也存在同样的问题。作文教学的重心是语言表达,而语言表达的核心在思维品质。当前作文训练对学生思维品质,特别是"因果思维"素质的培养相对弱化。高考作文评分中"发展等级"的第一个关键词便是"深刻",作文深刻的关键是思维的深刻,而思维深刻可以通过"一材狂变"的微写作训练来突破。上述典例,都是围绕一小点做的成功尝试。每则短文中,拟题训练了思维的概括性;因题而变,挖掘航船与文题链接的角度,训练了思维的广阔性;在特定的视角下,铺展画面,渲染情境,训练了思维的灵活性;在形象的情境中,自然阐发感悟或思考,训练了思维的逻辑性。课堂上仅仅呈现优秀范例,学生只会惊叹,而不会有更深的思考与更新的发现。因此,教师在展示范例的同时,还引导学生从范例出发进行追问,在耐人寻味处,学生没能提出问题的,教师则巧妙置疑。一个个问题如同投入湖中的一枚枚石子,漾起圈圈涟漪,激活了学生的主体思维。成功的微写作,通过感性假设进行一步步挖掘,透过理性思辨实现一步步深入。通过师生互动,每一个成功范例都碰撞出无数个更有价值的感触与思考。

值得注意的是,某一素材在有些方向上总会存在盲区,而钻"牛角尖",牵强附会,便会"走火入魔"。在作文中,光打擦边球,效果常常不是差强人意,就是偏离意旨。因此,"一材狂变"的微写作一定要自然适度,不能在误区内做无谓的挣扎。

2. "专材应变"是作文备考的有效方式。

一个航船的材料,就如"酵母",通过发酵、膨化、生发,使其具有丰富的情境"发散性"与广泛的立意"兼容性",其背后有更深层的东西值得挖掘。一是航船的材料内涵丰富,情理兼具。从船的角度看,可以从材质、大小、快慢、动力等方面进行生发;从船上人的角度看,可以从角色、多少、修养、智慧等方面进行挖掘;从航船的环境的角度看,可以从水域、天象、风浪、周围景致等方面进行联系。从目的角度看,可以从摆渡、游览、休闲、探险等方面进行勾连。上述微写作,都能将文题的立意点与航船材料隐含点进行巧妙而深刻的"嫁接",联系自然,联想独特,从而呈现情理相融、异彩纷呈的效果。二是通过"一材狂变"进行微写作或作文的开头引入,往往具有独特的情境魅力与表现的张力。就高考大作文而言,平庸作文往往共性有余而个性不足,这样便成了"千人一面",结果"泯然众人"。开头"出师不利",往往很难扭转最后的颓势,而"专材应变"往往能靠虚实结合的情境创意与理性阐发给人眼前一亮之感,从而奠定高分的基调。三是积累属于考生自己的特色素材。平时加强积累与训练,应考可以择材应变。而素材选择积累的标准有"三性",即丰富性、新颖性和人文性。丰富性是指选择的素材一定要有丰富的内涵,便于多维思考。新颖性是指素材不能拾人牙慧,人云亦云。如航船的创意已经"广而告之",如没有更新的开掘角度,就不能照抄或生搬硬套。人文性是指材料要具有一定的人文内涵。这方面可以借鉴古典诗歌中的一些精彩意象,如残月、弱柳、春水、落花、长亭等。

平时,坚持选择积累耐人寻味的系列素材,在此基础上,进行"一材狂变"微写作,学生写作思维能力与临场应变素质定能得到明显提升,考场作文往往会有"可以预约的精彩"。

## 第六节 一材多体变式写作

【课堂一幕】

在一次作文评讲课中,我就"老鞋匠"素材(街角有两个鞋匠,老鞋匠一直坚守着,可徒弟耐不住寂寞,离开了)进行了多维解读的总结与练习。课上,有一学生便提出问题:"能否将这个素材用到各种文体中?"

这是一个极具挑战性的问题。时事素材的适用范围较窄,通常用在议论文(包括议论性散文和杂文)中,而身边的典型素材是可以在不同文体中出现的,但需要注意文体特点。于是,我便给出了肯定的答复。可这个学生又追问:"能不能找到这样的范例呢?"

对于给出的抽象答案,学生并不满意。可现成的范例又难以找到,于是,我便试图抓住这堂课生成的问题进行延伸探究。

【课后探究】

《普通高中语文新课程标准》要求:"多方面地积累和运用写作素材。"目前,对写作素材的研究,大多止步于素材的积累与多维解读。高中学生,往往苦于素材的积累不够而对写作显得不够自信。其实,在学生的生活中就有很多可写的素材,这些素材不仅可以引进议论文,而且可以改头换面,融入不同的体式当中,从而呈现异彩纷呈的效果。下面,我以"修鞋的老人"这一素材为例,谈谈如何进行一材多体的整体呈现的实践与思考。

这是一名学生在作文《静默中坚守》中使用的一则素材。素材来自身边的生活,生活味与文化味都很浓。很可惜的是,该考生仅仅在开头做了简单陈述,而在行文中就抛弃,不再进行联系与挖掘。

针对这一则素材,我组织学生到当地老街西北角实地观察并走访了鞋匠老王。在此基础上,师生一同进行写作实践与探索,积极尝试将其整体运用于四种不同体式的作文当中。

## 一、"多镜头组接"式记叙文

### 静默中坚守

（学生李经纬作文节选）

"吱——"心爱的篮球鞋被我蹭破了,扔了可惜,还是到老王那儿补一下吧!于是,我便跨上自行车直奔街角。(交代修鞋缘由)

与往日不同的是,今天只有老王孤身一人在摊位旁蹲着。我莫名惊诧:"王老爹,徒弟咋没来?"……(为下文老王的回答作铺垫)

"唉!也难怪他,这儿修鞋收入低。"老人笑容有些不大自然,"这不,昨儿到南方去打工了。"……

"收入是低了些,可我看到大伙的鞋坏了,扔了怪可惜的!"我能感到他脸上流露出一点得意的神情……

老人摆弄着鞋帮,那投入的神情,就像是手里抱着可爱的孙儿……

补上一条短缝,只收五毛钱,至于这样小心翼翼吗?我真有些不解……

老人的生意还真好,又有顾客过来等着了,可他还是一样的速度,丝毫没有忙乱……

修好了,老人用力地吹着上面的浮尘。这还不算,他还用袖口来回抹着,原来我的鞋帮上有一个已经干结的泥点……

我随手丢了一枚硬币在老人的钱匣里:"王老爹,钱我已经放到里面去了。"……

"好的,谢谢!"老人又露出了标志性的微笑。他那眼角的皱纹挤得更深了,显得那样慈祥。

(突出多个相关镜头的细节描写,并进行有几组接)

……

"喂!小伙子,你停一下。"老人着急地追了过来,"你可几天没打这儿过了,那天多给了五毛钱,给!"

此时,我只能尴尬地伸出手,当初多给的五毛钱是不是亵渎呢?正想着,我感到脸颊热辣辣的。

(合理延伸,顺势体验)

……

**创意透视**:文章将一次修鞋的经历拓展成一篇记叙文。一次简单的修鞋经历,看似简单平淡,但是通过多个相关镜头的组接,突出细节描写,适当嵌入波折,适度拓展联想,这样构成的记叙文还是很耐读的。同样是修鞋素材,融入记叙文当中就要变得更加形象,更加有生活的味道。议论文中的素材表述比较简练明确,而记叙文中的素材表述就需要柔和细腻而富于变化了。

## 二、"小小说"式记叙文

### 静默中坚守
（教师下水习作节选）

穷小子狗顺又来修鞋了，还是那双破运动鞋。那双鞋子的补丁一个挨着一个，老王这一次干脆就不收他的钱了……

没过两天，狗顺又来了，可那双鞋子真的下不了针，不能修了。老王送了一双补过的鞋给他，这双鞋还是一个胖小伙嫌破丢在鞋摊上的。狗顺露出了憨厚的微笑，满怀感激地走了……

（用狗顺修鞋来衬托老王的仁厚，同时为故事发展埋下伏笔）

这样一晃10年过去了，老王还在街角修鞋，价格没涨，生意不错。老王一家的生活还凑合。

……

"吱——"一辆宝马在老王面前停了下来，"喀——"一只锃亮的高档皮鞋伸出门外，老王抬起头，心里只嘀咕：这么漂亮的轿车从我身边跑过不少，可从没有停过的。这皮鞋，生来就没有见过，这样的大款也从来没有到他的鞋摊逗留过。再瞧一瞧脸，老王摇了摇头：不认识。

（设置悬念，掀起波澜）

"大爷，我的鞋后跟碰了一下，有点松了，帮我修一下。"

老人接过鞋，原本麻利的双手，今天似乎有点不听使唤，老王叫不出这双鞋的洋名，可他能猜出肯定有个万儿八千的。真得修好了，千万不能出岔。老王心里默念着，可那双老手还是有点哆嗦……

"修好啦！"

"给您钱！"说着年轻人就熟练地将一张红票子放在了老王的钱匣里。

（"熟练"一词，进一步埋下伏笔）

"五毛就够了，你咋给100？"

"大爷，您猜我是谁？"年轻人露出了憨厚的微笑。

这一笑让老王想起来了，不就是10年前那个穷孩子狗顺吗？

（前后呼应，悬疑顿释）

……

老王硬是没收那多余的钱。

大爷，我现在开了个皮鞋厂，就在镇东头，您上午到我那里帮我把把质量关，下午还在这里修鞋，怎么样？

听着，老王脸上的皱纹顿时舒展来了，跟花开似的。

（再掀波澜，出乎意料，又在情理之中）

**创意透视**：文章采用小小说的形式，用第三人称记述了鞋匠老王的平凡生活与况味人生。小小说,一般以情节的曲折与出人意料而夺人眼球。因此,在原来记叙文创意的基础上需要对情节做适当的改造。一是增加了悬念。如老王在面前有豪车停下时的心理活动就在层层设疑,特别是老王对眼前的年轻人不认识,使得文章悬念迭起。二是层层铺垫。好的悬念不是突兀的,而是出人意料却又在情理之中。狗顺后来办鞋厂,一个很重要的原因是以前穿不起好鞋。而现在,名贵的鞋竟要到土鞋摊上修,是因为狗顺心怀感激。开始不认识狗顺,是因为10年过去,狗顺的年龄与装扮都有了很大的改变,但憨厚的微笑没变。老人拒收多余的钱,体现的是人格的坚守,这是深深打动狗顺的地方。而老王答应上午到狗顺的厂上班,这样既不丢老本行,也能再发挥余热,贴补家用,可谓一举多得。

## 三、"多情境铺展"式散文

### 静默中坚守
（教师下水习作节选）

小鞋匠耐不住微薄的收入,最终还是选择离开;而老鞋匠还在街角,为修鞋人提供方便,让破损的鞋重生。

夕阳西沉,残留晚霞一缕。老鞋匠黝黑的面庞在夕阳的映衬下泛着红,他摆弄着裂开的皮鞋,像是心疼自己感冒的孙儿……（情境之一）

寒风吹彻,落叶散落一地。趁着闲工夫,老鞋匠抽起了旱烟,"吧嗒、吧嗒",透过腾起的烟雾,他似乎看到了小徒弟又回来了,可烟雾散去,前面连个人影都没有"唉！还是自己老眼昏花啦！"老鞋匠又"吧嗒"了两口……（情境之二）

雪花翻飞,老街白色一片。路上的行人少得可怜,老鞋匠本该早早收摊,可他还在守着,因为一个年轻人昨天说今儿会来修鞋的,可迟迟没来。掸掸肩上的雪花,跺跺发麻的双脚,搓搓满是老茧的手,老人还在默默地等着……（情境之三）

老街的深处,老鞋匠始终蹲守在那里。寒来暑往,朝朝暮暮。突然有一天,老人倒下了,连下床都很困难。于是,老街的深处便少了一道风景。

老人侧卧在床上,他能看到街角自己待了几十年的那块地方,看着一个个前去补鞋的老乡悻悻回头,老人的心都碎了……（情境之四）

**创意透视**:散文与小说的主要区别有两个方面:一是散文的内容突出情境的渲染,而小说侧重跌宕情节设置;二是散文的语言侧重抒情性,而小说的语言注重生活味。本文采用叙事散文的笔调与布局,叙写了老人修鞋的日常生活情境。文章主要设置了"夕阳西沉,残留晚霞一缕""寒风吹彻,落叶散落一地""雪花翻飞,路边白色一片"三个不同的极具画面美感的自然生活情境,从三个侧面突出描写了老鞋匠生活中的生活状态,最后老王病倒的情境,感人肺腑,发人深省。散文铺排,淡化故事情节,注重环境渲染。

## 四、"一主贯穿"式议论文

### 静默中坚守
#### （教师下水习作节选）

街角的小鞋匠耐不住生意的冷清，最终还是选择离开；而老鞋匠还在街角，用传统的手艺让破损的鞋重焕新生。看着老人修鞋时的沉醉神情，不禁被那份静默的达观所震撼。（引入；初点）

最可敬的执着，应该就是静默中的坚守吧！（深点）

看看我们身边，多少人毕业就失业，拿着所谓的文凭，"高不成，低不就""大事做不来，小事不肯做"。（无法漠视的现实）

小鞋匠选择离开，为的是更好的"钱途"，本无可厚非；而老鞋匠选择坚守方便的是行人，延续的是鞋的生命，这样的坚守难能可贵。（分析原因）

不仅如此，传统的手艺总得有人秉承，若是老鞋匠选择离开，这个集镇上就再也没有修鞋的了，那些低收入阶层的鞋该由谁来修。（承接上文，进一步深挖原因）

……

老鞋匠，静默中坚守，沧桑而执着，柔弱而坚韧。鞋破了，我不会扔，不去别处补，就找街角的老者。（回到眼前，引出更自然的做法）

**创意透视**：我曾在《"主事实论据"议论文写作探索》一文中探讨过将一个主体论据贯穿于整个议论文当中的问题。源自考生自己生活中的素材往往具有与众不同的个性，将这样的材料融入议论文，就会使得议论文更有生活的情韵与厚度。不仅如此，在议论素材相对匮乏的情况下，可以将这一则素材作为主体素材布局全文，在此基础上穿插一些相关的素材，这样使得议论线索清晰，材料剖析细致深入，从选材与构思上给人以别具一格的感觉，从而实现议论文写作从"千人一面"向"一人一面"的有效突围。

**【教学反思】**

1. 关于课堂生成。李镇西认为"激发创造"是"民主课堂"的重要特征。课堂上，民主氛围的营造往往能激发学生积极参与并有效质疑。学生提出了富有想象力具有挑战的问题，教师不能选择冷漠回避，也不能进行大而化之地敷衍，而是要敢于回应学生的期待，舍得投放时间引导学生进行深入研讨。这样做，既保护了学生的质疑习惯与创造精神，同时也将作文教学引向深入。在与学生合作探究的过程中，教师主导作用便能得以有效体现，学生主体作用便能得以充分展现。原本一节普通的作文评讲课，因为学生生成了一个很有价值的问题。我带着学生共同实践探索，不仅花费课外时间进行观察、思考，而且又用了一节课进行师生的作文展评。这样的教学安排打破了既定的教学计划，但如此探索与训练非常值得。这是"学本课堂"与"师本课程"的精彩呈现。

2. 关于"下水作文"。叶圣陶先生曾言："语文老师教学生作文，要是老师经常动动笔,或是做跟学生相同的题目,或者另外写些什么,就能更有效地帮助学生,加快学生的进步。"当然,下水作文要选择恰当时机,做恰当的尝试。本次作文课,学生提出的问题与设想,具有相当的难度,完全让学生去尝试难度较大。因此,我采取的做法是在师生共同研讨的基础上与学生进行分工合作:学生结合自己的生活体验,选择难度较小的"多镜头组接"式记叙文的写作,而教师则进行其他三种体式作文的下水实践。与学生协同"下水",学生对此兴致颇高,杰作频出,而教师的下水作也得到了学生很高的评价。让我难以忘怀的是在"小小说"式的记叙文中,教师本来设计的是狗顺做自我介绍,老王才得知面前站的是谁,可后来有学生提出用"憨厚"的微笑来勾起老王回忆的设计更自然,而且能做到前后呼应。小小的改动体现了学生的智慧与才情,更实现了师生的共同成长。

# 第九章

# 合心：以"温暖教育"观落实师生的同台写作

教育不是急功近利的事业，而教育的对象大多却有些急功近利。怎样才能将这一矛盾智慧地化解呢？经过长久地思考，反复地感受，我觉得教育智慧应该是温暖且能持久的。于是，我觉得"温暖"这个词比较合适。自己暖和，别人也感到温暖，这才是教育。温暖教育，在写作教学中而言，包括三个层面，一是写作环境的温暖；二是教育者的温暖；三是写作内容的温暖。好的写作环境应当营造一种积极而宽松的氛围。教育者的温暖，则体现在作文教学态度的亲和上；写作内容的温暖，则需要关注学生写作成长的需要。最温暖的写作教学，莫过于师生携手同写作，共成长。教师"下水"习作能体会学生写作的甘苦，而学生写作有教师的引领，会倍感亲和与温暖。在实践中，每次习作，我多是和两个同学组成"师生三人行"。通过师生商定的写作内容，三人的互动写作实践，营造班级群体良好的写作氛围。

## 第一节　师者下水，众生赶潮

刘国正老师说过，所谓"下水作文"，指的是在作文教学中，教师出了题目，不光让学生做，自己也要做，自己亲自尝尝"梨子"的滋味，便于指导学生。语文教师写下水作，当然不一定比所有学生好，关键是借教师的写，带动学生写并获得最真实的写作感受。只有教师自己率先试水，才能激发学生的写作热情与动力。教师经常写"下水作文"既能提高自己的写作能力，又能提高自己的指导水平。

另外，高中语文新课标鼓励学生自由地表达、有个性地表达、有创意地表达。在这种要求下，广大语文教师应该勇敢地拿起自己闲置了多年的笔，坚持写下水作文，向学生展示自己的写作个性和思维，让学生对自己的作文品头论足，学生读自己老师的作品要比读满分作文更感亲切，更加愿意欣赏和借鉴。因此，在师生写作的互动中，教师既能感受到写作的甘苦，又能够激发学生的写作兴趣和表达欲望，促使学生尽情施展他们的写作个性和潜力，最终实现教学相长。由此可见，许多语文教师不写"下水"作已经演化为不正常的常态现象，现状堪忧，不得不引起我们的高度重视。当然，造成教师"下水"意识缺乏的原因是多方面的。一是许多教师认

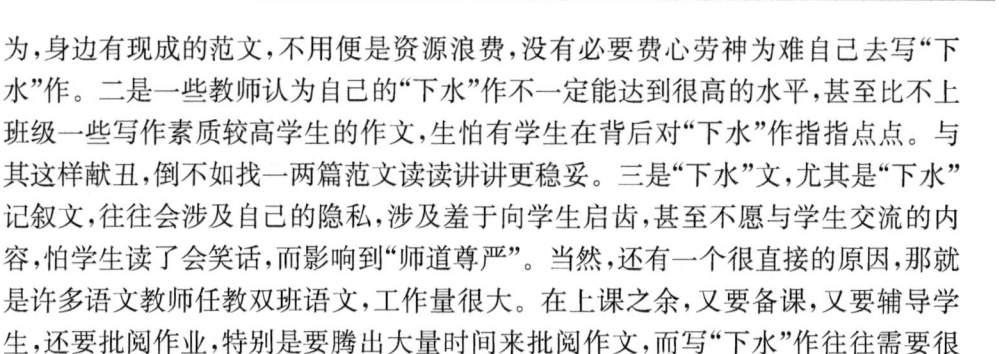

为,身边有现成的范文,不用便是资源浪费,没有必要费心劳神为难自己去写"下水"作。二是一些教师认为自己的"下水"作不一定能达到很高的水平,甚至比不上班级一些写作素质较高学生的作文,生怕有学生在背后对"下水"作指指点点。与其这样献丑,倒不如找一两篇范文读读讲讲更稳妥。三是"下水"文,尤其是"下水"记叙文,往往会涉及自己的隐私,涉及羞于向学生启齿,甚至不愿与学生交流的内容,怕学生读了会笑话,而影响到"师道尊严"。当然,还有一个很直接的原因,那就是许多语文教师任教双班语文,工作量很大。在上课之余,又要备课,又要辅导学生,还要批阅作业,特别是要腾出大量时间来批阅作文,而写"下水"作往往需要很长的时间进行酝酿、构思、写作和修改。有的教师曾经也做过尝试,但是浅尝辄止,未能长久坚持。种种原因阻碍了语文教师进行长期的"下水"写作实践,然而,我认为教师"下水"写作的意义和作用不容低估。

1. "下水"写作是语文教师不可或缺的基本功。写作其实就是一种练习,在习题筛选和评讲时,一般需要教师进行"下水"做题,通过"下水"实践感知题目的难易度,探析答题的思路和要点。不少语文教师往往注重其他习题的"下水"实践,却忽略了作文的"下水"练习,而仅仅是根据应试的规则和个人积累的阅历略作思考,给学生一些写作的条条框框,再结合一两篇教案上历年沿用范文,抑或作文选上的佳作进行所谓的"典型引路"。经年累月,久而久之,许多语文教师对写作其实是越来越生疏,仅仅靠自己学生时期的写作老本和多年未变的经验在维持作文教学。偶尔组织语文教师进行"下水"写作,一些教师往往不是草草完成就是写作严重超时,多数"下水"作的整体质量往往都不高,甚至经常要求学生注意的一些写作常规自己都不能做到位。试想,如果语文教师写不出合格的作文,怎么要求学生写出优秀作文,又怎样促进学生写作能力的大面积提高呢?其实,"下水"写作,应该和"下水"做其他习题一样,需要通过"下水"体验写作的快乐,感受写作的真正的要点和难点,以便进行针对性、实效性的写作引导。"下水"写作应该成为语文教师的一项重要基本功,一种更为神圣的责任。

2. 直观的"下水"写作引导较之抽象的技法分析更为有效。学生对写作技巧的了解并不难,各种参考资料、作文选上关于写作技法的介绍可谓琳琅满目,这些写作技法,学生通过自学一般都能理解,往往无须教师赘述,更不必大讲特讲,而学生真正缺乏的往往是真切的写作体验和鲜活的写作引导。而这方面的教学交流和引导,几乎变成了"盲区"。现在,一个班级往往只有几个学生包办了历次的"优秀作文",其他学生很难和他们形成竞争的格局,这样就使得个别"写作特长生"难以更上一层楼,多数学生写作的整体水平不高。久而久之,少数几个写作尖子只能"独孤求败",多数写作的"待进生"往往都变成了冷漠的旁观者。学生的整体写作热情将与日俱减,最终厌弃写作。现在许多语文教师讲起写作的技巧往往是滔滔不绝,但是与学生一起进行"下水"写作的可谓凤毛麟角。进行写作教学,不"下水"写作的教师往往只是将惯用的作文教学资料照本宣科,也有些教师会从作文选上搬几篇漂亮得作文,通过"抽丝剥茧",进行空洞的技法总结,然后做模式化的规范,并且要求学生视作"金科玉律"。而正常进行"下水"写作的教师则会从自己的写作实践中总结写作的体验,这些教师往往更重视生活的真实、情感的真挚和哲思的真切。他们往往更多的是引领学生关注社会底层的沧桑,感怀自我身边的不朽,倾听内心的诉说。一种是在岸上指手画脚,一种是在水中身临其境。其教学效益的高下、拓展学生持续发展能力的强弱便不言自明。

3. 鲜活的"下水"习作较之现成的范文更具有感染力。结合多年的"下水"写作实践,我认为"下水"习作的意义不仅仅是教师写一篇作文而已,其影响力、感染力往往超出我们的想象。首先会极大地激发学生强烈的好奇心和写作欲望。教者的每一篇"下水"习作,无论是通过投影进行实践的展示,还是将其张贴到教室专栏中,绝大多数学生都会报以极大的热情加以关注和议论。学生在行赏之余往往会挑出教师写作的一些缺陷和不足,这时,教师大可不必惊慌失措。因为,"金无足赤",就是常用的优秀范文往往也能找出其中的缺陷,甚至著名作家的代表作往往也会掺杂瑕疵。再说,能挑出教师习作的毛病,不仅表明这些学生是在认真投入地学习研究教师的"下水"作文,而且对教师今后的写作是一种促进和提高,这是实实在在的"教学相长"。也许有教师会担心,随着时间的推移,学生关注教师"下水"作的热情会降温。我认为,只要教者的写作热情不降温,每次"下水"都能写出与时俱进的、灵动的作文,多数学生的关注热情不会减,而且会在教者写作热情的感染下坚持用心写作,写出灵性之作。而如果每次写作,教师都拿出现成的冷冰冰的范文,纵然其整体质量或许会超过教师的"下水"作,但是因其时效性不强,地域特色不契合,习作亲和度不够,加之学生身边都有很多类似的范文,因此,这些范文往往难以激发大多数学生持久的学习兴趣。

4. "下水"作是师生交流的重要纽带。新课程倡导建立平等民主的新型师生关系,教师同学生一同进行习作的过程就是在形象地诠释着平等,也在真切地展现着教师的主导地位。通过"下水"习作,可以让学生自然地了解教师的经历,体味教师的丰富情感,揣摩教师深层的哲思,可以迅速拉近师生的情感距离和意识的差距。教师在习作中流露的羞涩、透露的失败、展露的个性,会让学生对教师更加亲近;熠熠生辉的文采、闪闪发光的人性魅力,会使学生对教师更加崇敬。教师的"下水"作其实就是写给每一位学生的私信,会在学生的心中产生强烈的震撼效果。在教师的积极引导下,许多学生都会把写作当作交流的平台,认真对待每一次习作,在作文中展现睿智、展现真诚、展现极富个性魅力的"唯一的我",并期待与教师沟通,渴望与同学交流。这样,教师往往每次都能尝到惊喜,因为,总有一些平常不爱写作的学生在认真写作,甚至写出让人眼前一亮的佳作,而不再会出现每次作文总是固定的几个"主角"闪光,多数学生只能是望尘莫及的尴尬局面。而教师每次的鲜活的"下水"作便会产生强烈的"鲶鱼效应",将"一潭死水"激活成"一江东流的春水",荡漾着波澜,闪烁着光辉,可谓其乐融融,一派生机。

此外，语文教师坚持经常进行"下水"写作对自身的专业成长是极为有利的。写作的过程便是自身语文素质不断提升的过程，便是人文内涵不断拓展的过程。高质量的"下水"作完全可以选择一些期刊的对应栏目进行投稿。积累一定数量的好作品，再搜集学生的好作文，在此基础上便可以进行专题研究。

教师进行"下水"习作如此重要，那么，作为一名普通的语文教师又如何操作"下水"作文呢？从写作的角度看，从未进行过"下水"写作的教师，为了提高"下水"作的质量，可以从参照优秀作文进行仿写起步。起初"下水"作一定要多做修改，可以自改，也可以请其他教师互改。这样磨出来的"下水"作就可以在学生面前展示了。随着写作的深入，教师的"下水"实践将逐步成熟，逐步得心应手，直至形成鲜明的个人风格。从展示的时间角度看，"下水"作最好是先在习作指导课上进行展示，然后在习作评讲课上再做深度评析。这样，其促进和引领作用才会得到更充分有效的体现。如果教师的"下水"时间比较滞后，只在习作评讲课上呈现，其效果将大打折扣。从呈现的方式角度看，不能仅在教室的专栏一贴了事，应该通过投影展示、演读展示、学生评改展示等多种途径来发挥"下水"习作的示范效应。只要恰当操作，教师一人"下水"引领众生"赶潮"的生动局面就能逐步形成。

鼓励教师写"下水"作还需要学校和教育主管部门出台相关的配套机制的激励措施，应当造浓语文教师进行"下水"写作的氛围，引导教师将主要的作文备课精力放在写"下水"作上，有效地引导全体学生写作，有效地促进语文教师的专业成长。当然，教师的"下水"作，不能陷入教师自我表现、不顾学情、无视学生心境的误区。好的"下水"作，应该源于学生的生活，能够引起学生心灵的共鸣；同时，在写作的层次上要让多数学生"跳一跳"才能够到。

## 第二节　俯身体察，倾心感应

【写作要求】

法国雕塑家罗丹曾说："这世界不是缺少美，而是缺少发现美的眼睛。"最美的人性风景往往在社会的底层，在朴素而可爱的百姓身上，这些处于社会底层的百姓被形象地称为"草根"。只要我们俯身体察，倾心感应，看似卑微的"草根"百姓，其折射的人性光辉常常是撼人心魄的。请以"'草根'的人性光辉"为话题写一篇记叙文。

【写作导航】

"生活是作文的唯一源泉"，只要我们俯身体察，倾心感应，这一源头活水是取之不尽，用之不竭的。

"'草根'的人性光辉"写作的范围非常宽泛，只要能折射出普通百姓的个性风采与人性魅力的素材皆可入文，但是要写出人物独特的韵味，展示其深刻的内涵却并不容易。为此，写作时需要注意如下几个方面的问题。

一是"厚积薄发",实现从"积累"到"积淀"的升华。好的生活素材需要点滴积累,然而,要写出"厚实"的记叙文,光靠点滴零散的积累和肤浅的呈现是不够的,而要养成专题研究的习惯,对相关生活素材进行长期观察,深入琢磨,将"点滴"连成细长的"线",将线条延展成宽阔的"面",再将"面"构建成生动的"体"。比如,路遇一位在寒风中买菜的老人,他引起了你的写作兴趣。这时,不仅需要仔细观察,还需要与老人搭讪交流,甚至需要长期的跟访。要写出好文章,需要我们在平时养成好观察、勤积累、细盘点、深感悟的写作储备的素养,经过长期、渐进的写作"积淀",写作时才能做到"厚积薄发"。

二是"用心刻画",实现从"细描"向"深挖"的拓展。好的细节描写,往往不光是笔触细腻,更重要的是作者更善于挖掘人、事、景、物的内在神韵,从而奉献出精彩而又深刻的特色描写。比如,杨绛笔下关于"老王"的一段描写:"他一手拿着布,一手攥着钱,滞笨地转过身子。我忙去给他开了门,站在楼梯口,看他直着脚一级一级下楼 去,直担心他绊楼梯摔倒。等到听不见脚步声,我回屋才感到抱歉,没请他坐坐喝口茶水。可是我害怕得糊涂了。那直僵僵的身体好像不能坐,稍一弯曲就会散成一堆骨头。我不能想象他是怎么回家的。"该片段中,"攥""滞笨地转过身子""直着脚"等词语,不通过仔细地观察和悲悯的体悟是根本写不出来的。而"那直僵僵的身体好像不能坐,稍一弯曲就会散成一堆骨头"一句不仅逼真地刻画了"老王"行将就木的羸弱病体,更将作者浓浓的怜爱之情倾注其中。

【教师下水】

## 蓝色三角巾

### 李正浪

一次乘车,我无意中回眸一瞥,身后一位老大娘扎着一块蓝色的三角巾。咦!多少年不见的蓝色的三角巾啊!一股亲切的暖流涌上心头,我的思绪渐渐飞出了窗外,回到了20多年前。

说是三角巾,其实展开的头巾是正方形的,四边布满简单装饰的线坠,沿着对角线一折就成了三角形了。母亲说,冬天裹在头上,特别暖和。秋冬时节,在地里干活,到街上赶集,上亲戚家串门,农村妇女们总爱扎上蓝色三角巾,我的母亲也不例外。

12岁那年,我在池边玩耍,不慎一滑,摔了个"四脚朝天",顿时头晕目眩,血流满面。母亲闻声,箭步跑了过来,呼唤着我的乳名,背起我就往诊所跑。在朦胧中,我微睁双眼,透过睫毛上的斑斑血迹,只见眼前那熟悉的蓝色三角巾。母亲的双鬓被头巾裹着,微微露出了几缕发丝在寒风中微摆着,平常从来没有细瞧,现在发现,母亲竟然也长出了白发。想想自己总是让母亲烦心,现在却要背着百十斤的儿子,还要一路小跑,一股深深的愧意在我心底徘徊。我想挣扎着下来,可已经全无气力,眼前又是一片模糊。

一阵剧烈的咳嗽声将我从朦胧中惊醒。恍惚中感觉母亲的双腿蹒跚得更厉害了,而我此时则是欲言难语。伏在母亲的后背上能清晰地感到她的心跳,就如急速转动的马达;用余光瞥着她耳旁呼呼地热气,就好像老式的农用拖拉机在吐着阵阵"白烟"。后来,我到了村诊所,医生察看,我头骨没有断裂,问题不大,就给缝了9针。听着医生的宽心话,看着我渐渐精神起来,母亲摘下了蓝色三角巾,抹着脸颊的汗水,安心地笑了。

还记得,那是我进入师范读书的第三年。平常,父亲隔几个星期总会来一趟看望我。他总是算着放学时间赶到我的宿舍,给我捎点吃的,改善改善伙食,稍坐片刻立马走人,而我也渐渐适应了这样的情境,从不强留。印象中,我已经连续三个星期没有回家了,父亲也忘了送干粮。又是一个大冷天,到了上午第四节自习课,我已经饥肠辘辘。此时,一个熟悉的头影正在窗前向教室里探着,那不是我的母亲吗? 我瞬间埋下了头,心想,老人家您上儿子这来,也不整理整理衣装,一头乱发,穿了多少年、洗了多少水的衣服,简直就是土得掉渣! 您到我的宿舍也罢,居然在全班同学的面前现眼。此刻,大家都在议论窗外那位乡下老妇是谁? 我心里在暗暗祈祷:母亲您千万别吱声询问,赶紧在楼下等吧! 可事与愿违,母亲一眼就将我认了出来,还轻声唤着我土气十足的乳名。瞬间,我的大脑一片空白,两耳嗡嗡作响,浑身像针扎一样,此刻恨不得这是一场做到尾声的梦,抑或放学铃声立刻就响,我飞速钻进宿舍。唉! 颜面全无。后来,我才知道母亲是瞅见了我头上的那块隐隐约约的疤痕才认出我的。母亲说,父亲近来身体一直不好,没能来看我,那天,她跟邻居的顺车到了市里,然后跑了好几里路给我送来一钵鸡汤。看着母亲解开旧棉袄,拿出了那熟悉的蓝色三角巾。母亲没有把它裹在头上而是把它紧紧地裹在了盛鸡汤的钵子上,一层又一层。顿时,我愣住了! 母亲为了焐着鸡汤,竟用头巾一层层包着,而任由寒风刮乱丝丝银发。母亲说要急着赶上邻居的车回去给庄稼地施肥,我急忙要解开紧裹着的头巾给母亲扎头,可母亲却说离放学还有一段时间,鸡汤得焐着,执意让我到宿舍再打开头巾,只留下一句话:"放学赶快吃了。妈走了!"

到宿舍,当我将三角巾一层又一层地打开,闻着喷香的鸡肉,喝着温暖的鸡汤,我看到了两滴泪珠溅落了下来,也不知是泪珠激起的涟漪还是双手在颤抖,钵中的鸡汤一直都在激荡着。后来得知,邻居的车跑的是长途,当天根本没有回头,母亲是一路走回乡下老家的。四十几里路,没扎头巾的母亲顶着刺骨的寒风该是怎样熬过的呀!

每逢过年,母亲总会提前好几天给我打电话,叮嘱我们一家三口别忘了回来。掐指算着孩子们回来的时间,母亲总会张罗一桌拿手好菜,然后扎起蓝色三角巾默默地倚在老屋西边的路口,眼巴巴地守望着,守望着,任寒风卷起头巾的边角。

母亲今年已经七十有五,三年前患上失眠症,整夜难以入眠,医生说是老年痴呆的先兆。老人家总爱扎起那已经掉色的三角巾,猫着腰,一声不吭地在家中不停地转悠,或者就是在玻璃门后面怯生生地望着来往的路人。曾经路遇陌生人都笑脸打招呼的母亲,现在却变得越来越木讷了。当看到儿子我突然出现在她面前,母亲高兴得像个孩子,每每此时,我总是强忍着泪水。

**【下水感言】**

　　"蓝色三角巾"是20世纪90年代以前农村妇女特有的标志。秋冬时节,我的母亲也总爱扎上这三角巾。儿时对此却并未在意,可随着时间的推移,随着母亲渐渐苍老,每每看到"蓝色三角巾"总会想到母亲,此时眼里总是湿润的,时常想下笔写一点文字,但是总觉得"欲辩已忘言"。而当母亲年逾古稀,我也步入中年,偶然间再见"蓝色三角巾",此刻思如潮涌,真情难收,短短40分钟便下笔成文。然而40分钟构思的文章,我用了30多年的观察、感悟与思索。至于文中的细节描写则是将自己的记忆和情感沉浸其中的自然流露,并非牵强为之,刻意做作。因此,描写透射的是生活细节的真实和浓烈真挚的情韵。

**【佳作展示1】**

等

陈阳阳

　　"已经第三天了,外面一点动静都没有,看来出不去了。"他自言自语着。工友们的意志逐渐变得消沉。幽静的巷道隐约间能听到有人在呜咽,那是极度抑制却仍然滑出嘴角的悲吟,极细切,极哀婉。慢慢地,这丝丝呜咽也趋于平静,整个巷道静得能听清大伙缓弱的呼吸。他拭着眼角一阵阵温润的浊泪。现在能做什么?只能静静地等候。

　　为了多挣点钱,为了让女儿和妻子过得更舒服些,他便在这个私人的小型煤矿里挖煤,唯一的安全措施就是头顶上的安全帽。他知道早晚都会出事,但为了那个家,他坚持了下来。一次次祈祷着下井,一次次庆幸着又见到了阳光。可今天,巷口坍塌,他们被埋在了另一个世界。

　　他口袋里还放着一根红绳,那是他答应女儿给她买的扎头绳,可现在——他倒吸一口凉气,不知现在家里怎样了。他感觉有点困了,眼皮越来越重,渐渐地,他闭上了眼睛,他看到了一盏白炽灯,发着橘黄色的灯光。灯光下,女儿在一张破桌旁写着作业,妻子则在一旁缝补着他被煤块刮破的裤子。这个家离不开他,他强迫自己从睡意中拉了出来。不能睡,睡着了,可能永远不再醒来。他一再提醒自己,可感觉自己的头越来越重,胃里的皮带已经消化殆尽,空空如也,火燎火燎的,他不知道下一秒会发生什么……

　　第四天,还是悄无声息。前两天,大伙还能唠点家常,现在,再也没有力气顶出话来。他们的生命现在已经由不得自己了,只听见洞顶的水滴叮咚地往下滴,这是寂静的洞中唯一的声响。他感觉更害怕了:真出不去,家该怎么办……他已经不敢想这些问题了,想也没有用,还是坚持。对!不到最后一刻决不放弃。

　　朦胧中,他又看到了那盏橘黄色的灯。必须要撑下去,他强打精神,费力地推醒身边的同伴:"不能睡,政府一定在想办法救我们,为了家人,我们必须候下去。"似乎谁有气无力地"唉"了一声。这以后,巷道里又是一片死寂。他不知自己还能坚持多久,不过那橘黄色的灯时刻在提醒着他。每当他将要放弃的一刹那,总能透过那灯光看到希望,找点慰藉。

这样候下去也不是个办法,自己能做什么呢?现在什么也看不见哪!对!该自救。他组织好大家,让大家顺着地势往高处爬,总归要试一试。那盏橘黄色的灯似乎一直在他的前方,引导着他。不知爬了多久,也不知爬了多远,大家都没劲了,再也爬不动了,他累得无法动弹,只能在这里等候救援了!他困了,连一丝挪动的力气都没有!

"咚",隐约听到一声敲击,很轻;"咚",又是一声,更响了;"咚——",阳光如利剑一般在幽暗的巷道刺破了一道缝隙!

**互评**:本文采用小小说的体式刻画了一个普通矿工在遭遇矿难之时的逼真而细腻的心路历程。文章多次写到"橘黄色的灯光",其实这就是主人公的生命之灯,希望之灯。正是灯让他最终候来了刺破幽暗巷道的一缕阳光。主人公"候"的不仅仅是一线生机,更是对家庭责任的深情守望。朴素的情感,在幽暗闭塞的巷道里显得熠熠生辉,撼人心魄。于是,文章的主旨便呈现出立体丰厚的底蕴与真挚深沉的魅力。

【佳作展示2】

## 四堂叔

赵　峰

四堂叔的生命最终定格在他的笑容中,而他与命运的博弈并没有输。

还记得去年七月末的一个傍晚。"吱吱"的蝉声一整天都没有停息,夏天的闷热真让人寝食难安,一直奢望的凉风始终没有吹来。

"咚、咚、咚",有人在敲门。我打开门,便瞅见四叔在门外站着,他皮肤黝黑,有点瘦,但眼睛却很有神。他手里还拎着一篮子鸡蛋,看到我,他只是憨厚地笑,眼角挤出了一丝细细的鱼尾纹。

进屋后,气氛变得有点尴尬。我的父母对他并不十分热情,他便恭敬地低垂着头,一语不发。不多久,他就随我父亲进了书房。母亲则在一旁嘟囔着:"肯定又是来借钱的,他上次借的300还没还!"过了许久,他又从父亲的书房微笑着走了出来,脸色也舒展了一些。他和我母亲打招呼后,见没有搭理他,他又憨憨地笑着,无趣地走了。

四叔走后,才听母亲谈起这个我很陌生的亲戚。原来四叔没有工作,平日里就靠赶集卖点蔬菜。他没有老伴,只有一个儿子,可这个不争气的儿子只知道隔三岔五去赌钱。邻里都认为四叔摊上这个儿子,自己挣再多的钱也是白搭,可四叔总是那句话:"儿子总会懂事的。"

再见四叔时已经是两个月后,那晚,我们一家人在吃晚饭,一家人边吃边聊,谈得正欢。他垂头丧气地走了进来,拧着愁眉,喃喃地说了声:"这——这下完了——"

爷爷忙问怎么回事。"撞——人了。"他吞吞吐吐,我抬起头,简直不敢相信自己的双眼,不过两个月没见,他竟然变得如此憔悴,额头上紧锁的纹线还夹杂着汗液,数不清的散乱的眼角纹硬是将原本矍铄的双眼挤陷了下去,两腮颧骨向外高高地凸起,见我们都沉浸在家庭的喜悦之中,他无心再说下去,泛起了一丝苦涩的笑意:"你们的钱我一定会还上。"说着,他便急忙走开了。他孤单无力的背影渐渐消失在茫茫夜色中。

后来才听说,他上次来借钱是为了买一台助动车来搭客做生意的。可刚过两个月,不知怎么就把人给撞了。精神上的摧残与生活的重担已经把这个中年人压得如此窘迫不堪,那种处境我可能永远都无法真正体会。

在四叔想尽一切办法还清赔款时,却查出患有胃癌,而且已经是晚期了。最后一次见到四叔,他无力地瘫坐在床上,整个身体都虚脱了,脸上毫无血色。这时,他的儿子低着头静静地坐到床前,那双眼睛深深地注视着他的父亲,一句话也没有说。眼泪在他们眼里打转,但四叔没有让眼泪流下,他仍是憨憨地笑着,那一刻,脸上的纹理便永远定格住了。

我在想,那未流下的眼泪是不是四叔向坎坷的命运表达他的坚忍?是不是还坚持:自己的儿子总会懂事的?

又过了几年,四叔的事逐渐被淡忘了。偶然的一次又听母亲提到四叔的儿子,现在他找了份工作,干得很卖力,还当上了车间主任。按照父亲生前的遗愿,儿子还清了欠下的一切债务,包括两次借我家的钱。这时我才猛然感觉,坎坷一生的四叔在天之灵也该瞑目了。四叔虽然离开了,但他的奔命、他的希冀终于在他儿子身上得到了回报。

即使命运给四叔设了种种关卡,他也能以坚强的意志顽强地生活着,一直到生命的最后一刻,对儿子悬崖勒马的愿望都没有破灭。

再一次,想起四叔那憨憨的笑容,这场博弈,他笑到了最后。

**互评:**作者刻画了一个社会底层人物"四叔"。"四叔"给读者留下了深刻的印象:憨厚、淳朴、勤劳以及同命运不屈的抗争。文章双线并行,明线为"四叔"脸上的微笑。向人借钱时微笑,遭遇挫折时微笑,在生命的最后一刻还在微笑。暗线是"四叔"在同坎坷命运的博弈。一位生命苍凉、生活沧桑的父亲熔铸了中国农人传统的坚韧、善良与执着。失去老伴的孤独,风雨兼程的劳苦,儿子不争气的现实,这些都没有改变他对生活的信念和对儿子悬崖勒马的守望。这一夙愿在他去世后得到了回报,虽然是"迟来的爱",但却令读者深深震撼,久久难以忘怀。

## 第三节 抓住一点,多层刻画

**【写作要求】**

沙是细小的东西,然而,有一大堆沙子就可以垒成一座塔。聚集是很简单的动作,然而,不懈的坚持就是一种执着。请以"聚沙成塔"为话题写一篇记叙文。

## 第九章 合心：以"温暖教育"观落实师生的同台写作

**【写作导航】**

"聚沙成塔"关键在一个"聚"字。从写作的对象看，可以写自己，可以写身边的人或听闻过的人；从写作的内涵看，可以写学习中的积累升华，也可以写生活中的习惯养成，还可以写情感的积淀凝聚。那么如何写好"聚"的过程呢？这就需要抓住"一点"，进行多层刻画。抓住一点就是要求记叙文的写作不可面面俱到，而是选准一个点，着力进行细节描写。当然，这样的描写，如果只通过一个情节进行描写，则会很单薄，既无法突出"聚"的过、"聚"的不易和"聚"的艰辛；而要使得主题鲜明突出就必须进行多层深入刻画，这样将"聚"展现得淋漓尽致，巍然高塔便自然屹立。

抓住一点，多层刻画不仅是此作的关键，更是记叙文情节铺展和描写推进的基本方法之一。抓住一点即"以小见大"，"抓小"往往并不难，而要真的"见大"，就需要将这个小写成大文章。如何操作呢？

一是将这一点进行放大描写。通过放大甚至透视刻画，放大到看得清毛孔和纹理，透视到感觉到其人、其景如在眼前，活灵活现。将一点刻意放大来写，其实就是细节描写。而细节描写则是记叙文写作的核心要素。记叙文的语言要力求避免说空话、套话、大话，而要沉浸其中，身临其境，进行细节描写。当然，细节描写应当是有选择的，突出主题的应当着力描写，相对次要的则不必细描。

二是将这一个点放在不同的环境、背景或情节当中去描摹，以烘托其不同特质的神韵。通过多层次的烘托，或者通过在情节当中三点式的多次呈现来着力刻画。当然，这种描写不应该简单重复，而应该由浅入深地进行描写，逐步展现人物的神韵和环境的意蕴。

三是可以将这一点放在不同的时间点上去刻画，逐步揭开其感人至深的内涵。这样通过放大写、扯开写，层层渲染，点点叠加，以达到一唱三叹、逐层推进的效果。将一个点拉长成一条线，扯开成一个面，垒叠成一个立体的故事。这样，文章的感染力和表现力便会显著增强。

**【教师下水】**

### 梦想的翅膀
#### 李正浪

暑假的一个晚上，我们一家三口如约而聚，一同坐到了电视前，急切地期待着上海卫视《达人秀》的开播。与前几期一样，一个个达人登场亮相，那些夸张的表演使得妻儿不禁捧腹大笑，就连一向矜持的我也乐不可支，我们根本不用怀疑，这样的欢笑定会延续到终场。

突然，一个青年的出现，使得全场鸦雀无声；我、妻子还有儿子骤然收起了恣肆的笑容，顿时哑然无语。他叫刘伟，在10岁的时候，因和小朋友在高压电下玩耍，不小心触电，永远失去了双臂。就是这样一个残疾青年，今天竟要在大庭广众下弹钢琴。

187

我简直不相信自己的耳朵,以为报错了节目,可台上果真摆着一架闪亮的钢琴;我简直不相信自己的眼睛,以为这个青年人并非双臂残疾,可一路上台,那黑色的袖筒果真空空如也。紧盯着那前后飘拂的衣袖,我一脸惊讶。

　　刘伟走到琴架边,坐上了高高的琴凳,因为他要高高地抬起双脚,在眼前的黑白天地演绎世间最美的音乐。赞叹、疑惑、期待……杂陈的思绪分明写满了妻子和孩子的脸颊,我的眼睛实在不忍多眨,哪怕是再轻再快的一下。瞧,他那双脚左右移动,上下翻飞,就如同郎朗诗意地挥动双手。伴随着音乐的节奏,自然抬起、按下的脚趾,如同高超琴师灵巧拂动的手指。可这脚毕竟不是手,高高抬起,竟能闲庭信步;这脚趾毕竟不是手指,一些脚趾,我们常人根本指挥不了,更不用谈随着音乐的节奏精准地控制每个脚趾按键的速度和力度了。从不可能到奇迹的创造,他经历的所有苦痛和折磨无法估量,超出常人无数倍的单调练习或许能将人逼到崩溃,但是他坚持了下来。

　　美妙的钢琴曲在耳边流淌,我的泪水在眼眶打转,湿湿的,烫烫的。

　　穿袜子、握钢笔对于健康人来说都是小菜一碟,可这些却是一个双臂残疾的孩子用脚做到的。一只脚夹着袜子套到另一只脚,怎么拉?怎么调整位置?一次次努力,一次次失败,但一次次接近成功。短短的脚趾怎样夹着笔筒?怎样运笔?怎样自然地抬起、按下?一次次尝试,无数次失败,看着歪歪扭扭的墨迹,他擦干汗水,咬紧牙关,继续写着。一张张、一本本、一摞摞终于换来了自如的挥笔和潇洒的书写。

　　出于兴趣,上学后的刘伟还在课余时间练起了游泳。可没想到,小伙子竟在2005年和2006年连续两年获得了全国残疾人游泳锦标赛百米蛙泳项目的冠军。"失去双臂""游泳""冠军",真的难以想象。我儿子也多次试水,呛了不少回,可至今还不会游泳。无臂的少年该呛多少水,控制方向该是多么困难呀,但是他一次次默默咽下苦涩的泪水,毅然选择了从池边跳下,在碧波荡漾的出水里秀出残缺而撼人的弧线,点点前行。

　　我是幸运的,因为我四肢健全;我也是失败的,因为我至今未能圆梦。想到这里,我的脸热辣辣的。

　　节目最后,刘伟带着淡淡的微笑说:"我有两条路,要么赶快去死,要么精彩地活着。"淡淡的一句话却掷地有声。脱口秀大师周立波凝噎了,"铁面"评委高晓松更是恭敬地起立,深情地鼓掌。此时,我仿佛看到他长出了两臂,不,是一对翅膀,梦想的翅膀。

**【下水感言】**

　　看到作文要求,反观一下自己,虽然坚持着做一些事,也坚持着养成一些习惯,但远未达到"成塔"的境界。于是,经过一番思量,决定还是写别人。而此时,不久前在电视上看到的无臂青年刘伟弹钢琴的一幕,瞬间浮现在我的脑海。我觉得这则材料很典型,也很感人。于是,确定了选材。但是写一个比较的陌生人,特别是抓住细节进行分层刻画,具有一定难度。要进行成功地描写就必须搜集其相关资料,以便深入了解,在写作过程中还需要进行适当的联想,以便使得语言更加富有感染力。文中对刘伟练习弹琴、写字和游泳的细节描写体现的就是以手代脚的历练,将不可能演绎成奇迹。要刻画好这个点必须进行资料搜集,并通过适当的联想进行虚实结合的刻画。文章主人公的点滴积累可比常人艰难得多,对其进行细节描写更具有震撼力。最后自然点题,简洁而深刻。

**【佳作展示1】**

破苹果

陈 卫

"细雨湿衣听不见,闲花落地听无声",这个光怪陆离的世间总是充溢着太多的变换,然而,总会有一些悄无声息的温情,静静地守候在你我身旁。

我的父母都没有固定工作,父亲农闲赶集做点小生意,母亲在家料理庄稼。纵然收入微薄,可对我的投入,他们却从不吝啬。平常,我喜欢吃苹果,而且专挑又脆又大的,地摊上小个的便宜货我根本不赏光。为此,父亲总是到大超市买好的,好的当然价格不菲。

那一天,父亲照例又给我买来了苹果,可打开拎包一瞧,我纳闷了:"爸,您以前都买好的,怎么这里还有两个破的?"

父亲只是一脸愧意地笑了笑:"破的,女儿不赏脸,那就给你妈吃吧?"

在一旁剥豆的母亲听到父亲这句话,本想责备的话语又咽了下去。

可不幸的是,第二次买回来的苹果同样如此,而且还多了几个破苹果。我按捺不住抱怨道:"爸,你怎么搞的,干吗买碰坏的苹果啊,是不是便宜啊?"

父亲的脸上没有了上一次的笑容:"是爸不好,在路上给颠破了。爸吃不惯苹果,破的还是给你妈吃吧!"

"这苹果多贵呀!就不知道当心点!"母亲阴沉着脸嘟囔着。

这样过了很久,父亲隔三岔五地给我买来苹果,而每次总有几个是碰坏的,破的我不会赏光,父亲又吃不惯,只有母亲包圆了。慢慢地,我开始疑惑了,父亲赶集,摆地摊,虽然挣钱不多,但他是邻里公认的精明人,为什么每次都买碰坏的苹果呢?我既疑惑,又觉蹊跷。

那一天,放学回家,父亲正在桌上敲着什么,他根本没有注意我。出于好奇,我蹑手蹑脚地藏在了墙边想瞧个究竟。父亲竟将我爱吃的苹果拿在桌边敲着,一个、两个、三个,他一连敲破了三个。当时我真想冲上去逮个正着,可瞬间的愤懑陡然竟杳无踪影,父亲每次带来的破苹果原来都是他自己亲手敲破的,而且都让给了母亲。

"爸——您——"我强忍着泪水,哽咽着走近了父亲。

父亲不知所措,只得将掩藏至今的秘密和盘托出。原来去年母亲口腔得了严重的溃疡,医生建议母亲要多吃蔬菜、水果,最好多吃苹果。可母亲就是不爱多吃

189

蔬菜,倒是爱吃苹果,可苹果又太贵,于是……

我眼中粗犷的父亲,对我和母亲的良苦用心竟如此细腻。风里来,雨里去,累的是您自己,而心里却总是装着母亲和我。我的眼泪再也抑制不住了。

"你可要保密,不然,你妈就不会吃了!"父亲替我擦着泪水。此刻,我心里又酸又甜,原来爸爸是这样爱妈妈的,我是这样被爱的。贵苹果当然好吃,可母亲肯定舍不得吃,只有破的苹果母亲才会吃。

一份静悄悄的、沉甸甸的爱在我家传递着,酝酿着。此刻,我感觉父亲渐已佝偻的身影越发高大。

**互评**:"一花一世界,一草一天堂",一个破苹果再普通不过了,但是这破苹果却浓缩着父亲对母亲呵护备至的关爱。采用"以小见大"的手法是记叙文选材的关键,然而要铺展成文,却需要十分用心,颇为不易。这篇散文做了很好的示范。一是将这一点扯开成一个完整的故事,在叙写的过程中围绕这一个点着力进行细节描写;二是将故事演绎得曲折有致,扣人心弦。父亲一次次带回来破苹果,但是一次次描写不尽相同,层层推进,最后,窥视父亲敲苹果时的心理描写体现得波折而深挚,将情节推向了高潮,读来撼人心魄。

【佳作展示2】

## 捡 砖

金 山

我把脚步放得很轻很轻,生怕打破了这秋夜的宁静。月光异常的亮,映在院中似乎都变成了透亮的白绢,院内的一小块菜畦地里,小昆虫们偶尔传来清脆的低吟;露水在草上、菜上,缓缓地滋生,似乎都在眉目传情,这秋夜优雅的生机都被都被这院墙呵护着。

日薄西山时,总喜欢坐在空地上静静地倚着这段围墙,橘黄色的光打在院墙上,都成了耀眼的金光,这是种温暖的颜色。在落日余晖的掩映下,墙砖之间缝隙的沙土清晰可见,那纵横交错的纹理就如同父亲手臂上突兀的青筋。这院墙建成两年了。正想着,眼睛开始有些模糊,当初的一幕却依然清晰……

远远地,我看见父亲骑着车回来了,当驱近时,我看到他车后座上绑着块红砖,还缺了角。"这砖哪来的?要它干吗啊?"我很好奇。父亲没理我,可能是觉得这事和我说不清。走到屋前,他小心翼翼地将那块缺角的红砖轻轻放到了菜畦的角落,那情形,我甚至感觉他放的不是砖而是块翡翠。以后的日子里,父亲总会隔三岔五地带一两块砖回来,堆砖的角落越来越高,如果不是那件事,我永远都不会过问砖的来历。

周末,我坐在父亲车的后座上和他一起去村头的集市。去集市的路上,人很多,村子不大,大家熟得很,父亲频频向别人点头示好。快到集市了,人渐渐多了起来。忽然,他的目光瞥到了路边,那里又有一块红砖。父亲迅疾地叫我跳下车,而自己径直地将车推了过去。

"干吗？停下来干吗？"我一脸诧异。

"没看见吗？捡砖头。"他弯下了佝偻的腰，把砖头小心翼翼地捡了起来，"小山，拿着。"

这时，我感觉路上所有的人都用目光灼烧着我，时间忽然好像被谁拉得好长，长得都有点艰涩。

"我不要，太丢人了，在路边捡砖头，我才不要呢，我丢不起这人。"

我的声音太大了，真的引来了众人的目光，"我走了，你自己拿吧！"我躲闪着人群夹刺的眼色。父亲肯定非常生气了，我的余光中分明瞅见他的脸涨得通红，并将那砖头放进了车前的框里。于是，我跟着他佝偻的背影消失在人头攒动的集市上。

砖头一天比一天多了，不知过了多久，只见父亲一人拿着瓦刀，拎着桶泥灰，竟开始一点一点地砌墙，走近他的背后，似乎看到了他浅浅的笑，那是积淀很久的笑。看着我不解的眼神，父亲打趣地说："瞧见没有，有了这段围墙，菜畦就不会有鸡鸭来扫荡了。"

原来院墙是可以"捡"起来的，这一捡就是两年。

**互评**："捡"东西，用世俗的眼光看，也许丢人现眼。一个大男人"捡"砖头往往更会被人不齿，然而，作者的父亲竟去做了，并且一"捡"就是两年，捡来了一堆，垒起了一座围墙。文中作者的心理发展写得很有层次：由诧异到不解，再到不屑，最后则以醍醐灌顶的顿悟结束全文。将这一个小点扯成了一段长线，曲折绵延，极富感染力。纵观全文，有两条线索，一条是作者对父亲捡砖的情感变化，这条线体现得曲折有致，真挚细腻；另一条是父亲为了砌段围墙，护住菜畦，竟捡了两年的砖头，同时给儿子无声的教育，这种启迪绵柔而震撼！

## 第四节　基于现实，拓展联想

【写作要求】

青春的翅膀是美丽的，美丽的翅膀让青春的我们更朝气，更自信。青春的羽翼也在一天比一天的更丰满起来，等到能承载起一切阻碍的时刻，我们就能冲破牢笼，飞往我们的理想地带。为青春喝彩，更为拥有青春的我们大声喝彩，生命因青春而美丽动人，生命的源泉因青春永不干涸。舞动青春，放飞自我，活出精彩人生。请以"青春的翅膀"为题写一篇想象类记叙文。

【写作导航】

"青春"给人的感觉往往是朝气蓬勃，"翅膀"则给人无穷的力量和不尽的遐想。"青春的翅膀"非常适合于写想象类的作文，可以通过"想象"体现青春的勇敢、执着、坚强，展现青春的梦想、激情、睿智。

那么如何写好想象类记叙文呢？学生在意的往往是恣肆的遐想和海阔天空的夸张。诚然，想象类记叙文离不开幻想与夸张，但再狂放的虚构必须根植在现实主义土壤之上。所谓"根深则叶茂",写实类的作文强调对现实生活的深刻观照,想象类的作文同样需要尊重现实,投射生命现象的动人的情韵,揭示现实生活中蕴含的丰富深刻的哲理。要写好这类作文,关键需要把握以下几点。

1. 抓住物象与生活的契合点。想象类记叙文往往多运用比拟的修辞手法,赋予某些事物以人的生命或个性,甚至是人的情感。在生动描写的基础上,应使得物象具有人的神韵、社会的属性以及生活的情韵。一句话,就是想象描写要与社会生活高度结合,虚写的世界应该就是现实社会的缩影,虚构的情景就是真实生活的深刻写照。

2. 渲染人性化的细节情境。想象类作文不但要映射生活,而且需要描写感人的生活细节,渲染人性化的动人情境。通过生动、灵动的细节刻画,展现生命的多彩,透射人性的光辉,烘托浓浓的生活情韵。这样的文章既能让读者感受到纵横恣肆的想象的潇洒与浪漫,也能感悟到生活的真实与真谛,还会体验到细节的真切与真挚。

在写作的过程中琢磨一个好的创意,抓住物象与生活的契合点,着力渲染人性化的细节情境,想象类记叙文写作将会呈现出别开生面的新境界。

【教师下水】

### 青春的翅膀

李正浪

我是一只小乌鸦,走路蹒跚,嫩翅上才长出点点绒毛。啄开蛋壳,我第一眼见到的就是柔和的阳光和母亲的笑脸。至于父亲,只听母亲说过,他是被一个长着一脸横肉的猎手给打中的。那可恶的猎人并没有将我父亲的尸体装进猎物筐,而是将他扔到了路边的荒草地,还怒不可遏地说:"呸!晦气!"纵然父亲有一双强健的翅膀,但是他还是惨死在世俗的枪口下。

今天,母亲又飞出去了,我一人在家,又不安分地扇动着双翅,右翅还在隐隐作痛。前天,我站在巢边想学着母亲一跃而飞,刚扑了两下翅膀,就飞出了巢,不是高飞,而是重重地摔了下来。掉下来的瞬间,我突然想到了父亲,心想这次肯定完了。幸亏掉在了草地上,后来母亲含着泪水将我叼了上来,再三叮嘱我不能这么冒失地往外飞。可我不能总在这里等着母亲喂食呀,我要练成比父亲还坚硬的翅膀,我要带着母亲到遥远的天堂。那里没有背后的黑枪,更没有世俗的歧视。"呼啦啦、呼啦啦……"我咬着牙,猛烈地扑扇着双翅,疼痛算什么,我要飞翔,我要飞翔!我高声地吼着,纵然嗓子已嘶哑。

"呱——"是母亲回来了,她衔着一条大肥虫。我明白,那是给我的,这家伙足够我吃个饱。看着我吃得津津有味,母亲笑了,鬓角的黝黑的羽毛微微翘起,在微风中轻轻颤动,我也冲着她乐了。突然,母亲打了一个趔趄。

"妈,您怎么啦?"我赶忙冲了过去。

母亲无力地眨了几下疲惫的眼睑:"妈没事。"后来我跟邻居阿姨聊天,无意间

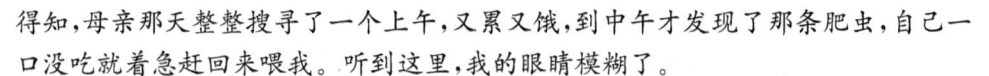

得知,母亲那天整整搜寻了一个上午,又累又饿,到中午才发现了那条肥虫,自己一口没吃就着急赶回来喂我。听到这里,我的眼睛模糊了。

"翅膀呀,你得快快长,我要飞翔,我要飞到梦想的天堂,为了已故的父亲,为了劳累的母亲。"正想着,我又在拼命地扑扇着双翅,真感觉有使不完的劲,再瞧一瞧我那可爱的翅膀,羽毛已经渐渐变得更长了。站在巢边,我想再试一试,"呼啦啦——"真的飞起来了,一阵盘旋,我赶紧回巢,虽然上一次的伤痛还记忆犹新,可这次初试羽翼,我真的无比兴奋。

又过了两个月,我已经飞得更远了。而渐渐地,母亲已不再出远门了,只是在附近转一转,偶尔能寻得一些食物,我每次回家也总会带点食物给她老人家。

"妈,这里也不是久留之地,说不准哪一天我们也会成为那个猎人的枪下鬼的。我要带您到远方的天堂,听说那里有个小岛,在岛上自由、安全,真是个极乐世界。"

我满以为母亲会答应,可母亲却说:"妈老了,身子骨也不比从前了,飞不远了,再说,这里虽然有危险,也有人瞧不起咱,但这里毕竟是我们的家,落叶归根呀!孩子,你远走高飞吧,自己保重身体!"

听着母亲的话,我欲哭无泪:"妈,您不走,我就在这守着您!"

于是,我不再向往远方的天堂,而是每天在家的附近盘旋,给母亲寻找食物,同时还在不停地呐喊:"我们不是劣等生灵,我们不会离开故土,请你们枪下留鸦!"我没有再听到枪声,只听见一群孩子在冲着我乐。我低头定睛望去,孩子们的脸上洋溢的是纯真而善良的微笑。

青春的双翅轻盈闪亮,可以展翅千里,因为我拥有年轻;青春的翅膀深沉厚重,不愿离去,因为我承载着母亲晚年的幸福,守望着世俗偏见的扭转。我深爱着苍老的母亲,深爱着破陋的家,深爱着这片熟悉的乡土。

**【下水感言】**

想象类作文需要开阔的思维、大胆的夸张,但是离开了现实的根基,只做海阔天空的幻想,这样的文章徒具空洞的形式,不会给人以真情的感动和真挚的感悟。本文的写作受"乌鸦反哺"成语的启发,给青春的翅膀以更深的内涵。另外,巧妙地将世人对乌鸦的成见融入其中,使得文章的主题变得立体而饱满:青春的翅膀梦想的不是轻盈远飞,而是"深爱着苍老的母亲,深爱着破陋的家,深爱着这片熟悉的乡土"。文章运用了大胆想象,但这些想象都是建立在深厚的现实的土壤之上的,因而,读来让人觉得真切、亲切、深切。

**【佳作展示1】**

## 青春的翅膀

### 刘 晶

我向往蓝天,我向往飞翔,我向往拥有一双属于自己的强健翅膀。

真的,我长出了一双翅膀——一双鸡的翅膀,它们无力地耷拉着,瑟缩地藏在身后。我使劲地拍打它们,试图飞起来,但只做了一个笨拙的跳跃便重重地摔在地上。那对毫无用处的丑陋的翅膀则发出一阵阵的"扑扑"声,似乎在对我"愚蠢"的愿望表示轻蔑:靠鸡翅膀还想飞?哼,真是天方夜谭!唉,安逸的生活已使这双鸡翅膀对"飞行"变得如此遥远与陌生,在不需要捕食、不需要逃亡、不需要搏斗的优越环境中,它们已经退化萎缩了。这种连最原始的生存本能都丧失殆尽的翅膀,我不要!于是,我咬咬牙,猛地拔掉了它。顿时,鲜血喷涌而出,很痛,大家都说我狠心,但我觉得值,没有用、又累赘的东西留着它干吗?更何况,旧的不去,新的不来嘛!

  鸡的翅膀没有了,在我急切地期盼中,我的背上又生出另一双翅膀。它们薄而透明,点缀清澈的晨露,跳动着斑斓的霞光——这是蝴蝶的翅膀。说实话,我很喜欢这对翅膀,它漂亮、轻盈,有活力。虽然,它不能带我飞上九天揽月,使我只能在花丛中起舞,但它能引来无数羡慕的眼光,尤其是那苍白色的飞蛾。这对翅膀能满足我目空一切的虚荣心,我以为,这就够了。可事实总不尽如人意,一天,当我正在百花丛中自信地展示我那动人的舞姿时,突然,一声霹雳,豆大的雨点儿从天而降,我东躲西藏,可是那脆弱的翅膀还是断裂破碎、面目全非了。我被雨点重重地打在了地上,此刻,我只有祈祷雨快点停下来。不然,我会被雨活活淋死的。终于,雨停了,我拖着这对残缺的翅膀,狼狈不堪,欲哭无泪,它们不能再飞了,不能再起舞了,更不能为我圆蓝天之梦的。这种华而不实的翅膀,我还是不要的好!正想着,我拔掉了这双残翅。

  不久,我又生出了一双新的翅膀。我不怎么喜欢这双新翅膀,又大又硬,一点儿也不漂亮。但我知道,有句话叫作"人不可貌相,海水不可斗量",所以,一双翅膀的好坏也不能光看外表,我得试试它的"功能"。于是,我猛一振翅,哇,羽翼生风,扶摇而上,直冲云霄,好不威风,好不激动人心呀!我终于飞起来了,高高地、稳稳地飞起来了!多好的翅膀啊!这是雄鹰的翅膀,苍劲强健,坚韧有力,威风凛凛。我兴奋地扇动着它们,翔舞于天地之间,遨游于云霄之上。密集的雨帘也被我结实的羽翼击得粉碎。我不再害怕,不再犹豫,因为我有雄心,有能力去搏击长空。我傲然地俯瞰山川河岳,我快乐地追逐日月星辰。一切的一切,都让我觉得自己是飞腾的精灵,是蓝天的骄子,是太阳的宠儿。

  有梦想而没有强健翅膀,是一种无奈;有强健的翅膀而没有梦想,是一种悲哀;没有强健的翅膀,没有梦想,更是一种空虚。而现在的我,有梦亦有翅膀。我想飞,我要飞,虽然我的翅膀羽翼还未丰满,但是经历风雨的洗礼,我坚信,终有一天,我会练就一对阔大有力的翅膀,我终将历练成能够搏击长空的苍鹰!

  **互评**:文章运用想象,通过鸡翅、蝶翅和鹰翅进行对比描写,突出了鸡翅因养尊处优而变得退化无力,形同虚设;蝶翅虽华丽多姿却只能在花丛中缓慢辗转,无法在蓝天翱翔;鹰翅又大又硬,缺乏美感,但是在长风中历练便可以直冲云霄,上九天揽月。于是,拔掉无用的鸡翅和柔弱的蝶翅虽要经历暂时的痛楚,但孕育出鹰翅的诞生,当翱翔于苍穹之上,就会感受这一切的痛楚正是涅槃的到来。文章结尾处运用排比,将梦和翅膀的辩证关系进行了形象而深刻的揭示,显得耐人寻味,发人深省。

【佳作展示2】

### 青春的翅膀

陈 卫

我,一个追梦的女孩,我的名字叫青春。今天是我出嫁的日子,我要挑选一对助我飞翔的翅膀。

我有三位男友——"昨天""今天""明天",他们早早地就来到我家门口,今天是我"比文"招亲的大喜日子,他们都信心十足,准备迎娶我这位漂亮的新娘。"昨天"低沉地吟唱着《再回首》,忧郁的旋律就像强烈的催眠剂,让人不自觉地回到往昔;"明天"高唱着《我的未来不是梦》,激昂的乐曲又将我从遥远的过去拉进了梦幻般的未来;"今天"则在一旁乘着赛前的间隙看着精美散文。婚姻乃人生大事,我得慎重考虑,这样才能选好翅膀,奋勇飞翔。我终于提出了一个好办法,决定考他们三个问题,于是我提出了第一个问题:

"你们说,把我娶回家后如何才能成为我生命中的翅膀?"

"昨天"说:"我会经常回忆过去,痛惜以前的过失,后悔咱们第一次见面时我没送你漂亮的礼物。我会带你穿越时光的隧道,回忆过去难忘的点点滴滴。"

"今天"显得沉着而冷静:"我既不留恋过去,也不遥想未来,我只想把握现在,默默守候在你身边,为你遮风挡雨。因为拥有现在,我们就能弥补遗憾的过去;拥有了一个充实的现在,就会拥有一个美好的未来。我就是你的平衡点,我的存在会使你更有安全感。"

"明天"则不以为然:"我才不想过去呢,因为过去已成历史,而我却已蜕变;我也不愿生活在现实当中,因为现实往往寂寞、平淡,我会借着隐形的翅膀带你一同遨游于天地间,一起憧憬未来。希望天上能掉馅饼,最好吃的一块我会送给你!"

"昨天"的话语如同落叶、秋光,"今天"虽然实在却少了些许浪漫,"明天"的甜言蜜语简直沁人心脾,而我则莫衷一是,于是抛出了第二个问题:

"那么,你们的理想是什么?"

"昨天"说:"我想当事后诸葛亮,飞回昨天,当一个真正的爱情军师。"

"明天"说:"我想当一个幻想家,幻想未来与你一起在辽阔的天空比翼双飞,这样的爱情是何等的浪漫!"

"今天"说:"我要当现在的拥有者,从我做起,从今天做起,抓住今天,从一点一滴做起,靠实际行动成就美好的人生。"

"今天"的踏实稳重也许才是真正的依靠,可"昨天"古典的气质竟这般迷人,"明天"梦幻的激情则摄人心魄。我思绪翻滚,再没问第三个问题,而是转身跑回房间里,惆怅地哽咽着:"我的翅膀究竟在哪里?谁才能圆我梦想?"

这时一个遥远的声音悠然飘来:"你应该慎重考虑,要飞翔必须要立足于现实。一直沉睡在过往,不可能飞出历史的桎梏;总是徜徉在未来,不可能飞得更稳……"

195

渐渐地，这声音消失在了天际。

　　我擦干眼泪，出门坚定地牵手"今天"，我找到了真正属于自己的翅膀，于是一脸春光，微笑流淌在嘴角。我懂了：只有那些求真务实、紧抓现在的人，才能创造未来真正的幸福，留给明天慰藉的回眸。

　　于是，"青春"与"今天"双双携手，飞往婚姻的殿堂……

　　**互评**：文章先将"青春的翅膀"化实为虚，通过一个假想的"比文"招亲擂台，通过"青春"出题来考验"昨天""今天"和"明天"的爱情观。难能可贵的是作者在虚拟的情节中还能化虚为实，将虚拟人物的语言、心理等刻画得活灵活现。全文"虚实结合"，别开生面。在择偶左右为难的关键时刻，作者巧用智者的箴言"要飞翔必须要立足于现实。一直沉睡在过往，不可能飞出历史的桎梏；总是徜徉在未来，不可能飞得更稳"一语惊醒梦中人，可谓力透纸背。而结尾处"只有那些求真务实、紧抓现在的人，才能创造未来真正的幸福，留给明天慰藉的回眸"的醒悟则一语千钧，哲理透辟。

## 第五节　丰富视角，多维生发

【写作要求】

　　棋如人生，窄窄的棋盘其实就是纷繁的社会，小小的棋子其实就是你、我、他；人生如棋，有了第一步，棋局便开始，人生便起步，根本不可逆转，攻守进退就是人生的每一个脚印。请以"棋语"为题，写一篇文章，文体不限。

【习作导航】

　　"棋语"，顾名思义由棋所引发的感悟。至于题目中的"棋"可以是各种棋。面对这样的题目，也许有学生会犯愁，因为不会下棋，其实大可不必。这样的题目，会下棋的当然好下笔；不会下棋的，但只要对棋略知一二，便可以大胆而自信地写作。会下棋的，可以实写下棋的过程与对弈的体验；只知皮毛的，可以化实为虚，由此及彼，由对棋的某一点感受引申开去，写生活体验与人生哲思。

　　如何围绕看似单调的"棋"能衍生出不同韵味的"语"呢？则需要从不同的视角切入。试着从不同的侧面立意，丰富多彩的"棋语"便思如泉涌。

　　1. 叙述角度不同。可以叙写对弈者的心理过程，可以叙述观棋者的感悟，还可以将棋子拟人化，站在棋子的角度进行叙述。

　　2. 对弈心态不同。可以把对弈的过程看成是兵不血刃的较量，没有刀光剑影，没有震天的呐喊，但是静静的过程便可能暗流涌动，杀气密布；对弈是一种心平气和的切磋，与其说是下棋倒不如说是借下棋来享受人生的乐趣，体验生活的情趣。

　　3. 着眼重心不同。着眼于过程，则每一步往往谋定而后动，招招慎重，做好过程，好的结果往往水到渠成；看重结果，往往患得患失，每走一步则虚汗直冒，一盘棋下来常常大汗淋漓,只看重结果,会感觉很累。

4. 攻守特性不同。有的注重进攻,哪怕损兵折将,哪怕后方空虚,还要架起高炮,催马扬鞭,纵横双车。轰轰烈烈,战亦快哉。有的注重防守,兵来将挡,水来土掩,纵然大兵压进,我自闲庭信步。有攻守兼备,处境艰难,则退避锋芒;一马平川,则大举进攻。时机未到,则静观其变;抓住机会,则一剑封喉。

5. 战局性质不同。有的开局不顺,经过艰苦鏖战,跨过遍野横尸迎来凯旋的号角;有的捷报频传,眼看胜利仅一步之遥,可功败垂成,铩羽而归;有的明知胜利无望还要坚持战斗,为了尊严节操,明知万劫不复,仍然选择死得轰轰烈烈;有的开始交战分外眼红,经过机关算尽,明争暗斗,终于"看破红尘",最终握手言和。

6. 对弈进程不同。有的"马作的卢飞快,弓作霹雳弦惊",一场激战之后便胜负分明,观此弈则如同行赏一部紧张激烈的战争大片;有的"山重水复疑无路",直到最后一刻方才"柳暗花明又一村"。观此弈则如同品味一部跌宕起伏的连续剧。

7. 虚实处理不同。可以实写棋子的命运和对弈的过程,还可以由棋蕴含的哲理引申到社会、人生,侧重刻画人生体验、社会百态。

**【教师下水】**

### 我是一个"兵"

李正浪

我是一个小兵,棋盘上最小的棋子。迎面是云气蒸腾的"楚河汉界",看似一道难以逾越的天堑,但是,我明白这根本无法阻挡双方的"战车""快马"和"火炮"。而大战前的平静正透着激战前刀光剑影般的丝丝寒意。

战鼓已擂起,号角已吹响。顿时硝烟四起,大战已经拉开帷幕。与我隔河对望的小卒虽然纹丝未动,但是凭着久经沙场的阅历,我断定,那崇山峻岭的背后一定是车马隆隆。

倏地,一辆"黑车"从左路杀将过来,而我方的红炮随即从我的身旁疾驰而过,只听见"嗖"的一声,便消失在滚滚硝烟之中,直冲敌方阵营。我无心再去眺望火炮的身影,随即便凝眸我的左路兄弟。"黑车"已经冲到他们中间。此时,我方主帅可能料定要有一个小兵命丧黄泉,干脆不再增援,只是给左路小兵先下达了向前冲的命令。而我的另一个兵兄弟只能束手就擒。于是,"黑车"毫无顾忌地从他的身上碾过,我噙着泪水,实在不忍目睹那惨烈的一幕。"黑车"呼啸而过,我那苦命的兵兄弟没有发出一点求救的呻吟,就这样安静而壮烈地离开了。

可能敌方首领正为我的兵兄弟命丧轮下而沾沾自喜,竟不料,我方的多员战将已经横跨"楚河汉界",杀入敌阵。"进攻就是最好的防守",说得一点也不错,顿时,敌方将领见势不妙,赶紧召回在我方正肆意妄为的两员主力。我方阵地顿时烟尘散尽,又恢复了往日的平静,只留下我几位战友的尸体,路边断壁残垣随处可见,空气中依然弥漫着浓浓的焦炭味。主帅听着我方损兵折将的噩耗,根本已无暇顾及依然在敌阵中左攻右突的将士。可战场瞬息万变,由于主帅没有派兵乘胜追击,倒使得敌军对我方几员主力形成围剿之势。转瞬间,我方的一炮、一马也相继牺牲。顿时,战局又进入了焦灼阶段。

此时,主帅如梦方醒,重整旗鼓,摆好阵势,做好防守,然后相继派出了我和另外两员战将。经过一番鏖战,我们前进的道路也开阔了许多,加之,敌军都把主力军用来对付我身边的两员战将了,根本也没有把我放在眼里。可距离敌人的老巢愈近,身边的危险则愈多,可我还是咬紧牙关,拖着疲惫的脚步,蹒跚地走着。想想,我的几个兵兄弟,现在只剩下一个我,一定要争口气生擒敌方首领,以祭奠他们的在天之灵。前面一匹高傲的"黑马"正在仰头长嘶,它没有发现我,抑或根本没有在意我的存在。如果不是别腿,我方的火炮肯定会被他掀翻。说时迟那时快,我上前一步,便将其挑落。没有半点欣喜,也不能有半点怠慢,我立马又风尘仆仆地赶往敌营深处。

由于主帅调度有方,一段时间的混乱战局终于又渐趋明朗。眼看敌人纷纷损兵折将,而我和几位战友则乘胜追击,捷报频传,现在已经直捣黄龙,敌方从没有出过宫墙的士兵被一一拿下。红炮弹药已上膛,敌方首领只得在九宫里左闪右躲,全然没有了以前的淫威。任凭他极力呼救"救驾",可仅剩的几员战将已经伤痕累累,也无法冲入我方的包围圈来援救。远处的"红车"也赶了过来,而我也勇敢地站到了敌营的宫墙边。苟延残喘的敌方首领在我方的车马围逼下,不慎落入我的阵地,于是,我便一步上前,生擒敌寇。

我是一个兵,一个不起眼的小兵。我没有因卑微的出身而自惭形秽,靠着熊熊燃烧的梦想火焰,眼睁睁地看着一个个兄弟倒下,我执着地走了下去。这血雨腥风、刀光剑影其实就是人生路上的坎坷,我无法控制变幻莫测的棋局,也无法左右自己生命的长短,唯一能做的就是在纷纷扰扰的世事中去把握自我,燃烧自我,最后成就自我。

**【下水感言】**

我将对弈虚拟成了一场古代战争,采用拟人化的口吻,从棋盘上一个小"兵"的角度叙写了自己的战斗成长的心路历程,演绎了"麻雀也能变凤凰"的命运奇迹,而嬗变的关键是自信自强,切不可自惭形秽。文章还通过以点带面,站在一个棋子的视角,描写了整个棋盘上的风云变幻,刻画了对阵双方刀风剑雨的混战。揭示了封建社会战争的本质:"一战成名白骨枯"。强强对抗,最终的胜者往往只有一个,而真正的失败者往往是在断瓦残垣边哭泣的百姓,是那些忠心事主、勇往直前而惨死在车马下的无名兵卒。

**【佳作展示1】**

## 棋　语

徐勇武

棋逢对手,将遇良才。棋的天地,是狭小的,在这方方的阵容里,不过是那三十二子的对弈搏杀,总也走不出那九竖十横的框约。棋的天地是博大的,就在这小小的战场,这些不同角色的棋子,演绎着世间的风云变幻与竞争的刀锋剑影。

### 卒

王的帐下,载歌载舞,他依旧用坚忍的目光,扫视眼前的一切,保卫着王的故土。为王,他奉献一生,勇往直前,从不退缩,不给自己留后路。即使到了生死关头,也从不畏惧后退。他是王生命中最执着的勇气,当面对阻碍的时候,想到的也只是坚持和忍耐,决不后退。

淌过楚河,越过汉界,经历重重历练,唤醒了一生的美丽,承载着一个国家的筋骨,承载着一个国家的祈愿,他一直朝前,消灭眼前的一切障碍。于是,"小卒过河赛如车"成了一段千古不朽的神话。

### 仕

一粒棋子的名,或许可以断断续续绵延千年,而那名所代表的棋子,却在历史率性的演进中,忽大忽小,忽冷忽热,忽明忽暗,直至消亡。

他,紧贴王的身边,忠心不二地保卫着王,绝不越出九宫,只能看见他的行踪,绝不暴露王的秘密。

他暗藏内敛的智慧与谋略,演绎着对王的真诚。

战争的硝烟弥漫着一切,苦涩的双眸,难以看到战争的残酷,狭隘的目光,无法读懂王的内心。历史的风沙,淹没了黄尘古道,他依旧在无尽地付出。斜行天下,舍我其谁,有着天地间的一股浩然正气。

### 相

王在宫内,守仕有责;外围防御,相则毅然担当。他盘旋在王的身边,保卫着九宫的安宁。

他是一种信念,一种原则,决不妥协,决不出格,任何时候都不可以乱步,只是按照固定的方阵去执行每一个任务。

他踩踏着无边的落木,迎向袭袭的秋风,提一杆战时的长枪,燃一起冲锋的狼烟。即使风霜雨雪,也无法撼动他的雄心壮志。

威风凛凛,他大摆棋阵,战场上,他依旧潇洒,迅疾的身影,模糊了敌军的想象,护卫着王的每一寸土地。

他是一个忠诚的符号,千年间,他幻化成蝶,依旧在时光中飞翔。

### 炮

他,没有思念,没有牵挂,卸掉一身彷徨,击碎一切沉重的负荷。

他磨砺、隐忍、决绝,直至蜕变成一方圆筒,凌厉地划破历史沉穆的面颊。

他高擎着生命火炬,庄严地燃烧,如追赶太阳步伐的夸父。不断前进,壮烈地轰鸣,伴着隆隆的炮声和硝烟。因为坚毅,因为勇敢,他能拨开迷蒙的浓雾,垒筑起城堡的突兀,保卫王的故土,守护王的家园,成为王的左右护卫者,为王征战天下。

战争的硝烟刮起了尘世的喧嚣,他风尘仆仆,只为抵达一种生命的高度。他融入了王的禀性与血质。他化作不朽的历史与经典的现实,成就一种伟大的力量,给人们无限的顿悟。

马

辗转腾挪，委曲迂回。与车同行，越发矫健。

王的营地，战火汹涌。马嘶，绵绵像流水，灌溉生命的绿洲，润泽精神的家园。马啸，如狂风暴雨，卷起满天狂沙，折断敌手战旗。

他瞻前顾后，小心翼翼，静聆风吹草动。王的道路，从来不是直的。他沉着冷静，察言观色，时进时退，亦攻亦守。他，健如猛虎，矫若游龙，铁蹄踏破一路荆棘，卷起滚滚尘土，迈向前方的路。

他哼着古老的歌谣，千年不变，一路风风雨雨，悲欢重叠。留下千古流传的神话，任后人品味评说。

车

横冲直撞，勇往直前。与马同行，更加勇猛。

他，骁勇、果断、直截，但有时又不得不为战争付出代价，就如"弃车保帅"，平时，他为王奋勇杀敌，危难时刻，又心甘情愿地牺牲自己。他，为王征战天下，同时又时刻保护着王。他勇猛地驰骋沙场，却又留下一个个感人的故事。

热热闹闹地出征，天空下，雁南飞，蝶轻舞，车行马嘶虫鸣，相印成一幅雄壮的画面，卷进千年历史，汇入亘古的河流。

其实，人生得失不定，犹如棋势，世事人生一盘棋。人生如棋，是进是退，或攻或守，也许胜利只在一线之间。在这棋一样的社会里，我们又扮演着哪种角色呢？有人羡慕将帅的威仪，但一生追逐在名利的路上，又何曾摆脱那小卒的命运！生命中，自己可能永远都无法成为高枕无忧的"将帅"，抑或是勤恳的"兵卒"、奔驰的"骏马"，抑或是不停转动的"战车"、鞠躬尽瘁的"仕相"。永远在战斗，永远在路上，这就是我们的生活。人生如棋局，我们必须珍惜每一次机会，走好人生的每一步，走出无悔人生！

**互评**：作者将棋盘上棋子的个性刻画得淋漓尽致，显得韵味十足，并且透射出真实而耐人寻味的人性气息。勤恳的"兵卒"、奔驰的"骏马"、转动的"战车"、鞠躬尽瘁的"仕相"，他们各尽其职，各展其能，都书写着精彩的自我。正如作者所说："生命中，自己可能永远都无法成为高枕无忧的'将帅'"，的确，"在路上"是我们生活的永恒，生命的本真。这样的哲理阐释，形象深刻，颇有见地。

【佳作展示2】

棋 韵
季 凯

夕阳西沉，古榕树下，两位暮年老者在闲情对弈。路过时，我总会静静地伫立在棋桌边观看老人在棋海中尽情徜徉。一块石板棋盘，32枚油光锃亮的棋子，两张小凳当雅座，古朴的紫砂茶壶嘴上则水雾袅袅。

清风徐徐，还伴着淡淡的榕花的幽香，似乎两位老者并不怎么在乎对弈的结

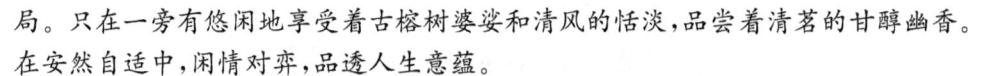

## 第九章 合心：以"温暖教育"观落实师生的同台写作

局。只在一旁有悠闲地享受着古榕树婆娑和清风的恬淡，品尝着清茗的甘醇幽香。在安然自适中，闲情对弈，品透人生意蕴。

这样的场景一次又一次呈现在眼前。渐渐地，我感觉老者对弈原来在意的并不是搏杀，而是慢慢体会切磋的过程，静静享受举棋投子的优雅，体味点点清风、缕缕斜阳，还有这一盘棋所营造的自然清新与温馨和谐。不去追逐，不去打破。两局弈罢，壶中绿茶将近，夕阳刚要落山。于是，两位老者一手提着茶壶，一手拎着矮凳，扬着寿眉，猫着腰，晃晃悠悠地踱着各自回家，临别还约好："咱明天再斗！"其实，与其说是"斗棋"，还不如说是"赏棋"。

所谓"一招不慎满盘皆输"，有的人将之奉为圣经，时时记心上，事事总提防。也有人将一盘棋的失利看成一幕悲剧，烙在心灵深处，久久不能释怀。真是"一朝被蛇咬，十年怕井绳"。这种人对弈往往心思缜密，步步为营，每一次落子，每一次攻守都慎之又慎，生怕走出昏招。其实，品得棋味，对弈者需慢慢下才下得快、下得好，杀气腾腾，过程匆匆，则棋味全无。好棋要慢慢下，生命风景要细细品味，生活韵味更需要慢慢体悟。不要急于求胜，慢下来，不在乎对垒的结果，在乎的是对弈过程的乐趣、在乎的是与对手心灵的交流。同样，也不要急于走完人生之路，不要给自己曾经一时的鲁莽大意而留下任何遗憾。慢下来，闲庭信步；慢下来，候机而动，该出手时则出手。

细细品味，棋韵隐隐约约，若无是有。这窄窄的棋盘俨然就是一段人生演义，一曲生命的赞歌。人生纷纷扰扰，在喧嚣的肤浅中匆匆而过，这样的过程，粗糙而又乏味。心平气和，从容淡定，慢下脚步，极目远方，原来世间竟有永远也把玩不够的醉人风景。人生本该丰富多彩，浪漫雅致，何必斤斤计较，愁眉难展。

人生如棋，棋只有红黑两色，一尺见方。卑微的棋子、渺小的棋盘恰如同样卑微渺小的人。说长，几十年而已；说短，仅仅是历史长河的一瞬。如果我们以更卑微的心态去对待渺小的人生，那么，我们这一生注定庸俗而无聊。而唯有将自己独特的人生体验延展、拓展，从容面对得失成败，坦然应对风云变幻，潜下心来充实，静下心来咀嚼，方能体悟人生的乐趣。慢下来，欣赏天上的云，地下的水；静下来，嗅嗅迎面的风，路边的野花，抑或是回馈路人一个微笑，将我们黑白底片的人生装扮得多姿多彩。

又一阵清风将我唤醒，只见看那两位暮年老者还在对弈，棋盘上只落下了寥寥几粒棋子。古榕树婆娑依旧，绿茶早已品尽，余下的只是淡淡的馨香，透着淡淡的棋味，和着清风，飘向远方。

**互评：**同样的对弈，不同气质的对手会下出不同境界的棋局。仅仅把对弈当作是战斗的人会杀气腾腾，患得患失，这样的对弈其实就是心灵的绞杀，毫无诗意与棋韵；宠辱皆忘、海纳百川之人则会闲庭信步，徜徉其间。简单的对弈，作者竟能从中读出人生真谛和生命的风景，难能可贵。身处纷纷扰扰的世间，我们确实需要洗尽内心的尘杂；短暂的人生，真的应该好好地体味生命的多彩。

## 第六节 斟酌领域,选例鲜活

【写作要求】

阅读下面材料,按要求作文。

有一家大型书店,每年都会丢失很多图书,这让老板很苦恼。他会把丢失的图书名称及数量都记好,归纳成一个表格,悬挂在书店里,以提醒员工要特别注意。某天,一个出版社的负责人来到这家书店,驻足于那表格下,猛然一道灵光闪过,顿时兴奋不已。后来,在一次世界性的书展上,这家出版社打出了不一样的宣传牌,他们展示了一份"被偷窃次数最多的十大书籍"名单。

这份名单马上抓住了书商的眼球,被偷窃得越多,不正说明这本书越火吗?他们纷纷订了大量的货,无疑这家出版社成了书展上的大赢家。

请根据上面这则材料的理解和体会,选准角度,写一篇议论文。

【写作导航】

这则材料的立意一般有两个途径,一是要辩证地看待困难或危机,正所谓"福兮祸所伏,祸兮福所倚",换一种角度,危机很可能就是生机。二是着眼于巧妙的表达。同样的商品,不同的宣传创意,其效果往往截然不同,由此引申到生活中,可写的领域还是很宽的。

谈起议论文写作,许多学生往往提不起兴趣。因为在一般人眼里,议论文往往成了枯燥、空洞的代名词。再看看平时高中生写的议论文,多数议论文往往注重道理论证的逻辑性,讲究文章分论点的安排与布置。所举的事例往往涉及天南海北、古今中外,可谓琳琅满目,极为丰富。但是,所阐述的道理不免有些空洞,论证的推进已变成机械动作,那些丰富的事例往往离我们较远,难以激发读者的共鸣,难以打动人心。这些形式上的佳作往往缺少生活的底蕴,缺乏了我们身边的可亲可感的生活事例。其实,议论文完全可以走生活路线,投射浓浓的生活韵味。

那么,如何使议论文写出生活味呢? 关键需要把握以下三点。

一是斟酌论证领域,选取鲜活事例。高中议论文的训练往往具有一定的思辨难度和剖析深度,但是这种思辨和剖析一般都可以建立在对自己生活的认识和体悟的基础上。高中生对社会的认识正逐步拓展,但是他们与社会的接触仍然相对较少,对社会本质的理解往往还不够深入,然而,他们对人生的感悟正趋向于深入,对身边一定范围圈子内的社会现象的剖析渐趋深刻。现实中,做海阔天空、大气恢宏的大议论文对于多数同学来说显得不切实际,但是列举生活化的事例,抒发生活化的感悟,阐述生活化的道理往往是许多高中生的强项。但是,在高考作文中真正走生活化路线,写通俗议论文的少之又少,哲理性、生活味兼具的议论文更是凤毛麟角,这其中缺少的往往不是能力而是意识。真理往往是最朴素的,常常朴素到与我们看似平凡的生活和熟悉的社会都有着千丝万缕的微妙联系。而如果能对我们所熟稔的生活素材进行理性的提炼,将抽象的哲理演化成感性而真实的生活事例,写出的议论文将别开生面,读来让人眼前一亮,倍感亲切。

二是把握文体特征,优化论证结构。文体特征鲜明,是写作的基本要求,也是高考作文的重要评分标准。生活化的议论文可以为议论文写作开辟一条阳光通道,但是,写作时,如果处理不慎,随性表达,很可能写成"四不像"文章,最终被打入"冷宫"。那么,如何做到不偏题呢?首先,注意列举的生活事例要简练,切不可像记叙文一样进行情节的详细表述和情景的细节描写;其次,论证的思路要清晰,结构要合理,文章分论点可以并列式显性排列,也可以逐层深入有机呈现,但必须体现论证的逻辑性和生活的自然色彩,做到理性气质与生活气息兼容,规范与灵动兼具。

【教师下水】

## 转 机

李正浪

"危机"与"机遇"之间往往只有一线之隔。关键要有慧眼识"机",才能出现转机。图书被盗如此,人生亦然。

"危机"总有其必然性。所谓"月有阴晴圆缺",在一个人成长的过程中,不可能总是事事如意。年少时光,天真烂漫,却总会受到老师和家长的管束;走向社会,有了工作,成家生子,却发现没有了往日的自由;儿女成家立业,自己正想喘口气,却发现镜子里面的形象已经苍颜白发。人的一生总会与这些"危机"相随,挥之不去,抛之又来。

人生历程如此,每天,我们也会遇到无法预料的不测。一夜好梦可能会被早晨漫天的阴雨搅得愁眉难展;工作的热情可能会被同事的一句误解和一句批评浇灭;回到家中面对爱人做的一桌好菜,郁闷的心情稍稍得到慰藉,却又可能为汤里的盐放多了而使美餐一顿的兴致全无。"危机四伏"果不其然。

里希特曾说:"苦难有如乌云,远望去但见墨黑一片,然而身临其下时不过是灰色而已。"面对时时处处都可能萦绕着自己的"危机",我们不能总是愁眉以对。人的一生说漫长,几十年而已;说短暂,仅仅是历史长河的一瞬。短暂而美妙的生命需要我们呵护,更需要我们用健康的心态去经营,去享受。

变一个视角,换一种心情,"危机"很可能就是"机遇",而此时,"转机"便隐隐若现,渐渐清晰。儿时,家长的管束限制了我们的一些自由。行路时,母亲的搀扶却让我们避免了路途的危险,与邻家玩伴争吵时,父亲的责备却让我们更懂得了尊重和宽容。成家立业之后,不再有来去如风的随意,但纷纷扰扰的工作却使我们变得充实,叮当作响的锅碗瓢盆、唠唠叨叨的家长里短,其实就是家的温馨,家的温暖,而一旦没有了这些平常熟悉却不曾在意的家庭协奏曲,我们的心灵便失去了依靠。在尘世奔波了大半辈子,于是便向往清闲,但自己已老。但面对绕膝的孙孩,说说自己传奇的人生,讲讲世间美妙的故事,何尝不是一种享受。华灯初上,挽着老伴的手,逛逛街,在两人曾经情意绵绵的树下小憩,何尝不是一种甜蜜。

面对早晨的阴雨,只要心底是一片阳光,绵绵的阴雨便会变得诗意浪漫。同事的误解,自己可以用真心去辩白,可以用时间来见证,一场误会也许就是更亲密友谊的开始。领导责难,表明我们的工作还不够到位,此时埋下头,认真检索,勤奋努力,换来的往往便是领导信赖的目光。爱人在汤里少放了盐,可以用一句"就是汤里少放了盐,我喝起来也觉得是享受"来换回自己的好心情,换来爱人久久的感动。

说起王宝强,可谓妇孺皆知,现在他已经成为炙手可热的大明星了,可想当初他不过是一名普通的农民工而已。个头不高,长相憨厚,文化一般。在许多人眼里这个小伙子肯定平淡一生,可就是这样一个普通的小伙靠着倔强的个性和本色的表演,硬是在帅哥、才子如云的影视圈闯出一片新天地。原来这平凡的条件竟可以化作独特的优势。

在人生的"危机"面前一味地怨天尤人,最终只会自寻烦恼,使自己身心疲惫,对前途心灰意冷,对周围的人心怀怨恨,甚至觉得命运不公,社会冷漠。殊不知这是我们自己的心灵黯淡,是我们的思维僵化。在坎坷面前,我们应该给心情一个快乐的理由,让思维转个弯,原来阳光大道就在拐角处。"危机"和"机遇"是一对孪生兄弟,懂得嬗变才会有"转机"。

**【下水感言】**

此作将视角定格到人生的角度,侧重从生命历程和生命体验的层面去做有限的论述和阐释。通过生活化的事例的列举印证,所论证的道理就变得感性而亲切。随着论证的演进,列举的生活化的事例还注意了前后的照应,逐步进行深入剖析,这样使得论证不至于落入散乱和肤浅的窠臼。为了弥补前面生活化事例的不足,进一步增强论点的说服力,在文章的后一部分,作者选用普通而有典型的人物"王宝强"来印证论点,用他的成长历程充分论证"平凡"也可以创造"奇迹"的真理。

**【习作初稿】**

## 创意是金

### 顾海东

将"销售排行榜"替换成"被盗排行榜",图书的销量竟然起了翻天覆地的变化。这其实就是成功的创意。创意是金。

创意,在《现代汉语词典》中的解释有"创造性的想法,构思等"。21世纪是创意繁荣的时代,20世纪后期,发达国家已把制造业视为低层次、低效益产业,而向发展中国家转移。他们开始意识到创意产业的重要性,着力推动创意产业的迅速发展。开始重视产业多元化发展,并将目光投向具有低消耗、高利润、高附加值的文化产业上。

中国经济发展到"十一五"阶段,中国的制造业发展已经差不多到了极致,接下来的发展就是要从制造提升到创造,经济的下一个增长极,出路只有一条,就是自主创新。而创新离不开创意,自主创新从技术上讲是创新,与文化结合就是创意。全世界创意经济,现在每天都在创造220亿美元的产值,目前创意产业已经是所有产业中增长最快的产业。目前,一般发达国家文化产业或文化创意产业(不包括旅游和软件)的产值在GDP中所占的比重约为6%～12%,而我国目前是3%上下,相比之下,我国创意产业的发展空间很大。

只有实现从保守发展向创意发展的战略转变,才能实现中国经济、文化以及社会各个方面的超常规跨越式发展。而且,要将富有创意的产业环境和富有创意的生活氛围融为一体,使人们既能创造性地工作,又能创造性地生活,让创新不仅成为人们的一种生存方式,而且成为人们的一种生活态度。

中华民族自古以来不乏创意的灵感。比如,"四大发明"曾经对中国古代的政治、经济、文化的发展产生了巨大的推动作用,并且这些发明经由各种途径传至西方,对世界文明发展史也产生了很大的影响。古代中国在天文、地理、数学等诸多领域极富创意的成就,至今仍然产生着深远的影响。但是,到了近现代,许多国人"创意"的灵感似乎被淹没了,创意产业与发达国家的差距在急剧拉大。

想当初,茅台酒曾经与苏格兰威士忌、法国干邑白兰地齐名,同属世界"蒸馏名酒"的三大王牌。茅台古镇,早在公元前135年前后,就酿出了令汉武帝淌口水的"枸酱酒",那便是"酱香型"茅台酒的前身。1915年,在国际巴拿马博览会上,茅台酒"一摔成名",被评为世界名酒之一。喜剧的结局却掩饰不了茅台酒营销创意的不足。

当然,当代中国创意产业的相对滞后与应试教育不无关系。中国的学校教育往往对学生的"好奇心"没有给予充分的培养与呵护,长此以往,学生的创新意识缺乏,创新能力不足。这样的一批批学生走上社会,成为现代化建设的中坚力量,结果致使中国创意产业的落后便不足为奇了。

"创意是金",一个创意可能仅仅由于思维角度转个弯,一个民族"创新灵魂"的生生不息需要全社会来共同关注,共同呵护。

**互评**:本文以"创意是金"作为文题,同时作为中心论点,切合材料要求,审题准确,视角独特,立意精巧。文章第一段由材料自然引出了中心论点,简洁有力。具体论证从创意的内涵,当今意创意产业的发展,中外创意创业的对比,我国古代创意事业的蓬勃发展以及近现代我国创意产业的相对落后等多个维度进行逐层深入的论证,文章论证的逻辑结构清晰而富有条理。

当然,文章的欠缺也非常明显,那就是选择的领域是中学生了解还不够全面,理解还不够深入的"创意产业"。这一领域的专业性很强,这一问题也比较复杂,远非1000字左右的文章所能论证周全的,因而,选择的范围可以跟中学生的生活更贴近些,这样论证时可以更好地进行把握驾驭。在从事实论证的角度看,文章所举的事例虽然通俗,但比较陈旧空洞,缺乏生活气息,论证的感染力还不够。

【升格习作】

## "北京烤鸭"PK"肯德基"

刘德基

　　将"销售排行榜"替换成"被盗排行榜",图书的销量竟然起了翻天覆地的变化。这不禁使人联想到"北京烤鸭"与"肯德基"。"北京烤鸭"发端于1864年,"肯德基"出名几乎比"北京烤鸭"要晚一个世纪。国人对于正宗的"北京烤鸭"往往只是听说而已;而在世界的各个角落,我们都会常常看到一个老人的笑脸,花白的胡须,白色的西装,黑色的眼睛,永远都是这个打扮、这个笑容,恐怕这是世界上最著名、最昂贵的笑容了,因为这个和蔼可亲的老人就是著名快餐连锁店"肯德基"的招牌和标志——哈兰·山德士。

　　如今,吃过正宗北京"全聚德"烤鸭的人甚少,而哈兰·山德士的笑容已经征服了世界,"肯德基"诱人的芳香已经征服了亿万国人。同样是家禽,"国鸭"与"洋鸡"的战役,后者大胜,不是在质量上,而是在经营理念上完胜。

　　曾经闹得沸沸扬扬的制作"肯德基"的"变态鸡"风波仍未平息,但是"肯德基"的生意似乎也未受多大影响。一方面,可能国人已经习惯于"苏丹红鸭蛋""毒奶粉""避孕鱼"等食品安全事件了;另一方面,传闻并没有得到官方确认,大家对哈兰·山德士的"笑容"并没有失去信心。买"肯德基"汉堡的队伍依然是排着长龙,三五围坐的食客依然吃得津津有味。

　　其实,"北京烤鸭"的原料鸭、"肯德基"的原料鸡都是通过精饲料速成的品种,而"肯德基"的原料成本更低。正宗的"全聚德"烤鸭通过专卖店批发相对便宜,但也要近200元。如此昂贵的价格要想实现大众消费,难上加难。但是"肯德基"将整鸡进行分解,鸡翅、鸡腿、鸡脯分开卖,变着花样卖。折合算来,一只鸡挣的钱绝不亚于一只高昂的"北京烤鸭"。如果搞个美食比赛,"北京烤鸭"也许并不逊于"肯德基"。但是,"肯德基"已经雄霸天下,而正宗的"全聚德"烤鸭,只能成为少数人的奢侈美食,北京老百姓偶尔会尝一尝,外地到北京的普通游客常常"闻而却步"。

　　再则,"肯德基"连锁经营标准严格而规范。统一的质量标准、轻松的餐饮氛围、亲和的服务态度等往往总让食客们流连忘返,有空常来。国人也有不信邪的,也学着"肯德基"卖起了廉价的炸鸡翅、炸鸡腿,可这生意一般都是差强人意,临近肯德基店的生意几乎没受多大影响,原因就在于"肯德基"的餐饮营销创意往往是冒牌者难以企及的。而多如牛毛的低档烤鸭店则将"全聚德"烤鸭挤出小城市的市场,一只廉价烤鸭10块钱左右,甚至不及"肯德基"一只鸡腿的价钱,"跳楼价"的所谓"北京烤鸭"已飞入了寻常百姓家。"全聚德"烤鸭也只能缩至一隅,活生生地看着那些"贫贱"的鸭兄弟抢走了自己的地盘,眼睁睁地看着"肯德基"高唱凯歌。

　　整只昂贵的正宗"北京烤鸭"常常让人"想说爱你不容易",但"肯德基"单只鸡翅或者鸡腿的价格,老百姓还是能承受的。精明的老外通过"化整为零",加之完善的整套服务和灵活的营销网络,让一个个平常百姓前赴后继地纷纷掏出腰包,享受美食。于是"肯德基"雄霸世界,大小城市通吃,甚至打入农村市场。而"全聚德"烤鸭只有"白领"才有能力正常消费,平常百姓往往只能贪享其味而已。

现在,"肯德基"已经逐步发展外卖业务,然而保守的"全聚德"烤鸭似乎真的被烤晕了,依然缺乏极富创意的营销策略。

说到底,"肯德基"成功营销的一个重要理念便是"亲民",从大众的需要出发;与此同时,让大伙乖乖掏钱,最终将不起眼的鸡仔演化为神奇的餐饮帝国。

正宗"北京烤鸭"总是"高高在上","肯德基"则"全面渗透",于是这场"PK","洋鸡"大胜"国鸭"并不意外。

**自评:**老师对我的作文初稿"创意是金"的立意赞赏有加,但认为我论证的领域距离我们的生活相对较远,而且列举的事例也较为空洞陈旧。中肯的评语令我茅塞顿开,老师的"下水作"更令我深受启发。对此,我做了深入的反思,确实,我们身边有很多现象和问题值得去关注,生活中也不乏这样的鲜活事例。于是,我便着眼于周围近距离的生活进行搜寻、思索和加工,最终确立了"'北京烤鸭'PK'肯德基'"的文题,用我们身边熟悉的现象、亲近的事例进行逐层深入论证,论证的语言尽量避免干瘪、空洞,力求理性与感性兼具,充分洋溢浓浓的生活气息,"围绕小生活,写好大文章"。

## 第七节　哲理散文,并非高冷

**【文题设计】**

青春,本身就是一首诗,有诗的岁月,便是流逝的不会再来的青春季节!青春的历程既短又长,短的是十年八年就跨越了花季年华;长的是,那段历程,足够自己品味一生。与其在青春流逝之后才去伤怀,倒不如在拥有青春之时便学会用心感受,用心领悟。请以"青春感悟"为话题写一篇哲理散文。

**【写作导航】**

拥有青春年华的中学生对青春的记忆是鲜活清晰的。因而,围绕"青春感悟"写作文,学生应该是有话可说的。多彩的青春藏有丰富的记忆和深刻的感悟。而要将其写成哲理散文,则要下一番功夫进行体味和提炼。

"悄悄推开哲理散文写作之窗",首先需要明确什么是哲理散文。简言之,哲理散文是在形象地描写和灵性地刻画中展现感悟的参透、思想的火花、理念的凝聚和睿智的结晶的。高明的作者,善于抓住哲理闪光的瞬间,形诸笔墨,写就内涵丰厚、耐人寻味的美文。写哲理散文要注意把握两点。

一是善于运用联想。要进行自然巧妙地联想,关键要找准联想点。我们在生活中,随时随地会产生联想,比如,相关联想、因果联想、相似联想、对比联想、相近联想。这种联系不是抽象的,而是具体的;不是机械的,而是灵性的。

二是善于感悟思考。生活并不缺乏美,也不缺乏哲理,关键是要用心感悟思考,从而产生情理兼具的体验与认识。对生活的哲思可以是方方面面的:身边小事、社会、人生、成长的感悟、某种感情的体验等。感受生活,把感受的生活付诸文字;思考人生,在感性体验的基础上投射哲理的光辉。

以下为哲理散文较常见的写法。

1. 以浅透深。看似高深的哲理往往都跟我们身边朴素而鲜活的生活有着密不可分的联系。在阐释道理时,摘取日常生活情景入文,可以通过身边场景的亲近气息来化解哲理的深奥。如季羡林先生写的《时间》,乍看题目,往往令人敬而远之。然而,季先生开篇就来拉家常,由座钟的跳动,想到心脏的跳动,再想到时间的流逝。以眼前情景切入,瞬间消除了读者的畏惧心理。在论及"生与死也属于时间范畴"时,季先生并不故作高深,而是把视角转到眼前景,以窗根底下事物的细微变化来说明"生"与"死"不是对立的概念,万物都是"方生方死",在生长"一点点"的过程中,也向死亡靠近了一点点。如此论理,变虚空高深为可见易感,情理兼具,极为耐读。

2. 即物兴感。即在对事物的观照中寄寓深刻的人生哲理。如刘禹锡的《酬乐天扬州初逢席上见赠》,作者从通过"沉舟侧畔千帆过,病树前头万木春"的现象阐释了"新陈代谢"的哲理,并以乐观豁达的心态泰然面对自己的失意和后来者的升迁,全诗蕴含了丰富的人生哲理。

3. 缘事成理。即把道理放在具体事件中去展现,因事透理,逐步推进。这一写法,避免空洞说教,而是由实到虚。如林清玄的《黄昏的沙堡》,写一群孩子在海滩堆沙堡,因保护自己的城堡而起争执,由争执而毁坏别人的沙堡。最后潮来了,"在生命的界线中创建的许多城堡,看来真实,却是虚幻,只有平静的海滩才是开阔而永恒的存在"。这里的"堆沙堡"已不是简单的儿童游戏,而是深沉的成人童话,从而折射出余音绕梁的哲理韵味。

【教师下水】

## 当偶像已老

李正浪

偶像是我灵魂的图腾。偶像的飒爽英姿、出众才华和人格魅力在我初涉人世之时,便以锐不可当之势在心灵高地筑起了丰碑,这丰碑伴随着冉冉光阴越发闪耀巍峨。初出茅庐,我一路向前,因为有你指引;手捧鲜花,我潸然泪下,因为靠你更近;折戟铩羽,我咬紧牙关,因为梦中有你。开心时,会浮现你标志性的笑容,和你遥相叙旧;忧伤时,会沉浸在你褴褛般的歌声里,同你一起徜徉。仰望你的尊荣,我顶礼膜拜;感染你的气韵,我魂牵梦萦。

穿梭在茫茫人海,奔命于滚滚红尘,当偶像已老,当"白发""皱纹"驱走了偶像面庞的"青春"与"润泽",我心底不免一阵阵泛酸。这一切的变化仿佛就在一夜之

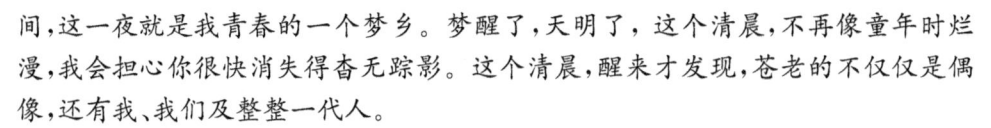

间,这一夜就是我青春的一个梦乡。梦醒了,天明了,这个清晨,不再像童年时烂漫,我会担心你很快消失得杳无踪影。这个清晨,醒来才发现,苍老的不仅仅是偶像,还有我、我们及整整一代人。

时光如风,轻轻拂来便悄然而逝,回首翘望,唯见远方的树影在挥动。当风流倜傥的余秋雨已变成"青歌赛"评委席上一脸沧桑的老头,当青春靓丽的毕淑敏已变成"破解幸福密码"讲坛上两鬓斑白的老妪,当叱咤风云的李连杰紧握"金像奖"奖杯时露出一脸的皱褶,我明白,偶像已青春不再,而我青春的梦仍在燃烧,只是多了几分凝重,少了几许浪漫。时光在偶像容颜上烙下的深印也在我身上复制。偶像们经历了春的烂漫、夏的火热,现在正经历着秋的丰硕和冬的安详,而我仍然是行色匆匆、行囊空空的行者。

还有一些偶像,在记忆中依然是那样青春亮丽,但他们却已经久别人世。胡可心,科学界的骄子,他仅走完了 38 个春秋便溘然仙逝;邓丽君,多么亲切的身影,多么妩媚的笑容,然而她已经离开我们 20 多年了。这一个个在本是生命力、创造力最旺盛的年华便匆匆离去,不能不说是悲剧。

衰老、疾病甚至死亡,这是自然常理,也是生灵新陈代谢的不二法则,谁都无法逃避,只不过出现在偶像的身上,会令人倍感时光易逝,岁月无情。当偶像已老,不必因不老传说的破灭而选择颓废,而要擦亮惺忪的睡眼,逐渐走出人生的童话,以更加坚实的步伐去踏上人生后半程。这以后的路,已没有挥霍光阴的资本,更没有多少心无旁骛的闲暇,少了几分浪漫,却多了些许充实。

在洗去幻想的铅华,渐渐走出失落的阴影之后,我在俯首做些事,此刻无意一瞥,身边竟有一些羡慕的眼神在注视着我——有我的孩子、我的学生、我的小同事。这么多年,我的视野中只有偶像的丰碑,却忽略了他们,而现在他们注视我的眼神正如我当年注目偶像的影子。原来,在追逐偶像的征途中,我也可以成为偶像。于是,我们愁眉舒展,青春焕发。前行的步履更加稳健、更加有力,举手投足间更加明媚、更加高雅,一派偶像风范。似乎,此时,我也破解了"幸福的密码",追逐偶像是一种幸福,成为偶像则是一种更甜蜜的幸福。再见,已经老去的偶像;庆幸,我们又成为偶像;希冀,偶像之梦常在。

**【下水感言】**

本文前半部分重点描写了对偶像的崇拜,说白了就是"追星"。就这一点而言,很能激发学生的共鸣。其中,对偶像崇拜的心理刻画可谓细致入微,对偶像所产生的巨大引领作用的描写更是入木三分。偶像变老,甚至一一离开人世,不免令人落寞、伤感,这些挥之不去的惆怅会随着时光的酝酿而越发变得稠浓。可喜的是老师在追逐偶像的过程中也在历练自我。终于,我也渐渐成了众人的偶像(包括我们)。心中的偶像渐渐老去是令人伤怀的,但这是自然规律,而被人崇拜则是幸福的、甜蜜的。在人生历程中只有真正实现了这样的嬗变才不枉此生。

【习作初稿】

## 一种博弈

倪 艳

夜深人静,月色朦胧的柔光悄悄钻进微开的窗帘,手捧一本杂志,上面的文字渐渐模糊。恍惚间,我发现自己正站在舞台的一角,舞台上迷离的灯光不停地变换着颜色,整个舞台被装饰得绚丽多彩。台下的观众不停地摆动着手中的灯牌和荧光棒,不停地喊着自己支持的选手的名字。而台侧的评委们,则悠闲地坐在评委席上,大多面无表情。

"下面,有请——"主持人叫到我的名字了。纵然准备无比充分,可登台的一刹那,我的腿还是哆嗦。抬头瞅着那几个铁面评委,我的心更是凉了一半。

刚走上舞台,台下的观众便大声地呼喊着我的名字,一浪高过一浪。"大家好!下面我给大家带来《年轻的战场》。这是一首励志歌,现在与大家分享。"话音刚落,台下呼喊声一片,音乐渐起,我缓缓唱起:"今天,我将要站在这年轻的战场,请你为我骄傲鼓掌……"好不容易唱完了这首歌,却不能立刻休息,而是要"虚心倾听"着专家点评。

"你这是唱歌么,怎么这样糟糕,建议你还是另谋他就。"一位评委讥讽道。"是啊,是啊!"还有几个评委点头附和。

我感到了无尽的愤怒和悲伤,但我仍要保持惯有的"舞台表情",对他的教诲报以微笑,并强忍着说:"谢谢!"

"诚然,你这次发挥不算太出色,但我支持你,我相信你下面不会让我失望。"另一位评委如是说。

投票的时间到了,评委团中反对我的评委占了大多数,当我意识到自己快没戏时,台下的观众却大声呼喊:"小倪,我们会永远支持支持你的!"在观众的支持下,我涉险过关,顺利晋级。

在第二轮的PK中,我选唱了《光荣》:"这是我送给你们的歌,感谢你们对我的支持。"

"感谢你给我的光荣,我要向你深深地鞠躬,因为付出的努力有人能懂。感谢你给我的光荣,这个少年曾经多普通,是你让我把梦做到最巅峰……"

演唱结束后,依旧是评委的点评。反对我的评委脸上没有一丝表情,只是不停地说:"我不想对这位选手再做任何点评了。"然而,这次却没有多少评委附和。

"不错,不错,你已经有了很大进步了,加油啊!"不少评委鼓励道。

又投票了,在这次投票中,我很幸运地得到了大多数评委和观众的支持,从而赢得比赛,获得了二等奖。当主持人问我有什么感想时,我只缓缓唱道:"我知道,我一直有双隐形的翅膀,带我飞,飞过绝望……"

梦醒了,眼角一滴泪珠滑落,滚烫的;窗外月色依旧,不过更为皎洁。

**互评**:文章讲述了自己梦中参加歌唱选秀比赛的故事。行文的描写较为细腻,

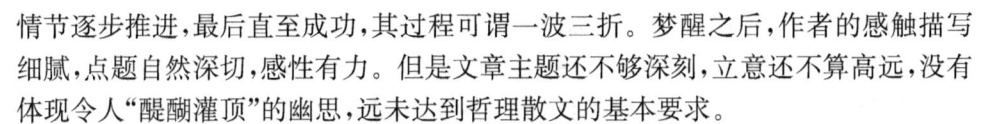

情节逐步推进,最后直至成功,其过程可谓一波三折。梦醒之后,作者的感触描写细腻,点题自然深切,感性有力。但是文章主题还不够深刻,立意还不算高远,没有体现令人"醍醐灌顶"的幽思,远未达到哲理散文的基本要求。

【升格习作】

## 一种博弈

倪 艳

夜深人静,月色朦胧的柔光悄悄钻进微开的窗帘,手捧一本杂志,上面的文字渐渐模糊。恍惚间,我发现自己正站在舞台的一角,舞台上迷离的灯光不停地变换着颜色,整个舞台被装饰得绚丽多彩。台下的观众不停地摆动着手中的灯牌和荧光棒,不停地喊着自己支持的选手的名字。而台侧的评委们,则悠闲地坐在评委席上,大多面无表情。

"下面,有请——"主持人叫到我的名字了。纵然准备无比充分,可登台的一刹那,我的腿还是哆嗦。抬头瞅着那几个铁面评委,我的心更是凉了一半。可开弓没有回头箭,从踏上台阶的第一步开始,我已明白,自己只有径直地走上台,因为我别无选择。精心准备,又迈出了第一步,强者是不可能向后转的。(感受真切,富含哲理)

刚走上舞台,台下的观众便大声地呼喊着我的名字,一浪高过一浪。"大家好!下面我给大家带来《年轻的战场》。这是一首励志歌,现在与大家分享。"话音刚落,台下呼喊声一片,音乐渐起,我缓缓唱起:"今天,我将要站在这年轻的战场,请你为我骄傲鼓掌……"好不容易唱完了这首歌,却不能立刻休息,而是要"虚心倾听"着专家点评。

"你这是唱歌么,怎么这样糟糕,建议你还是另谋他就。"一位评委讥讽道。"是啊,是啊!"还有几个评委点头附和。

我感到了无尽的愤怒和悲伤,但我仍要保持贯有的"舞台表情",对他的教诲报以微笑,并强忍着说:"谢谢!"在大庭广众之下,面对这样的打击,还要故作欣然的姿态,这种煎熬是一种钻心的痛。再痛,年轻的心脏还要欢乐地跳动。(体验细腻,意蕴深沉。)

"诚然,你这次发挥不算太出色,但我支持你,我相信你下面不会让我失望。"另一位评委如是说。

投票的时间到了,评委团中反对我的评委占了大多数,当我意识到自己快没戏时,台下的观众却大声呼喊:"小倪,我们会永远支持支持你的!"在观众的支持下,我涉险过关,顺利晋级。突然间,觉得灯光又是如此灿烂,曾经窒息的空气现在又是如此清新鲜润。就像站在悬崖上不慎滑落,无意中竟抓住一棵小树枝,这个树枝便是我眼前唯一的风景。(比喻恰当,将绝处逢生的感触刻画得形象而深刻。)

在第二轮的 PK 中,我选唱了《光荣》:"这是我送给你们的歌,感谢你们对我的支持。"

"感谢你给我的光荣,我要对你深深地鞠躬,因为付出的努力有人能懂。感谢你给我的光荣,这个少年曾经多普通,是你让我把梦做到最巅峰……"

演唱结束后,依旧是评委的点评。反对我的评委脸上没有一丝表情,只是不停地说:"我不想对这位选手下再做任何点评了。"然而,这次却没有多少评委附和。

"不错,不错,你已经有了很大进步了,加油啊!"另外的评委鼓励道。

又投票了,在这次投票中,我很幸运地得到了大多数评委和观众的支持,以赢得比赛,获得了二等奖。当主持人问我有什么感想时,我只缓缓唱道:"我知道,我一直有双隐形的翅膀,带我飞,飞过绝望……"

走下这个舞台,梦已醒来,我才意识到这个舞台其实就是人生,反对我的评委是自卑,支持我的评委是自信。而那些关爱我的观众,则是我最亲近的家人、朋友。为了心中的梦想,为了那些期待的眼神,这场博弈,我要顽强地走下去。(结尾言简意赅,哲理透辟,这样的画龙点睛便将整篇文章的立意提升到一个更高的档次。)

**互评**:文章用了较多笔墨讲述着自己一次亦真亦幻的歌唱选秀比赛。文章描写细腻,情节逐层推进,在心理描写的过程中,作者能自然地融入感人而深刻的哲思。如果仅此而已,那么这篇文章也很完整,但是主题深度不够,立意的厚度不足,哲理演绎更是肤浅。难能可贵的是作者又精心打造一个极富创意的结尾:"反对我的评委是自卑,支持我的评委是自信。而那些关爱我的观众,则是我最亲近的家人、朋友。"短短两句话言简意赅,哲理透辟,力敌千钧。"为了心中的梦想,为了那些期待的眼神,在这场博弈中,我要顽强地走下去"则顺势升华主旨,发人深省。